DAVID JORDAN & ANDREW WIEST

SEGUNDA GUERRA MUNDIAL

Os fatos que definiram os rumos políticos e econômicos do mundo atual

VOLUME I

Título original: Atlas of World War II
Copyright © Amber Books Ltd., 2003
Copyright © Editora Escala Ltd., 2008
Copyright © Editora Lafonte Ltda., 2022

Todos os direitos reservados.
Nenhuma parte deste livro pode ser reproduzida sob quaisquer
meios existentes sem autorização por escrito dos editores.

Edição Brasileira

Direção Editorial *Sandro Aloísio*
Tradução *Tatiana Napoli*
Revisão *Ciro Mioranza e Suely Furukawa*
Diagramação *Jéssica Diniz*
Capa *Alessandro Ziegler sobre Markoff / Adobe Stock*
Produção Gráfica *Giliard Andrade*

Dados Internacionais de Catalogação na Publicação (CIP)
(Câmara Brasileira do Livro, SP, Brasil)

Jordan, David
   Segunda Guerra Mundial : os fatos que definiram os rumos políticos e econômicos do mundo atual : volume 1 / David Jordan, Andrew Wiest ; tradução Tatiana Napoli. -- São Paulo : Lafonte, 2022.

   Título original: Atlas of World War II
   ISBN 978-65-5870-259-7

   1. Geografia histórica - Mapas 2. Guerra Mundial, 1942-1945 - Cronologia 3. Guerra Mundial, 1939-1945 - História I. Wiest, Andrew. II. Título.

22-107319   CDD-940.54

Índices para catálogo sistemático:

1. Guerra Mundial : 1941-1945 : Cronologia :
      História   940.54

Maria Alice Ferreira - Bibliotecária - CRB-8/7964

Editora Lafonte
Av. Profª Ida Kolb, 551, Casa Verde, CEP 02518-000, São Paulo-SP, Brasil – Tel.: (+55) 11 3855-2100
Atendimento ao leitor (+55) 11 3855-2216 / 11 3855-2213 – atendimento@editoralafonte.com.br
Venda de livros avulsos (+55) 11 3855-2216 – vendas@editoralafonte.com.br
Venda de livros no atacado (+55) 11 3855-2275 – atacado@escala.com.br

SEGUNDA GUERRA MUNDIAL

OS FATOS QUE DEFINIRAM OS RUMOS
POLÍTICOS E ECONÔMICOS DO MUNDO ATUAL

VOLUME I

DAVID JORDAN e ANDREW WIEST

TRADUÇÃO: TATIANA NAPOLI

Lafonte

2022

LISTA DE MAPAS

Redesenhando a Europa 10
A Grande Depressão 15
Tratados e acordos 16
O Eixo Alemão-Japonês 17
A disputa pela China 18
A expansão do Japão 23
As anexações de Hitler 25
A invasão da Polônia 30
A Guerra de Inverno 31
A guerra de mentirinha 32
A Batalha de Suomussalmi .. 33
Dinamarca e Noruega 37
Invasão do ocidente 39
A invasão dos Panzers 40
Operação Dínamo 43
A queda da França 44
A Batalha da Inglaterra 47
A Blitz 48
O bombardeio da Europa 1939–41 55
O ataque dos mil bombardeiros 56
Bombardeio estratégico — 1943 61
Os Dambusters 63
Schweinfurt 64
A Batalha do Atlântico I 69
A Batalha do Atlântico II 71
A Batalha do Atlântico III ... 75
A Batalha do Atlântico IV ... 77
Os italianos no leste da África 85
Iraque, Síria e Pérsia 88
Tanques atacam 90
Africa Korps 91
Operação Cruzador 92
Sidi Rezegh 93
Novo ataque 94
A queda de Tobruk 96
A vitória de Monty 98
Rompendo o cerco 103
Guerra de abastecimento ... 104
Cabo Matapan 106
Táranto 106
Pedestal 107
Tocha 110
Tunísia 111
Kasserine 113
O final na África 114
Operação Husky 118
Vitória Aliada 120
A Itália invadida 121
Anzio 122
Cassino 123
Indo para o norte 124
Iugoslávia e Grécia 129
Barba Ruiva 133
Operação Tufão 134
Contra-golpe 136
O sul 139
Leningrado 141
A indústria soviética 142
Stalingrado 145
Kharkov 146
Vitória alemã 148
Nova ofensiva alemã 152
Kursk 154
Avanço soviético 159
A Ucrânia 161
O norte 165
Guerrilheiros 167
Bagration 171
O levante 173
A libertação dos Bálcãs 177
O avanço para Budapeste . 179
Königsberg 182
Para o rio Oder 184
Invasão da Alemanha 189
Berlim 190

GUIA DE SÍMBOLOS DOS MAPAS

XXXXX	GRUPO DE EXÉRCITO
XXXX	EXÉRCITO
XXX	CORPORAÇÕES
XX	DIVISÃO DE EXÉRCITO
(aérea)	DIVISÃO AÉREA
(armada)	DIVISÃO ARMADA
III	REGIMENTO
II	COMPANHIA
I	PELOTÃO

II	ARTILHARIA
II	ANTITANQUE
II	INFANTARIA MECANIZADA
II	ENGENHARIA
II	COMUNICAÇÃO
	NAVAL

SUMÁRIO

INTRODUÇÃO	7
O PANO DE FUNDO DA GUERRA	9
A GUERRA-RELÂMPAGO	29
A GUERRA AÉREA NA EUROPA	53
A GUERRA NO ATLÂNTICO	67
NORTE DA ÁFRICA E ITÁLIA	83
A FRENTE ORIENTAL	127

Introdução

SEGUNDA GUERRA MUNDIAL

Considerada até hoje o conflito mais sangrento da história da humanidade, a II Grande Guerra teve abrangência global e foi travada, direta ou indiretamente, em todas as partes do planeta. O número total de mortes é quase impossível de quantificar. A taxa de mortalidade foi poten- cializada pelos pesados bombardeios contra grandes centros populacionais, o que significou que civis estavam na linha de frente na maior parte da batalha. O desfecho da II Guerra Mundial definiu os rumos políticos e econômicos das décadas que se seguiram. O mundo se tornou bipolar, com a União Soviética e seus antigos aliados de lados opostos na nova era da bomba atômica.

O conflito é contemplado em todas as suas nuances neste "Atlas da II Guerra Mundial", de David Jordan e Andrew Wiest. A obra compreende desde os acontecimentos preliminares até os desenlaces nos países Aliados e do Eixo. Trata-se de um guia completo para se entender a guerra, cobrindo as campanhas por terra, mar e ar e mostrando os altos e baixos de todos os lados em combate. Os mapas, tão importantes quanto os textos para formar o relato dos rumos da batalha, auxiliam a leitura, apre- sentando um minucioso panorama visual da progressão dos acontecimentos.

Cada um dos mais de 160 mapas aqui apresentados foi planejado para destacar um aspecto particular da narrativa, o que pode ser notado pelos variados formatos e tamanhos. Alguns dão uma perspectiva glo- bal da disputa, enquanto outros ilustram um movimento particular de determinado episódio. Todos são acompanhados por legendas explicativas, detalhando ações e eventos. As fotografias de época são outro importante recurso para ajudar na composição da história.

Por tudo isso, esta obra é um valioso trabalho de referência, com linguagem acessível e riqueza de detalhes, podendo ser apreciada tanto por leitores em geral como por estudiosos da II Guerra Mundial.

Acima: bombardeiros Dornier Do 17 sobrevoam comício do Partido Nazista no final dos anos 1930. Os sucessos militares do exército alemão na I Guerra Mundial e o fato de ele ter permanecido invicto até o fim da I Guerra — que foi encerrada por armistício, não por rendição geral — fizeram crescer a popularidade do rumor de que os soldados alemães haviam sido "apunhalados pelas costas" pela falta de apoio doméstico, ou, mais grave ainda, por uma "Conspiração Judaica". Hitler e os nazistas deliberadamente alimentaram esses rumores, que sem dúvidas ajudaram a atrair apoio para os partidos políticos extremistas.

O Pano de Fundo da Guerra

A ordem do Velho Mundo, que durava desde 1815, podia ter desaparecido após o fim da I Guerra Mundial, mas os tratados assinados em Versalhes e ao redor da Europa não refletiram a mudança no equilíbrio de poder e tampouco a ascensão da Alemanha, da União Soviética, do Japão e, de certo modo, da Itália como grandes potências. Todos eles se sentiram prejudicados pelo acordo de paz e procuravam oportunidades para reivindicar sua parte.

A calamidade que foi a I Guerra Mundial deixou a Europa arrasada, transformada e em perigo iminente de um conflito renovado. As batalhas de 1914-18 foram hediondas e, ainda assim, inconclusivas. A Alemanha, vista por muitos como culpada pelo início da guerra, foi derrotada — mas nunca invadida e destruída. O ato final da guerra, o Tratado de Versalhes, provou ser um compromisso estranho e fatalmente falho entre os dois extremos. A França, que tinha sofrido duras perdas durante a guerra, desejava destruir a Alemanha e garantir que ela nunca mais pudesse ameaçá-la. Os Estados Unidos, por outro lado, procuravam uma paz mais magnânima, baseada nos famosos Quatorze Pontos do presidente Wilson. Os resultados do compromisso pela paz provaram ser realmente perigosos.

A Rússia, derrotada pelos alemães em 1917, tinha entrado em crise e sofrido uma insurreição: assim, o fantasma de uma revolução comunista mundial estava solto — e continuaria por pelo menos mais alguns anos. Além disso, os antigos aliados do lado vitorioso acabaram perdendo uma grande porção de territórios na Europa Oriental, notadamente para os recém-formados Países Bálticos e para a Polônia. O Império Austro-Húngaro, por muito tempo uma potência de primeira linha, desapareceu da noite para o dia, despedaçando seus componentes em partes nacionais, o que deu origem a várias novas nações e alterou para sempre o balanço de poder da Europa.

De grande importância foi também o destino da Alemanha. Culpado pelo conflito, o país seria obrigado a pagar reparações pela guerra inteira e enfrentar diversas restrições militares, além de ter perdido quase um terço de seu território. O Tratado de Versalhes deixou a Alemanha humilhada e na beira de um colapso social; no entanto, Versalhes também deixou o país com a semente de uma grande força. A Alemanha continuou a ser a nação mais populosa da Europa ocidental, com um potencial econômico compacto e repleta de recursos naturais.

Em meio ao caos dos rastros da I Guerra Mundial, várias nações europeias assistiram à ascensão de partidos políticos radicais dedicados à destruição do sistema existente. Comunistas, fortalecidos pela revolução na Rússia, ganharam apoio político e lideraram greves em todo o continente. Em muitos países, partidos de extrema direita se levantaram para combater o que viam como a ameaça comunista. Em 1923, os direitistas alcançaram um enorme feito com a chegada ao poder do fascismo de Benito Mussolini, na Itália. Uma era de extremismo político e revolução social tinha sido criada pela guerra — e agora varria a Europa.

CAOS ALEMÃO

Na Alemanha, a situação política era catastrófica. Embora a democrática, porém caótica, República de Weimar tenha tentado manter o controle durante os períodos de crise, a mera existência de uma Alemanha democrática era questionada por uma série de desastres econômicos. Durante a ocupação, a inflação da Alemanha atingiu níveis alarmantes. Antes da I Guerra Mundial, a taxa de câmbio era de 4,2 marcos alemães para um dólar. Com o peso da inflação, tornaram-se necessários 4,2 trilhões de marcos para igualar um dólar. A crise econômica simplesmente exterminou a classe média alemã e levou um número cada vez maior de alemães às fileiras dos partidos políticos radicais.

Um grupo pequeno, mas barulhento, conhecido como o Partido Nacional Socialista Alemão dos Trabalhadores (NSDAP), comumente chamado de nazistas, trabalhou de maneira incansável para ganhar apoio durante os tempos difíceis, guiado por seu carismático líder, Adolf Hitler. Usando uma combinação de oratória e cerimônias pomposas, Hitler transmitia uma mensagem poderosa aos alemães. Os nazistas prometiam tornar a Alemanha grande novamente por meio da destruição do Tratado de Versalhes e da reconstrução da economia. Também diziam aos alemães exatamente a quem culpar pela infelicidade em que se encontravam: comunistas e judeus.

Enquanto a República de Weimar colocava lentamente a economia em ordem, um novo desastre aconteceu em 1929, com o início da Grande Depressão. Mais uma vez a renascida classe média alemã foi destruída, resultando numa onda de apoio aos nazistas, que se transformaram no maior partido político do país. Depois de uma série de motins e manifestações políticas nas ruas, Adolf Hitler assumiu a posição de Chanceler da Alemanha — e a era nazista começou.

REDESENHANDO A EUROPA

Os termos rígidos do Tratado de Versalhes, de 1919, que levou à conclusão da I Guerra Mundial, causaram um ressentimento duradouro na Alemanha. O tratado alterou o mapa da Europa central de maneira dramática. Alsácia e Lorena (conquistadas pela Alemanha em 1871) foram devolvidas à França, e uma área alemã com grande concentração de minas de carvão, Saar (ou Sarre), ficaria sob supervisão da Liga das Nações por 15 anos. A área de Renânia também permaneceria ocupada por tropas Aliadas por 15 anos antes de ser desmilitarizada. As mudanças territoriais mais importantes, no entanto, foram no leste: a Polônia reapareceu no mapa da Europa, reconstruída com terras tomadas tanto da Alemanha quanto da União Soviética. A perda mais polêmica para a Alemanha foi a do "corredor polonês", uma faixa de terras etnicamente alemãs entregue à Polônia para permitir acesso ao mar báltico, o que foi considerado necessário para a sobrevivência do novo Estado. O porto de Danzig se tornou uma cidade livre sob o controle da Liga das Nações, garantindo o acesso da Polônia. Dessa forma, a Alemanha perdeu uma grande porção de seu território; no entanto, a maior parte da sua população central e do seu potencial econômico permaneceu intocada. A Alemanha ainda era a maior potência do continente e perdia apenas para a União Soviética em termos de tamanho da população. O poder latente do país permaneceu o mesmo, pronto para ser tomado pela liderança agressiva de Hitler na direção do crescimento nos anos 1930.

O PANO DE FUNDO DA GUERRA

O caos político e econômico da Europa após a Grande Depressão levou também ao desenvolvimento de uma série de políticas de relações externas que determinariam os lados do conflito por vir. Na Alemanha, Hitler agiu rápido no anseio de se desfazer do Tratado de Versalhes, anunciando a expansão militar. Ao mesmo tempo, Hitler, ele próprio uma espécie de pária estrangeiro, realizou seu primeiro grande acordo internacional, um pacto de não-agressão com a Polônia. Sempre ambicioso, Hitler começou a visar à Anschluss, ou seja, união com a Áustria.

O aumento da força alemã causou grande consternação tanto na Itália quanto na União Soviética. Mussolini ordenou que tropas se deslocassem para a fronteira com a Áustria para impedir a Anschluss. Em 1935, representantes da Inglaterra, França e Itália se reuniram em Stresa, na Itália, para formar a chamada "Frente Stresa" contra a ofensiva alemã. Os soviéticos, de sua parte, começaram a temer o poder alemão e assinaram uma aliança de defesa militar com a França e com a Tchecoslováquia em 1935. Dessa forma, parecia que Hitler fora diplomaticamente isolado e que as ditaduras fascista e comunista tinham encontrado uma causa em comum com a democracia.

Infelizmente para a causa da paz, as ambições da Itália na África iriam condenar a Frente Stresa. No final de 1935, Mussolini mandou suas forças invadirem a Etiópia. Inglaterra e França, os principais poderes coloniais na África, foram forçadas a revidar e, por meio da Liga das Nações, impuseram sanções econômicas à Itália,

Acima: em um desfile no Parteitag (Dia do Partido) em Nuremberg, sul da Alemanha, o Führer Adolf Hitler inspeciona a concentração de oficiais da SA (Sturmabteilung, ou "Divisão Tempestade") em seus característicos uniformes marrom. A SA ajudou Hitler a chegar ao poder em 1933; no entanto, depois disso, seus líderes — talvez a única ameaça em potencial para a posição de Hitler — foram removidos no massacre sangrento conhecido como "A Noite das Facas Longas". Tendo assegurado completo controle da Alemanha, Hitler então decidiu desafiar os poderes dominantes da Europa.

A GRANDE DEPRESSÃO

Apesar do fato de que todas as nações do mundo — mais notadamente os Estados Unidos — lutavam para salvar a situação econômica da Europa pós-guerra, os estragos feitos pela I Guerra Mundial aparentavam ser grandes demais. Enfraquecida pela hiper-inflação alemã de 1923, a economia mundial não se recuperou totalmente das privações impostas pela Grande Guerra. Em outubro de 1929, a quebra da bolsa de valores norte-americana deu início a uma série de eventos que causou a Grande Depressão. Desemprego, pobreza e fome varreram o mundo. Na Europa, o colapso econômico causou uma explosão de apoio a partidos radicais dos dois extremos políticos, incluindo tanto os fascistas quanto os comunistas.

No tumulto que se seguiu, a Alemanha e a Espanha se juntaram à Itália no campo fascista. No leste europeu, os regimes da Estônia, no norte, à Grécia, no sul, se equilibravam na corda fina da repressão, uma vez que estavam situados entre a União Soviética comunista ao oeste e a Alemanha nazista ao leste. Apenas a Tchecoslováquia perseverou como uma democracia liberal — juntando-se à França, Inglaterra, Países Baixos e Escandinávia. Ditaduras e governos repressivos com políticas agressivas agora ultrapassavam em números os regimes democráticos na Europa, montando o palco para a guerra estourar na região mais uma vez.

deixando Mussolini furioso. De sua parte, Hitler viu o bate-boca em torno da África como uma oportunidade. Esperando que a França e a Inglaterra estivessem ocupadas demais para reagir, ele mandou sua nova força armada para a Renânia, em 7 de março de 1936. Os dois países escolheram não correr o risco de iniciar uma guerra por ter tropas alemãs a caminho do que era, afinal, território alemão. A política de conciliação tinha nascido, e Mussolini não demorou a notar o crescimento contínuo da força alemã.

A GUERRA CIVIL ESPANHOLA

Pouco depois da ocupação da Renânia, os problemas políticos que borbulhavam havia algum tempo na Espanha eclodiram em uma guerra civil aberta. A Guerra Civil Espanhola opôs as forças fascistas, sob comando do general Francisco Franco, e as tropas leais ao governo de coalizão socialista-comunista. Durante o conflito, Itália e Alemanha abraçaram a causa de Franco e mandaram reforços para o lado fascista. A União Soviética, por sua vez, enviou ajuda e voluntários para as forças do governo espanhol. O cruel conflito na Espanha se arrastou até 1939, terminando com a vitória de Franco. Foi durante esse período que a Itália e a Alemanha se aproximaram, enquanto a União Soviética se afastou de seus parceiros de alianças no ocidente.

Impressionados com o poder em ascensão da Alemanha, os italianos saíram da Frente Stresa em 1936, favorecendo as relações com o Terceiro Reich. Ao mesmo tempo, a pequena Bélgica entrou na rixa diplomática. Envolvidos em uma aliança militar com a França, os belgas teriam um papel importante na futura guerra contra a Alemanha. O sistema de defesa do poderoso Forte de Eben Emael belga era um alicerce do qual grande parte do planejamento Aliado dependia. Incomodados, no entanto, pelo rumo dos eventos diplomáticos — e notando a pouca força dos Aliados —, em 1936 os belgas optaram por uma declaração de neutralidade, ação que deixou o planejamento militar francês em estado de caos.

Abaixo: na altura em que a II Guerra Mundial eclodiu, um bom número das forças armadas alemãs já tinha vivenciado ação na Guerra Civil Espanhola. Servindo na Legião Condor, supostamente como um corpo voluntário, os soldados e pilotos alemães lutaram pela causa dos Republicanos (pró-Franco) e ganharam valiosa experiência em combate. Tal experiência manteve os oficiais das forças armadas, como essa tripulação de um avião Junkers Ju 88, em boa forma durante os anos iniciais da II Guerra Mundial.

OS PODERES DO EIXO

O rápido desenrolar dos eventos, que reforçaram a posição da Alemanha na Europa, serviu para convencer Mussolini de que seu futuro estava na aliança com a Alemanha. Em novembro de 1936, Alemanha e Itália assinaram um acordo que prometia apenas uma cooperação geral entre as duas nações para o futuro próximo. No tratado, bastante vago, denominado Eixo Roma-Berlim, Mussolini tecnicamente guardou opções para o tempo da guerra. Ainda assim, embora questionasse com frequência as aventuras militares alemãs, o ditador italiano iria honrar o acordo do Eixo até seu final amargo.

No distante oriente, a chegada da II Guerra Mundial era marcada pelo colapso do maior poder histórico da região, a China, e a ascensão de um novo poder, o Japão. Com exército e marinha fortes e determinados a competir com as nações do ocidente, os japoneses buscavam um império colonial à custa da cambaleante China, sob controle de forças militares e do Kuomintang (Partido Nacio-

TRATADOS E ACORDOS

Habilidosas manobras diplomáticas da parte da Alemanha e uma lista de falhas diplomáticas da parte dos Aliados entre 1934 e 1939 não apenas acabaram com o isolamento alemão, mas também deixaram o Terceiro Reich em condições de iniciar um esforço militar objetivando a dominação mundial.
Em 1934, o Terceiro Reich, desesperado para romper seu isolamento, encontrou uma causa em comum com a Polônia — o medo da poderosa União Soviética. A vulnerabilidade alemã foi posteriormente demonstrada por uma tentativa falha de se unir com a Áustria. Como resultado, tanto a Áustria quanto a Hungria assinaram acordos com protetores italianos.
De grande importância foi o princípio do Pacto Franco-Soviético-Tcheco. A aliança colocou a Alemanha em uma situação estratégica vulnerável, que poderia muito bem ter mudado os rumos iniciais da II Guerra Mundial. Mas o acordo foi condenado à dissolução pela conciliação no ocidente. No período de um ano, a situação diplomática mudaria significativamente. Impressionada com o crescimento da Alemanha, a Itália assinou o Eixo Roma-Berlim em novembro de 1936, pouco depois de a Bélgica ter complicado o planejamento militar da França declarando neutralidade. Durante 1938 e 1939, a expansão alemã rompeu o Pacto Franco-Soviético-Tcheco e finalmente convenceu as nações da Europa das grandes ambições militares de Hitler e da ameaça que ele representava a sua soberania.

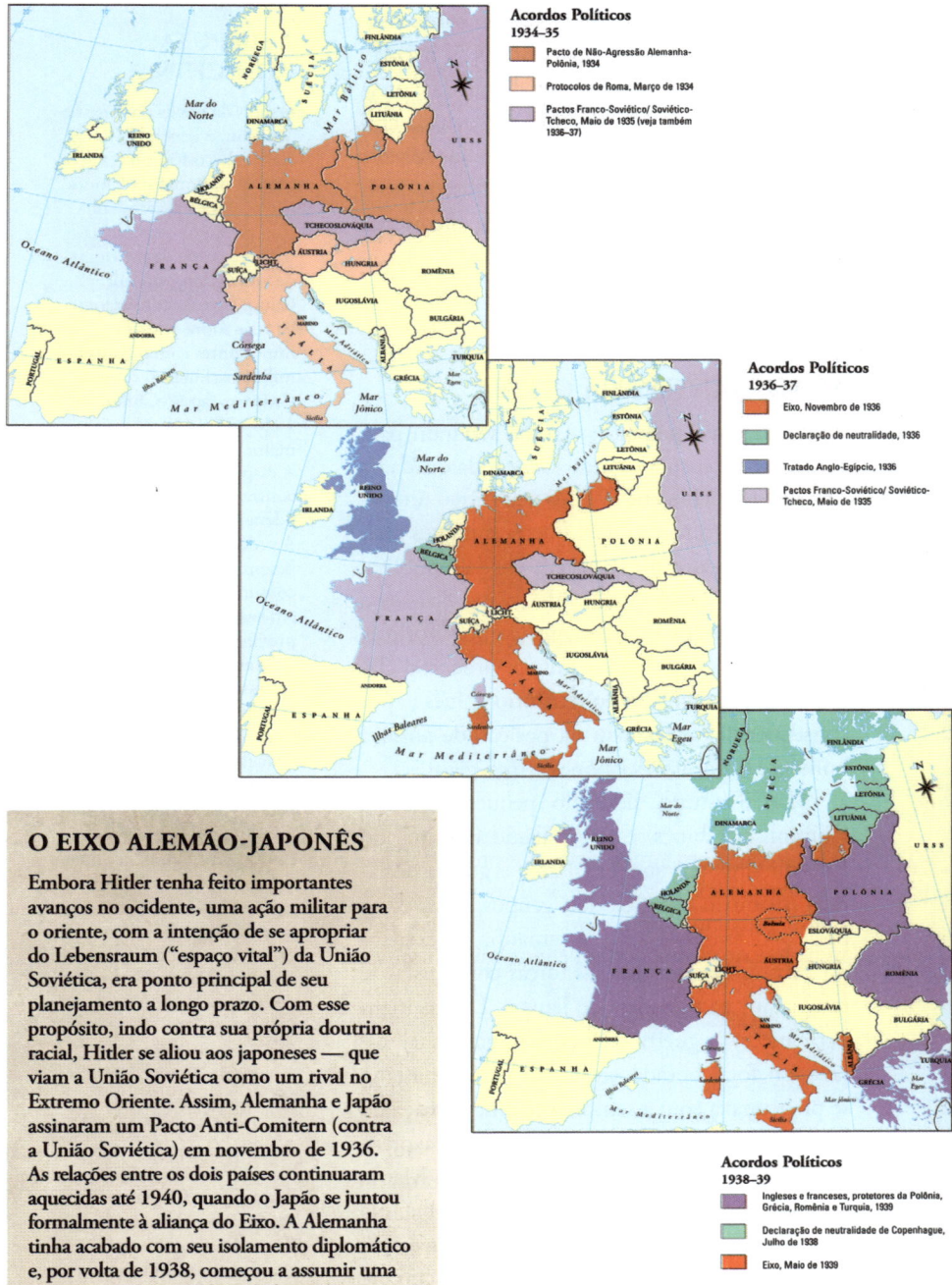

O EIXO ALEMÃO-JAPONÊS

Embora Hitler tenha feito importantes avanços no ocidente, uma ação militar para o oriente, com a intenção de se apropriar do Lebensraum ("espaço vital") da União Soviética, era ponto principal de seu planejamento a longo prazo. Com esse propósito, indo contra sua própria doutrina racial, Hitler se aliou aos japoneses — que viam a União Soviética como um rival no Extremo Oriente. Assim, Alemanha e Japão assinaram um Pacto Anti-Comitern (contra a União Soviética) em novembro de 1936. As relações entre os dois países continuaram aquecidas até 1940, quando o Japão se juntou formalmente à aliança do Eixo. A Alemanha tinha acabado com seu isolamento diplomático e, por volta de 1938, começou a assumir uma série de ousadas manobras diplomáticas e militares para atingir seus objetivos.

nalista Chinês). Depois de uma retumbante vitória na guerra Russo-japonesa em 1905, o Japão seguiu para solidificar seu poder diante da Coreia e ganhou direitos especiais sobre a província chinesa da Manchúria. Lutando do lado dos Aliados desde a I Guerra Mundial, o país buscou mais territórios chineses na península de Shantung. Sua série de sucessos, no entanto, deixou o Japão na rota de colisão com outra grande potência do Oceano Pacífico, os Estados Unidos.

AS MUDANÇAS NA CHINA

Os acontecimentos na China serviram para aumentar as tensões na área. Depois da queda da Dinastia Manchu, em 1911, o país sofreu um período de anarquia, no qual líderes militares rivalizavam pelo controle da recém-criada república. Por fim, em 1928, o general Chiang Kai-shek, líder do Kuomintang, emergiu como vitorioso. Chiang, um cruel ditador militar, procurou clamar soberania por todo o território chinês e, por consequência, se colocou na posição de ameaça iminente às ambições japonesas na região.

Mao Tse-tung, líder do pequeno Partido Comunista Chinês, era um aliado nominal do Kuomintang, até que, em 1927, a guerra declarada irrompeu entre os dois grupos. Forçadas à posição defensiva diante do tamanho do exército do Partido Nacionalista, as forças comunistas se refugiaram na província de Jiangxi. Lá elas iriam permanecer, a guerra civil com Chiang-shek estava em fogo brando enquanto o Kuomintang se preocupava com a sempre presente ameaça do Japão. Em 1934, no entanto, uma nova ofensiva do governo forçou os seguidores de Mao a se refugiarem mais para o interior da China. Na chamada Grande Marcha, os comunistas e seus partidários percorreram cerca de 10.000 km até a distante província de Shaanxi. Dessa nova base, eles continuariam a persistir na guerra contra o

A DISPUTA PELA CHINA

Depois da queda da dinastia Manchu, o general Chiang Kai-shek e o Kuomintang (o partido nacionalista Chinês) começaram sua campanha para ganhar o controle da China a partir da província de Guangdong, ao sul. Conquistando consistentes vitórias sobre outros importantes comandantes militares chineses, como a poderosa facção Chihli, em 1928 Chiang já controlava a maior parte da China central. A disputa, agora, continuou contra o Partido Comunista, liderado por Mao Tse-tung. A pressão militar do Kuomintang forçou os comunistas a se recolherem em suas bases de apoio nas províncias de Jiangxi e Hunan. A Longa Marcha levou os seguidores de Mao pela remota província de Sichuan antes de alcançar relativa segurança na província de Shaanxi, longe das áreas controladas pelo partido nacionalista. Chiang inicialmente também falhou em seus esforços para minar o crescimento do colonialismo japonês na área. O maior sucesso do Japão foi no distante norte, conquistando a Manchúria em 1933 e partes das províncias de Hopeh e Shaanxi em 1935. Frustrado pela contínua resistência chinesa, o Japão iniciou uma campanha punitiva no coração da China, culminando no Massacre de Nanjing em 1937. Embora boa parte da China central e litorânea tenha sucumbido, as forças do Kuomintang e dos comunistas continuaram a resistir ao controle japonês até o fim da II Guerra Mundial.

O PANO DE FUNDO DA GUERRA

Kuomintang, mesmo enquanto a China lutava por sua própria sobrevivência contra os opressores invasores japoneses.

O Japão encarou a ascensão de Chiang Kai-shek com considerável alarmismo. Quando o líder simbólico da Manchúria, Chang Hsueh-liang, reconheceu a autoridade do Kuomintang em sua província, os japoneses reagiram mostrando sua força. Militares japoneses na área armaram uma farsa, plantaram bombas e explodiram de propósito uma seção da estrada de ferro ao sul da província, perto de Mukden, em 18 de setembro de 1931. As forças militares do Japão rapidamente se dirigiram ao local para "garantir proteção" diante do incidente, e a Manchúria logo passou para o controle japonês.

O Kuomintang reagiu ao insulto japonês implantando um maciço boicote às mercadorias do país. Não dispostas a aceitar a provocação declarada, em 1933, forças militares japonesas invadiram as províncias de Jehol e Hopeh, ao norte da China. Novamente percebendo que a resistência militar seria fútil, Chiang Kai-shek iniciou negociações. No tratado resultante, o Kuomintang não apenas reconheceu o controle japonês sobre Manchúria e Jeroh, mas também garantiu ao Japão "direitos exclusivos" em Hopeh. A agressão japonesa encontrou poucas e sutis reclamações ao redor do mundo. Mesmo os Estados Unidos, que ambicionavam o livre comércio com a China, não fizeram nada. Assim como na Europa, a ofensiva contra a autocra-

Abaixo: Tanques japoneses cruzam um rio na China em 1937, durante a longa guerra na qual o Japão buscava expandir seu território e seu estoque de matéria-prima.Infelizmemente para os japoneses, os militares chineses resistiram bastante, e as relações Japão-EUA foram reduzidas a um ponto crítico. A intervenção japonesa na China durou até 1945, comprometendo um grande número de soldados e recursos.

cia de um Estado foi ignorada. Da mesma forma que Hitler, os japoneses se sentiram encorajados pelo silêncio mundial.

Desiludidos com a paz artificial que tinha recaído sobre a região, em 1936, os militares extremistas japoneses começaram a almejar o poder efetivo do país sobre a China. A política nacionalista consequente pedia a expansão renovada na China e o retalhação de todas as ameaças que limitavam o poder japonês. Em 7 de julho de 1937, as tensões na China resultaram em uma batalha perto da Ponte Marco Polo, a apenas 30 km de Pequim. Os extremistas japoneses não perderam tempo em usar o confronto como pretexto para a invasão pública da China. Nessa altura, os japoneses esperavam que Chiang Kai-shek fosse reconhecer a inevitabilidade de sua derrota e se rendesse. No entanto, o Kuomintang decidiu lutar, mesmo diante da inquestionável superioridade militar japonesa.

O MASSACRE DE NANJING

Chocado com a contínua resistência chinesa, o Japão resolveu seguir pelo rio Yangtze, na direção da capital chinesa, Nanjing. Percebendo que suas forças não poderiam enfrentar o Japão em uma batalha em campo aberto, Chiang optou por uma estratégia de guerra irregular. O avanço japonês foi lento e custoso, mas Nanjing finalmente caiu em dezembro de 1937. Imensamente frustradas por a China continuar a resistir, e possuídas de um ódio racial contra o inimigo, as forças japonesas se descontrolaram em uma orgia de assassinatos e atos ilegais com a queda de Nanjing. Depois de um mês de saques e massacres, os japoneses mataram cerca de 200.000 homens, mulheres e crianças chineses. Mais uma vez, a ação japonesa encontrou apenas fracos protestos do ocidente. Abandonado, Chiang e seu governo fugiram para a remota Chungking, esperando sobreviver aos japoneses em uma guerra longa — mas, sem aliados, as esperanças de futuro da China eram poucas.

Novamente ultrajado por os chineses não se renderem, o Japão permaneceu na ofensiva e, em 1938, conquistou todos os grandes portos chineses restantes. A maior parte da China agora estava em mãos japonesas, mas o exército japonês simplesmente não era grande o suficiente para conquistar e governar os aparentemente incontáveis milhões de habitantes do centro chinês. Dessa forma, a guerra na China se desenvolveu em uma longa e desgastante batalha, comprometendo cerca de 1,6 milhão de soldados japoneses. A continuidade da guerra gerou uma grande pressão no Japão, com muitos membros da elite militar defendendo que a expansão se estendesse para outras partes da Ásia em busca de recursos naturais vitais para que eles prosseguissem na guerra.

Uma das rotas de expansão sugeridas era para o norte, onde estava a União Soviética. Em julho de 1939, forças japonesas e soviéticas se enfrentaram em uma guerra amarga e não-declarada na fronteira da Mongólia. Os japoneses, com falta de armamento, tiveram um desempenho extremamente ruim contra os soviéticos, perdendo quase toda a 23ª Divisão na batalha. A derrota humilhante mostrou claramente para a liderança japonesa que a oportunidade mais favorável para a expansão territorial estava ao sul.

Até que os Estados Unidos decidiram parar de ignorar o expansionismo japonês. O presidente Franklin Roosevelt optou por mandar cada vez mais ajuda ao esforço de guerra chinês, principalmente pela colônia francesa da Indochina. O país também passou a considerar tomar medidas econômicas para retaliar a agressão japonesa. Em 1940, a situação se agravou depois da bem-sucedida ofensiva alemã na Europa Oriental. Na tentativa de impedir a continuidade da ação, Roosevelt tomou a decisão de cortar toda a exportação de petróleo para o Japão. A jogada foi muito provocativa, pois o Japão dependia dos Estados Unidos para quase 88% do seu consumo de petróleo. De fato, sem o petróleo norte-americano, o exército japonês iria definhar. Diante de tal cataclismo, o Japão se preparou para atacar a Indonésia holandesa — e a guerra no pacífico estava montada.

Enquanto isso, confiante de que a Inglaterra e a França não interfeririam em suas ambições territoriais na Europa, Hitler novamente virou seu olhar na direção da Anschluss (união) com a Áustria. Em fevereiro de 1938, o ditador conseguiu intimidar o chanceler austríaco, Schuschnigg, a ponto de ele concordar com a submissão. Mas, ao retornar a Viena, Schuschnigg decidiu colocar o tema da Anschluss em voto popular. Temeroso do resultado, Hitler ameaçou a invasão. Mesmo Schuschnigg tendo recuado, o exército alemão cruzou a fronteira com a Áustria em 12 de março e anexou a nação no dia seguinte. Surpreendidas pela rapidez do ato, nem a Inglaterra nem a França quiseram se arriscar a iniciar uma guerra por causa da Áustria, encorajando Hitler ainda mais.

Em seguida, Hitler voltou suas atenções para a Tchecoslováquia e a minoria de etnia alemã que vivia na área de fronteira conhecida como Sudetos (Sudetenland). A crise em torno dos Sudetos gerou uma situação bem diferente da anexação da Áustria. A Tchecoslováquia parecia mais do que capaz de se erguer

A EXPANSÃO DO JAPÃO

O Japão estava insatisfeito com a parte que recebeu após suas vitórias na I Guerra Mundial, que o estabeleceram como um elemento-chave na região do Pacífico, ao lado dos americanos e dos ingleses. A aquisição da Coreia deu ao Japão impulso no continente asiático, e a tomada de Manchúria, província ao extremo leste da China, ofereceu tanto espaço para expansão quanto preciosos recursos naturais.

A encenação do incidente em Mukden em 1931 deu ao Japão uma desculpa para invadir e anexar a Manchúria, enquanto um igualmente falso "Incidente Xangai" fez com que o Japão ocupasse os portos ao sul. Os pouco efetivos e fracos protestos da Inglaterra, Estados Unidos e União Soviética e a ausência de resposta militar não fizeram nada para dissuadir o Japão — pelo contrário, encorajaram o expansionismo.

Em 1933, a província de Hopeh foi invadida pelo exército japonês Kwantung, mas Chiang Kai-shek estava mais preocupado com o sucesso dos comunistas e celebrou um tratado com o Japão em que reconhecia o controle dos territórios japoneses na China.

Em 1937, um confronto perto de Pequim deu origem a uma invasão na China com força total pelo exército Kwantung. Pequim e Xangai rapidamente caíram, antes que Nanjing, a capital nacional, fosse cercada. As tropas japonesas invadiram a cidade promovendo estupros e saques. Embora a guerra na China tenha resultado num beco sem saída, o Japão agora tinha novas ambições de interferir na Indochina francesa.

AS ANEXAÇÕES DE HITLER

Entre 1935 e 1939, a série de sucessos da política externa de Hitler não apenas solidificou seu poder na Alemanha, mas também levou a Europa para as portas de um segundo conflito mundial. A ascensão da Alemanha das cinzas começou quando o Sarre decidiu em plebiscito voltar a ser território alemão, em 1935. Em 1936, Hitler mandou seu recém-criado exército para a região de Reno.
Com o poder ainda frágil e o exército ainda pequeno, esse era o momento oportuno para França e Inglaterra levantarem-se contra Hitler, mas elas não o fizeram. Agora com o apoio da Itália, Hitler agiu rapidamente para concretizar a união com a Áustria, em 1938. Ainda

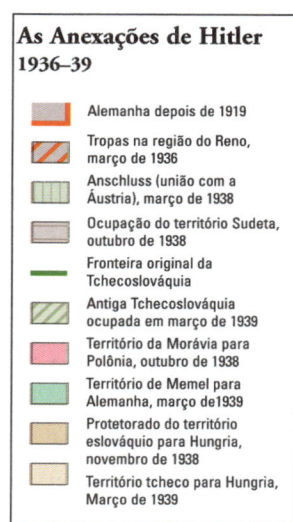

no mesmo ano, Hitler gerou uma crise sobre a região de fronteira com a Tchecoslováquia, conhecida como Sudetos. Mesmo sendo vital para a defesa da Tchecoslováquia, a região foi cedida para a Alemanha, depois da Conferência de Munique, em setembro de 1938.
No início do ano seguinte, Hitler seguiu para ocupar o restante do Estado Tcheco. A bola diplomática da vez estava com a Alemanha, que tinha conquistado duas nações sem derramamento de sangue, enquanto a Inglaterra e a França permaneceram indiferentes. E mesmo que os Aliados do ocidente guardassem as fronteiras da Polônia, Hitler acreditava que eles não iriam lutar. Depois de assinar o Pacto de Não-Agressão com a União Soviética, Hitler tinha certeza de que a tomada das terras perdidas para a Polônia com o Tratado de Versalhes não encontraria oposição das grandes potências.

contra a Alemanha, com um exército forte e alianças com a União Soviética e a França. Além disso, as reivindicações da Alemanha para os Sudetos eram bem exageradas. Parecia um momento óbvio para se levantar contra os contínuos ataques alemães.

Mesmo o motivo de defender a Tchecoslováquia parecendo forte, a França continuou reticente sobre entrar em guerra contra a Alemanha sem a ajuda da Inglaterra. De sua parte, o novo primeiro-ministro inglês, Neville Chamberlain, estava propenso a evitar a guerra, sendo, na verdade, o principal responsável pela política de conciliação em torno de Hitler. Embora o exército alemão estivesse bastante preocupado com o prospecto de uma guerra, Hitler agravou a situação declarando que a guerra era a única maneira de resolver a questão dos Sudetos. Ávido para evitar o conflito, Chamberlain voou para a Alemanha para duas rodadas de diplomacia pessoal. Depois da frenética diplomacia, uma conferência foi convocada em Munique no dia 30 de setembro para resolver a crise. Com a União Soviética e a Tchecoslováquia ausentes, Inglaterra e França acordaram que a Alemanha ocuparia todo o território sudeto, incluindo suas tropas de defesa e fábricas de armas, enquanto as outras porções da Tchecoslováquia foram cedidas para Polônia e Hungria. O que Chamberlain conseguiu com toda a comoção foi uma inútil promessa de Hitler de não haver novos ataques. O primeiro-ministro britânico voltou para Londres para uma recepção entusiasmada, onde brandiu o documento assinado por Hitler e proclamou "paz em nossa época".

Longe de ter sido aplacado, em março de 1939 Hitler quebrou sua promessa a Chamberlain, e o exército alemão seguiu para ocupar o restante da Tchecoslováquia sem encontrar oposição. Nessa altura, França e Inglaterra chegaram à tardia conclusão de que Hitler não merecia confiança e resolveram não ceder a ele mais territórios sem resistência. Assim, as duas nações foram proteger as fronteiras da Polônia — o próximo alvo de Hitler. Além disso, França e Inglaterra realizaram desajeitadas sondagens diplomáticas na única nação que poderia interferir nas ambições de Hitler no oriente: a União Soviética.

O CORREDOR POLONÊS

As terras alemãs perdidas no oriente eram há muito tempo motivo de discórdia, em particular o "Corredor Polonês" e a cidade portuária de Danzig. O assunto gerava conflitos há anos, mas a crise apenas estourou no verão de 1939. A Polônia recusou as exigências alemãs na área, em parte devido ao medo da reação soviética se as concessões fossem atendidas — uma tentativa de se equilibrar na linha tênue da neutralidade entre duas grandes potências. Convencido de que a Inglaterra e a França não interfeririam, Hitler começou a fazer planos de invadir a Polônia. Apenas uma possível reação da União Soviética à invasão permanecia como empecilho. De sua parte, o premiê soviético, Stalin, e seu novo ministro das relações exteriores, Molotov, começaram a acreditar que agir do lado de Hitler era mais interessante do que procurar apoio nos Aliados do ocidente.

Sempre oportunistas, Hitler e Stalin assinaram o Pacto de Não-Agressão Nazi-Soviético em agosto de 1939. O pacto, que chocou a França e a Inglaterra, dizia publicamente que a Alemanha e a União Soviética iriam permanecer neutras se a outra entrasse em guerra. Privadamente, o pacto preparava a divisão da maior parte da Europa oriental entre as duas potências. A Alemanha iria reivindicar a Polônia ocidental e partes da Lituânia, enquanto a União Soviética conquistaria a Finlândia, Letônia, Estônia e partes da Romênia. Com a União Soviética como uma benevolente parte neutra — e certa de que a Inglaterra e a França tentariam partir para a conciliação por não terem Stalin como aliado — a Alemanha invadiu a Polônia no dia 1º de setembro de 1939. Dois dias depois, para a surpresa e a considerável irritação de Hitler, a Inglaterra e a França declararam guerra, marcando o início da II Guerra Mundial na Europa.

Acima: paraquedistas alemães, ou Fallschirmjäger, vistos durante a invasão da Noruega em 1940. Inicialmente, os paraquedistas tiveram um papel fundamental nas vitórias encadeadas da Alemanha, atacando pontes e pontos estratégicos para permitir que o avanço alemão continuasse imprevisível. Para muitos alemães, as vitórias de 1939-1940 serviram para apagar as lembranças das derrotas em 1914-1918. Muitos esperavam a vitória sobre a Polônia, talvez até sobre a França — mas certamente não tão rápido e com tão poucos prejuízos para a Alemanha.

A Guerra-Relâmpago

Em setembro de 1939, Adolf Hitler estava imponente diante da possibilidade da guerra, tendo a recriada nação da Polônia como vítima em potencial. Já tendo ganhado a União Soviética com promessas da partilha da Polônia, Hitler tinha certeza de que a proteção das fronteiras polonesas por franceses e ingleses era um mero blefe. A Polônia deveria se tornar a peça que exibiria ao mundo o poderio alemão.

Após o fim da I Guerra Mundial, as nações de todo o mundo e suas forças militares esforçaram-se para entender o sentido do conflito. No geral, as forças vitoriosas pouco se interessaram pela inovação militar, buscando simplesmente evitar uma guerra futura. Se uma guerra voltasse a estourar, muitos no Ocidente acreditavam que o conflito seria similar à I Guerra Mundial, defensivo e estático por natureza. Mesmo assim, alguns estrategistas militares no Ocidente conseguiram olhar para frente e não para trás.

Baseando-se nas teorias do italiano Giulio Douhet, o general Hugh Trenchard, na Inglaterra, e o general Billy Mitchel, nos Estados Unidos, se voltaram à força aérea como resposta à guerra moderna. Os defensores dos ataques aéreos acreditavam que formações de bombardeios em massa, atacando alvos industriais ou civis, poderiam fazer uma nação cair de joelhos. Protegidos de invasões, já que os dois países eram cercados por água, as lideranças nos Estados Unidos e na Inglaterra acharam a teoria atraente. Foi assim que o conceito de "bombardeio estratégico" nasceu. Embora alguns, como J.F.C. Fuller, na Inglaterra, vissem formações armadas como a melhor maneira de combate, as tropas do Ocidente ficariam em distinta desvantagem no campo de batalha, em grande parte graças à ênfase nacional nas forças aéreas.

As nações derrotadas da I Guerra Mundial, especialmente a Alemanha e a União Soviética, fizeram tentativas muito mais sistemáticas e sérias de repensar a natureza de suas estratégias de guerra. Os alemães, sob a inspirada liderança do jovem militar general Heinz Guderian, começaram a codificar uma teoria de armamento. Guderian acreditava que tanques deveriam ser agrupados juntos em Divisões Panzer. Tais formações, armadas em toda sua capacidade, se tornariam a mão de ferro que restauraria a mobilidade na estratégia de guerra moderna e evitaria o beco sem saída das trincheiras da I Guerra Mundial. Tanques, trabalhando em conjunto com a infantaria, a engenharia e o poder aéreo tático, iriam se concentrar no ponto mais fraco do inimigo e usar sua força combinada para abrir caminho por suas frentes. Uma vez lá dentro, eles aproveitariam seus muitos recursos e velocidade para desequilibrar o oponente — eventualmente circundando as forças inimigas em um "caldeirão" e vencendo na batalha decisiva. Hitler estava consideravelmente encantado com as novas teorias e esperava que elas pudessem catapultá-lo na dominação do continente.

A INVASÃO DA POLÔNIA

Em 1º de setembro de 1939, a guerra-relâmpago (blitzkrieg) alemã recaiu sobre a Polônia. A 19ª Divisão Panzer, liderada por Heinz Guderian, serviu como abre-alas do Grupo de Exército do Norte, dominando o corredor polonês em apenas dois dias. O Grupo de Exército do Sul flanqueou a resistência polonesa no restante da Tchecoslováquia.

A 11ª Divisão Panzer atingiu os limites de Varsóvia no dia 8 de setembro, cercando vários bolsões de resistência. Os Panzers continuaram em frente, e Guderian seguiu na direção sul e atacou pelo leste da Prússia em 9 de setembro, para depois se juntar aos tanques sob comando de Kleist, que atacavam ao sul. Os Panzers cercaram Brest-Litovsk, enquanto as forças soviéticas se aproximavam pelo leste.

A GUERRA DE INVERNO

Em 30 de novembro de 1939, a União Soviética invadiu a Finlândia. Inicialmente, a 7ª e a 13ª Infantarias do Exército Soviético não conseguiram invadir a Linha de Mannerheim do Istmo da Carélia. Mais ao norte, membros de duas outras frentes soviéticas, a 8ª e a 14ª, avançavam na Finlândia — lutando acima do Círculo Ártico — apenas para serem obrigados a recuar. Depois de sofrerem perdas desastrosas em Suomussalmi e Kemisträsk, no início de março as tropas soviéticas, reorganizadas e descansadas — e com apoio de um impressionante poder de fogo — passaram pela Linha de Mannerheim, forçando os finlandeses a pedir a paz.

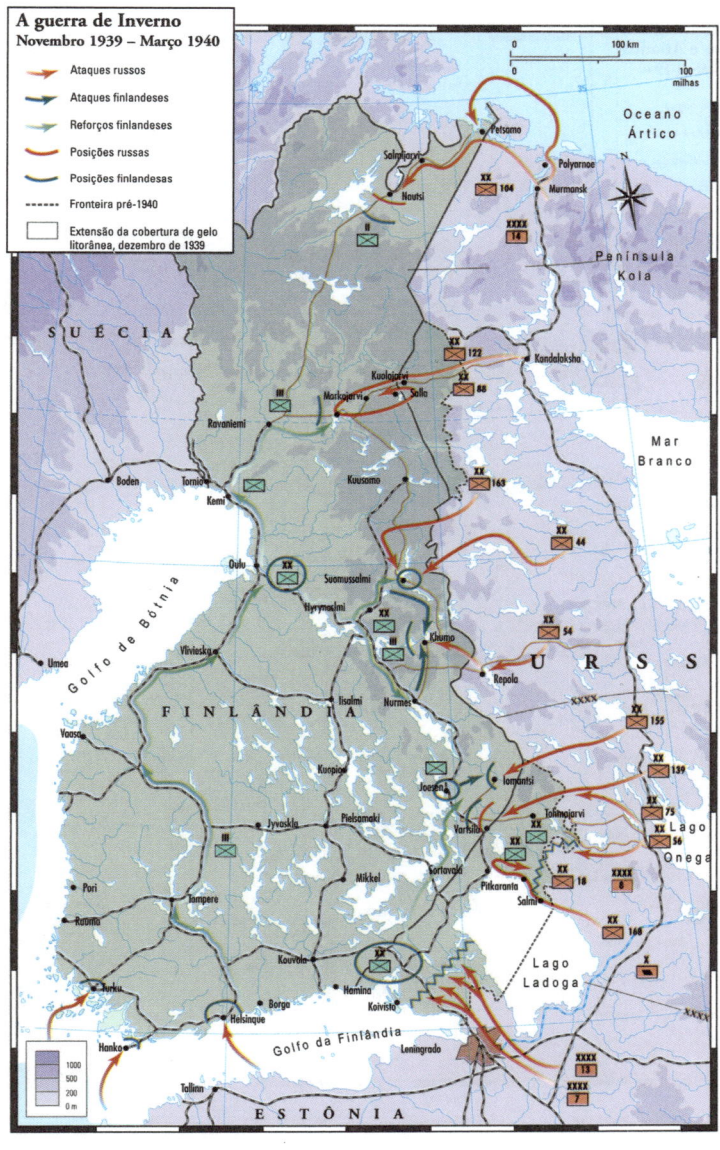

A GUERRA DE MENTIRINHA

Sabendo que os alemães não invadiriam a Linha Maginot ou avançariam pela supostamente impenetrável floresta de Ardennes, os Aliados desenvolveram um "Plano D". Forças inglesas e francesas avançariam pela Bélgica para encontrar os alemães perto do rio Dyle. Embora a declaração de neutralidade do país tivesse complicado o planejamento dos Aliados, esperava-se que a resistência belga em fortes como Eben Emael daria tempo para os Aliados se colocarem em posição.

O original "Plano Amarelo" alemão pedia por uma ofensiva desse tipo, atacando as posições defensivas dos Aliados diretamente. No entanto, os alemães mudaram de plano, optando por um avanço surpresa pela "impenetrável" Ardennes. Liderado pelas divisões de tanques, o plano possibilitou o avanço rápido pelo Canal da Mancha para interceptar e destruir as forças Aliadas na Bélgica.

O PENSAMENTO MILITAR SOVIÉTICO

Mais para o leste, as forças armadas soviéticas, lideradas pelo Marechal M.N. Tukhachevsky e V.K. Triandafillov, tinham desenvolvido suas próprias teorias de guerra moderna. Baseando-se também no armamento em massa e na coordenação dos ataques, a teoria soviética de tanques de guerra foi denominada "Batalha Profunda". Reconhecendo o exército oponente como um sistema, os soviéticos planejaram uma tática para atingir a fundo a formação do inimigo, invalidando sua estrutura de comando e causando seu colapso — em vez de concentrar seus esforços para cercar e destruir a força inimiga isoladamente. Os soviéticos também acreditavam que a vitória em batalha podia não ser decisiva e optaram por apostar na "arte operacional", somando numerosas vitórias táticas integrais para atingir seu objetivo estratégico. Embora a renovação promovida por Stalin no exército soviético em 1930 tenha prejudicado o clima de inovação, as ideias da batalha profunda e da arte operacional permaneceriam.

A BATALHA DE SUOMUSSALMI

Em novembro de 1939, a 163ª Divisão Soviética avançou pelo lago congelado de Kianta na direção de Suomussalmi. Os finlandeses conseguiram cercar a divisão, cortando seu abastecimento. Em 30 de dezembro, ela já tinha sido completamente destruída. Outras forças finlandesas, usando uma tradicional estrada de gelo, surpreenderam a recém-chegada 44ª Divisão Soviética na estrada de Raate, destruindo várias formações soviéticas isoladas.

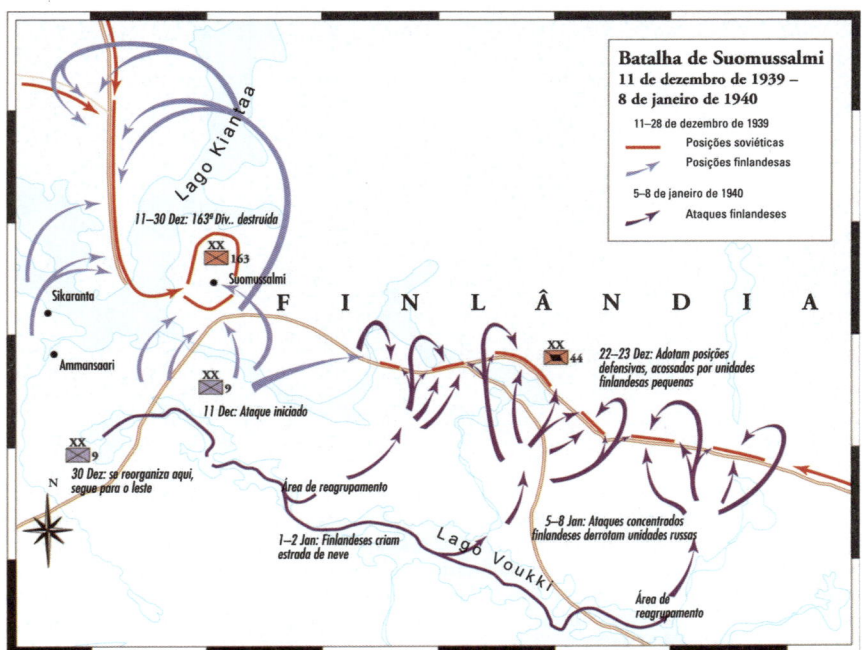

A GUERRA ECLODE NO LESTE

Em setembro de 1939, quase um milhão de soldados alemães invadiu as fronteiras polonesas — dando início à fase europeia da II Guerra Mundial. O antiquado exército polonês, que tinha mobilizado apenas 600 mil homens, se viu encurralado em posição defensiva. Era a situação perfeita para a guerra-relâmpago (blitzkrieg). Primeiro a Luftwaffe (Força Aérea Alemã) abateu a impressionada força aérea polonesa, destruindo a maior parte de suas naves no chão e, assim, adquirindo o controle dos céus na frente de batalha. As forças alemãs, o Grupo de Exército do Norte, sob o comando do general Fedor Von Bock, e o Grupo de Exército do Sul, sob o comando do general Gerd Von Rudstedt, avançaram furiosamente contra seus oponentes. Mais bem-sucedidas ainda foram as poderosas divisões de tanques alemãs. Ainda que os alemães recorressem frequentemente aos ultrapassados Panzer Mark I, os tanques nem tomaram conhecimento da valente resistência das unidades de infantaria e da cavalaria polonesas. Em 3 de setembro, os tanques comandados por Guderian já tinham cercado o corredor polonês. Mais para o sul, a infantaria, comandada pelo general Erich Höpner, derrubou as defesas polonesas e, em 8 de setembro, atingia os limites de Varsóvia. Mesmo com os eventos na Polônia avançando, Hitler foi surpreendido quando tanto a Inglaterra

Acima: soldados da alemã Wehrmacht posam para foto de um correspondente de guerra durante a invasão da Polônia. A vitória rápida no leste, seguida pela conquista da Noruega, ajudou a desestabilizar os soldados Aliados e a criar um mito de invencibilidade sobre o exército alemão. Revistas como a Signal foram rápidas em alimentar tal reputação, mostrando fotos dos alemães triunfantes levando prostrados soldados Aliados prisioneiros. Entre os ingleses, o mito da superioridade alemã e seu efeito prejudicial na moral do exército durariam até o final de 1942.

quanto a França honraram a promessa de proteger as fronteiras polonesas e declararam guerra à Alemanha. Apesar dessa demonstração de apoio externo, os poloneses logo perceberam que não poderiam esperar muito do Ocidente.

Inexoravelmente, os tanques alemães cercaram Varsóvia — e foram ainda mais longe, encurralando outra grande força polonesa em Brest-Litovsk. Ao mesmo tempo, forças da União Soviética atacaram a Polônia pelo leste, efetivamente acabando com sua existência. Ainda que estivessem enfrentando duas superpotências mundiais, os poloneses na capital de Varsóvia continuaram a lutar, mesmo diante do ataque aéreo alemão. O final chegou em 28 de setembro de 1939, quando Alemanha e União Soviética partilharam a derrotada Polônia. A guerra-relâmpago tinha provado ser eficiente, trazendo uma vitória surpreendentemente rápida. França e Inglaterra deveriam ter prestado atenção, mas preferiram colocar a culpa do resultado na incompetência polonesa.

A GUERRA DE INVERNO

Mais para o norte, os soviéticos passaram a reivindicar o restante da esfera de influência garantida a eles pelo Pacto Nazi-Soviético. Da pequena nação da Finlândia, os soviéticos exigiam boa parte do Istmo da Carélia, perto de Leningrado, assim como o território ao norte do Lago Ladoga. A Finlândia, um país de apenas quatro milhões de habitantes, recusou. Em 30 de novembro de 1939, cerca de trinta divisões soviéticas atacaram o minúsculo exército finlandês, que inicialmente colocou em batalha apenas nove divisões. A guerra parecia destinada a ser um massacre épico. No entanto, os soviéticos concentraram sua ofensiva contra as defesas finlandesas no Istmo da Carélia, também conhecido como Linha Mannerheim, e o ataque falhou miseravelmente. No norte, a incompetência soviética levou a outro desastre. Forças soviéticas, afastando-se perigosamente de suas linhas de abastecimento, moviam-se em massa por um terreno instável no alto do inverno. Os finlandeses, lutando em casa, familiarizados com o território e preparados para o frio — a ponto de até usarem esquis — valeram-se da velocidade e mobilidade para emboscar e destruir várias unidades soviéticas isoladas.

Em janeiro, estava claro que a maciça ofensiva soviética tinha falhado; no entanto, um enraivecido Stalin designou um novo comandante, Marechal Semyon Timoshenko, e injetou mais homens e recursos na batalha, recusando a aceitar a derrota. O novo comandante concentrou seus esforços na pressão contra a Linha de Mannerheim e finalmente conseguiu ultrapassá-la, no início de março. Os teimosos finlandeses, numa desvantagem de quase 50 para 1 no campo de batalha, escolheram buscar a paz. A Guerra de Inverno acabou em um armistício no qual os soviéticos ganharam todo o importante território ao redor do Lago Ladoga.

Embora os soviéticos no fim das contas tenham sido bem-sucedidos, seu desempenho fraco contra uma nação com tão poucos recursos como a Finlândia foi suficiente para convencer tanto Hitler quanto o Ocidente de sua fraqueza militar.

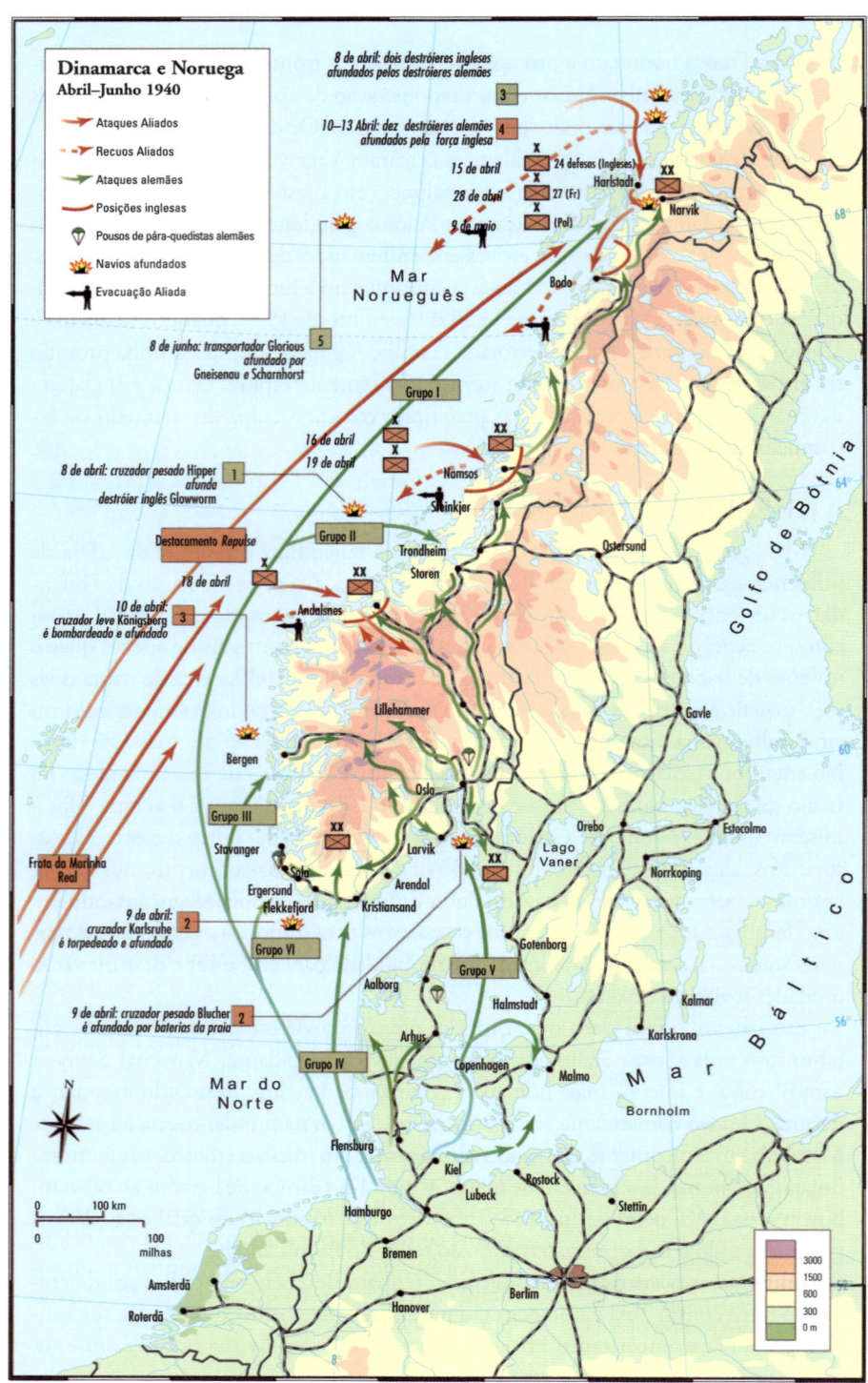

DINAMARCA E NORUEGA

Depois de rapidamente conquistarem a Dinamarca, em 9 de abril de 1940, seis separados grupos navais alemães deram um passo ousado para conquistar todos os principais portos da Noruega. Embora os alemães tenham perdido três navios, a frota naval inglesa demorou a reagir de seu posto no porto de Scapa Flow, nas ilhas escocesas. Os desembarques alemães, multiplicados pelos audazes ataques aéreos perto de Stavanger e Oslo, foram realizados com grande sucesso. Apenas em Narvik, no extremo norte, a Força Real da Marinha britânica interferiu seriamente nos planos, destruindo dez destróieres alemães e tomando controle das águas. Os ingleses reagiram, desembarcando cerca de 12 mil homens em Namsos e Andalsnes em um esforço para recapturar Trondheim.

Temendo por suas guarnições isoladas, as forças alemãs avançaram a partir de Oslo. Usando a superioridade aérea, os alemães derrotaram o esforço Aliado, forçando a evacuação das forças ocidentais em Namsos e Andalsnes. Em Narvik, uma minúscula força alemã de apenas 4 mil homens, sob o comando do general Eduard Dietl, foi sitiada por quase 25 mil soldados Aliados.

Em apuros, a força alemã lutou até conseguir escapar de Narvik e buscou refúgio na fronteira com a Suécia. Em junho, no entanto, devido ao desastre iminente na França, as unidades Aliadas deixaram Narvik, permitindo que os alemães avançassem e ocupassem o porto que faltava.

GUERRA-RELÂMPAGO NO OCIDENTE

Depois de derrotar a Polônia, Hitler estava ansioso para atacar a oeste. Originalmente o plano alemão, chamado "Plano Amarelo", previa um ataque pelo centro das defesas belgas, algo esperado e bem-vindo para a estratégia Aliada. Mas alguns dentro da Wehrmacht (nome dado ao conjunto das forças armadas da Alemanha durante o Terceiro Reich), incluindo o general Erich Von Manstein, não estavam satisfeitos com o plano. O assunto veio à baila em janeiro de 1940, quando um avião emissário alemão, transportando planos para a ofensiva, foi forçado a fazer um pouso de emergência na Bélgica, comprometendo o Plano Amarelo. Com a liderança de Manstein e a aprovação de Hitler, a Wehrmacht fez alterações fundamentais e brilhantes ao plano original. O novo plano previa que o Grupo de Exército B, sob comando de Bock, avançaria pelo centro, em uma estratégia para desviar a atenção. Ao sul, o Grupo de Exército A, comandado por Rundstedt e com a preponderância do poder de armamento alemão, atacaria pela supostamente impenetrável floresta de Ardennes, esperando pegar os Aliados desprevenidos. Depois de cortar caminho, os tanques avançariam pelo Canal da Mancha, causando uma ruptura nas forças Aliadas na Bélgica. Era um plano audacioso e arriscado.

As forças inglesas e francesas, sob o comando de Lord Gort e do general Maurice Gamelin, respectivamente, esperavam confiantes o ataque alemão. O equilíbrio de forças no oeste era igual e parecia que os alemães agiriam exatamente como os Aliados esperavam. No entanto, os Aliados tinham alguns pontos fracos fundamentais. Gamelin era idoso e inflexível e permanecia distante e indiferente no castelo que lhe servia de centro de operações enquanto os eventos se desenrolavam. Além disso, ele tinha tanta certeza de que seu plano estava certo que apenas membros fracos de duas divisões francesas, basicamente compostas por soldados de reserva, defendiam a área de Ardennes. Esses homens iriam em breve enfrentar o peso do ataque alemão liderado por 1.800 tanques.

38 SEGUNDA GUERRA MUNDIAL

INVASÃO DO OCIDENTE

Em 10 de maio de 1940, o Grupo de Exército B começou seu ataque para desviar as atenções no centro da Bélgica. Ajudadas pela rápida rendição do forte de Eben Emael, as forças de Bock avançaram tão rápido que atrapalharam a formação das posições defensivas Aliadas ao longo do rio Dyle. Para os Aliados, parecia que Bock liderava a força principal do exército alemão. Ao sul, no entanto, o Grupo de Exército A, contendo sete divisões de tanques, emergiu da Floresta de Ardennes no dia 12 de maio.

Utilizando táticas de armamento e coordenação superiores, os tanques dos Generais Guderian e Rommel rapidamente passaram pela resistência francesa e cruzaram o rio Meuse, invadindo o país do outro lado.

Em vez de irem para Paris, como os franceses esperavam, os tanques rumaram ao norte, na direção do Canal da Mancha — esperando surpreender as unidades Aliadas envolvidas na batalha da Bélgica. Os franceses, com falta de reservas, não conseguiram reagir às ações. Um contra-ataque francês perto de Laon no dia 17 de maio, liderado pelo coronel Charles de Gaulle, foi repelido pela 1ª Divisão Panzer alemã. Um contra-ataque inglês em Arras, no dia 21 de maio, também falhou, graças à presença de armas antitanques alemãs. Na realidade, já era tarde demais para a causa Aliada, pois os tanques de Guderian tinham alcançado o Canal da Mancha no dia anterior — isolando as forças Aliadas na Bélgica.

Invasão do Oeste
Maio–Junho de 1940

- Ataques alemães
- Contra-ataques Aliados
- Recuos Aliados
- Linhas de frente Aliadas
- Linhas defensivas Aliadas
- Tropas de pára-quedistas alemães
- Ataque dos planadores alemães

A GUERRA-RELÂMPAGO

A guerra-relâmpago alemã teve início nos Países Baixos em 10 de maio de 1940. O Grupo de Exército B, de Bock, teve que avançar rapidamente para tornar a artimanha verossímil. Os alemães fizeram extensivo uso de forças aéreas para dominar pontes importantes, com a intenção de manter o ritmo do avanço. Em desvantagem, os holandeses se renderam rapidamente, mas os Aliados estavam contando que os belgas fossem resistir um pouco mais.

O impenetrável Forte de Eben Emael formava parte essencial da linha de defesa belga, e esperava-se que a resistência na área fosse capaz de segurar o avanço alemão por semanas. No entanto, forças aéreas alemãs com apenas 85 homens pousaram no topo do forte em aviões planadores. Usando um ataque especialmente planejado, os alemães penetraram rapidamente no local e renderam seus 750 defensores. Parcialmente graças a esse golpe de mestre, as forças de Bock conseguiram avançar rápido. Em consequência, as forças inglesas e francesas tiveram que se apressar para tomar suas posições ao longo do rio Dyle — apenas para cair diretamente em uma armadilha.

Ocupados com as forças de Bock, ingleses e franceses não sabiam que naquele mesmo momento as unidades de tanques alemães estavam vencendo o instável terreno de Ardennes. Era um dos pontos mais críticos da batalha. O Grupo de Exército A estava enrolado em um engarrafamento de quase 160 km. Se os Aliados não esti-

A INVASÃO DOS PANZERS

Em 12 de maio de 1940, a 12ª Corporação Panzer, sob liderança de Guderian, venceu a floresta de Ardennes e seguiu para o rio Meuse, perto de Sedan. As forças francesas das Corporações X defenderam a significante barreira do rio, pensando que poderiam resistir ao ataque alemão.
No entanto, a passagem pelo Meuse até Sedan provou ser um modelo da eficiência tática alemã. Usando sua iniciativa, Guderian atacou as defesas do Meuse no dia 13 de maio, com apoio em peso da Luftwaffe. Com as armas dos defensores francesas silenciadas pelo ataque aéreo e da artilharia, a infantaria alemã rapidamente cruzou o Meuse em botes de borracha.
Engenheiros de combate foram em seguida, construindo pontes provisórias. Em 10 horas, os tanques começaram a cruzar as novas pontes, comprometendo as posições defensivas francesas. Com sua força agora dividida dos dois lados do rio, Guderian estava em posição vulnerável. No dia 14 de março, membros da 16ª Corporação Francesa atacaram o flanco alemão. Embora muitos tanques alemães ainda não tivessem atravessado o rio, o apoio aéreo e a força antitanque impeliram o contra-ataque francês. Assim, a vital passagem pelo Meuse foi bem-sucedida em grande parte graças à brilhante capacidade tática e de coordenação alemã, e não só por seu louvável exército.

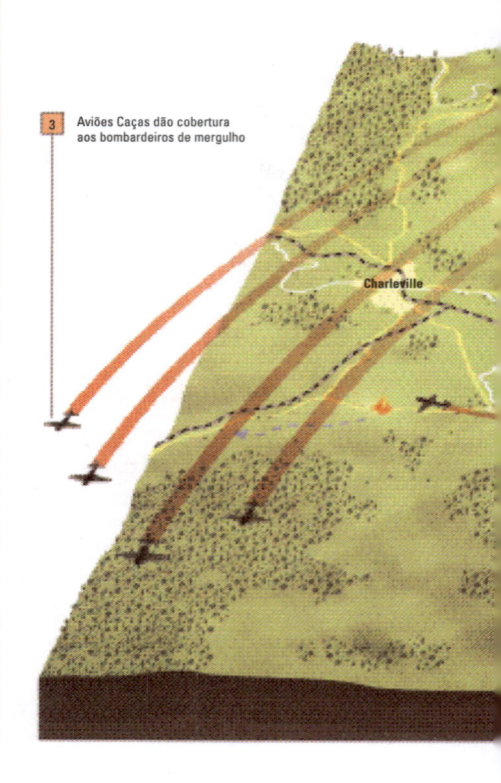

3 Aviões Caças dão cobertura aos bombardeiros de mergulho

Charleville

vessem totalmente ocupados com o Grupo de Exército B, uma mudança de sentido na inspeção da força aérea Aliada para Ardennes poderia ter parado a ofensiva alemã. No entanto, a surpresa foi mantida — e os tanques alemães começaram a emergir da floresta nos dias 11 e 12 de maio. Ainda assim, os Aliados tinham uma vantagem. As unidades francesas na área, parte da Corporação X, estavam a postos atrás do poderoso obstáculo defensivo natural do rio Meuse.

ATRAVESSANDO O RIO MEUSE

Os alemães agora enfrentavam o momento decisivo na Batalha da França — atravessar o rio Meuse até Sedan. Se a resistência francesa do outro lado da barreira do rio fosse forte, os alemães perderiam o momento certo de avançar, possivelmente comprometendo o plano inteiro. No final, a vitória no Meuse foi conseguida graças à velocidade e à flexibilidade das divisões de tanque alemãs. Ao contrário de Gamelin, enfurnado em seu distante centro de comando, os alemães

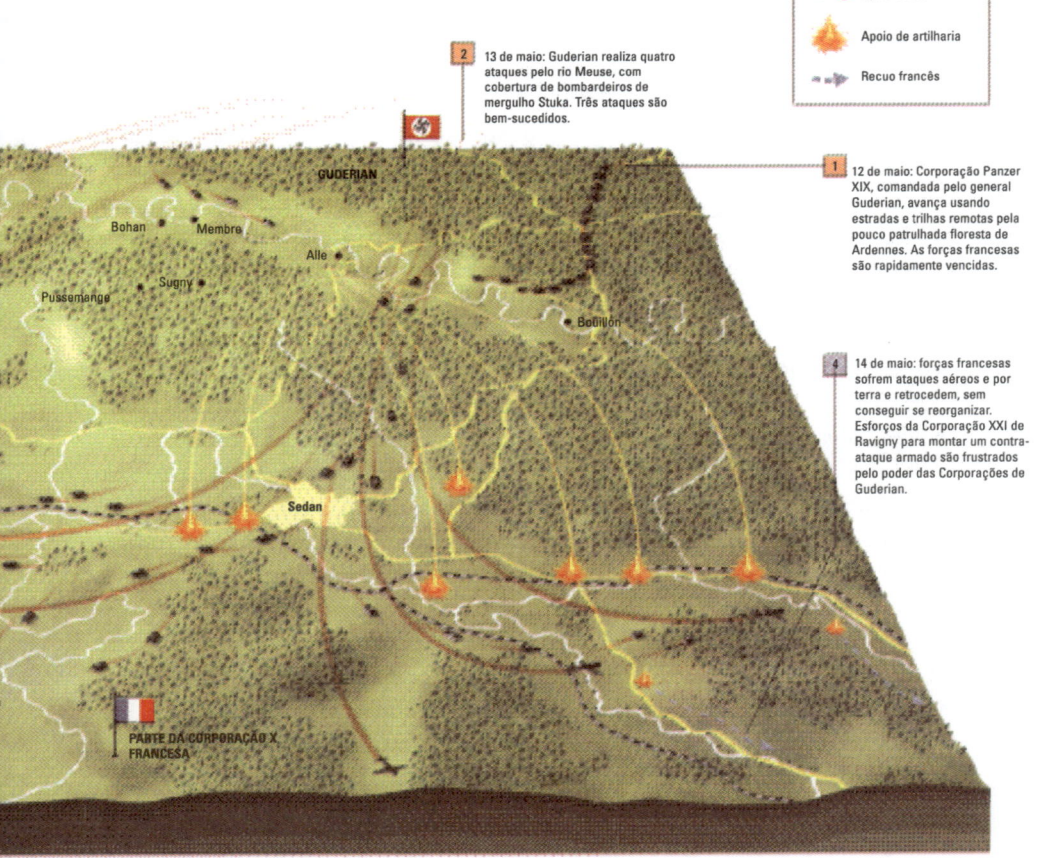

O ataque por Ardennes
12–14 de maio, 1940

- Avanço armado
- Apoio aéreo
- Apoio de artilharia
- Recuo francês

2 13 de maio: Guderian realiza quatro ataques pelo rio Meuse, com cobertura de bombardeiros de mergulho Stuka. Três ataques são bem-sucedidos.

1 12 de maio: Corporação Panzer XIX, comandada pelo general Guderian, avança usando estradas e trilhas remotas pela pouco patrulhada floresta de Ardennes. As forças francesas são rapidamente vencidas.

4 14 de maio: forças francesas sofrem ataques aéreos e por terra e retrocedem, sem conseguir se reorganizar. Esforços da Corporação XXI de Ravigny para montar um contra-ataque armado são frustrados pelo poder das Corporações de Guderian.

PARTE DA CORPORAÇÃO X FRANCESA

aplicavam um sistema de comando mais flexível. Guderian estava ao lado da linha de frente alemã quando ela se aproximou da barreira do rio. Graças à excelente iniciativa de Rundstedt, Guderian teria a liberdade de reagir à situação conforme ela se desdobrasse, em vez de ser forçado a esperar por ordens enquanto o momento oportuno passava.

As divisões Panzer, além de serem divisões de tanques, também eram formações completamente armadas, incluindo unidades de infantaria, artilharia, antitanque, antiataque aéreo e engenharia, que tornariam a vitória viável. Ao alcançar o Meuse, era possível para Guderian chamar o reforço da força aérea da Luftwaffe para providenciar cobertura enquanto as formações de infantaria cruzavam o rio em botes de borracha — dominando pequenas cabeceiras de ponte no banco de areia. Em seguida, engenheiros de combate avançavam e, em 10 horas, teriam construído uma ponte provisória que permitiria que os tanques alemães atravessassem o rio. Percebendo o desastre se formando no sul, os Aliados realizaram ataques aéreos nas novas pontes alemãs; no entanto, o apoio aéreo alemão e suas baterias integrais antiataque aéreo lidaram com a situação, abatendo 40 das 71 aeronaves da força britânica envolvidas.

Assim, no dia 13 de maio, os alemães cruzaram o Meuse e chegaram a Sedan, surpreendendo as Corporações X francesas, em desvantagem. Mesmo assim, Guderian permanecia em posição vulnerável enquanto suas unidades lentamente cruzavam o Meuse. Durante os dias 14 e 15 de maio, membros da 3ª Divisão Armada francesa atacaram o flanco de Guderian, colocando em risco toda a operação alemã. Usando armas antiataques aéreos e antitanques de 88 mm, no entanto, os alemães conseguiram reagir à desorganizada ofensiva e destruíram 33 tanques franceses. Com o contra-ataque derrotado, os alemães abriram um buraco de 80 km nas linhas francesas, e o exército alemão começou a avançar para o norte.

Os franceses, completamente surpreendidos, tentaram formar linhas de defesa no caminho dos tanques — apenas para descobrir que os alemães já tinham dominado a área e continuavam a avançar. No dia 17 de maio, a 4ª Divisão Armada francesa, organizada às pressas, sob o comando do coronel Charles de Gaulle, atacou os tanques alemães em Laon, mas falhou. Ainda assim, os comandantes alemães começaram a se preocupar com a vulnerabilidade do seu flanco conforme os tanques continuavam a se mover para o norte no território inimigo. Os alemães não precisavam ter se preocupado, no entanto, pois Gamelin tinha perdido controle das ações e não tinha reservas para atacar os alemães.

Depois de uma breve pausa, a linha de frente alemã alcançou o Canal da Mancha no dia 20 de maio — cercando as forças Aliadas na Bélgica. Ainda assim, o cerco alemão era fraco, permitindo que os Aliados fizessem uma tentativa de escapar. Em 21 de maio, duas divisões inglesas, apoiadas por dois batalhões de tanques, atacaram os alemães em Arras. Sem as necessárias forças de reserva, no entanto, o ataque foi ínfimo e apenas conseguiu fazer poucos buracos nas linhas alemãs. As forças Aliadas na Bélgica estavam irrevogavelmente cercadas, e o desastre era iminente.

A QUEDA DA FRANÇA E A OPERAÇÃO DÍNAMO

O novo primeiro-ministro britânico, Winston Churchill — que só tinha assumido o cargo no dia 10 de maio — estava diante de uma decisão muito difícil, pois as forças francesas e inglesas na Bélgica enfrentavam o risco de aniquilação nas mãos dos tanques alemães, que não paravam de avançar. Houve apenas uma pequena trégua, quando a linha de frente alemã parou, no dia 24 de maio, a apenas 24 km de Dunkirk, para dar tempo de a infantaria não-mecanizada alcançar os tanques e fechar um buraco vulnerável nas linhas alemãs. Com as forças Aliadas cada vez mais acuadas, no dia 26 de maio Churchill tomou a inevitável decisão de resgatar o máximo possível de soldados Aliados, em uma missão de evacuação pelo mar batizada de 'Operação Dínamo'.

Soldados ingleses e franceses abriram caminho até as praias, onde centenas de pequenas embarcações civis inglesas estavam prontas para levá-los até os navios maiores esperando em águas profundas. Embarcações de todas as formas e tamanhos responderam aos pedidos para ajudar no regate das encurraladas forças Aliadas. Os homens, exaustos, arrastaram-se para os navios, enquanto seus companheiros lutavam numa

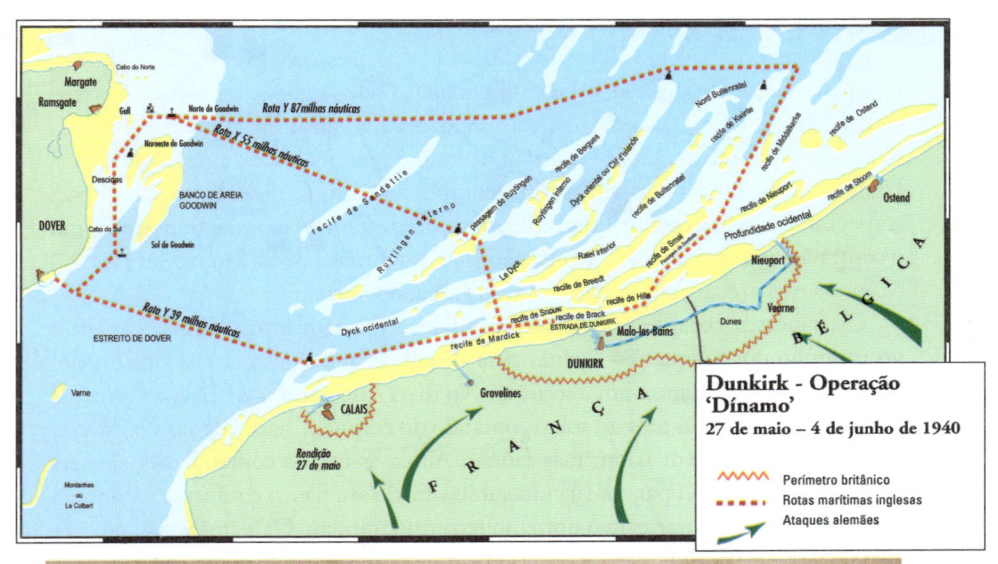

Dunkirk - Operação 'Dínamo'
27 de maio – 4 de junho de 1940

- Perímetro britânico
- Rotas marítimas inglesas
- Ataques alemães

OPERAÇÃO DÍNAMO

Graças à trégua no avanço de Guderian pela costa do Canal da Mancha, os ingleses lançaram a Operação Dínamo, uma missão de resgate das forças Aliadas pelo mar na Bélgica e no norte da França. A vasta armada britânica navegou a partir da costa sul da Inglaterra, principalmente da área de Dover. Os navios maiores não conseguiam navegar pelas águas complicadas e rasas ao redor de Dunkirk, deixando a evacuação de fato das praias para uma mistura de embarcações civis e barcos salva-vidas conduzidos por voluntários civis. Os barcos civis entraram em Dunkirk para tirar soldados da água sob uma chuva de ataques da Luftwaffe. Miraculosamente, a Operação Dínamo conseguiu resgatar cerca de 338.000 soldados Aliados antes de ser encerrada em 4 de junho de 1940.

A QUEDA DA FRANÇA

Seguindo a derrota Aliada na Bélgica, a Wehrmacht se voltou para o sul sem encontrar resistência, dominando Paris sem batalhas em 14 de junho. Ao leste, os alemães passaram pela Linha de Maginot. As forças francesas lá lutaram bravamente, só se rendendo quase uma semana depois da queda do país. No dia 16 de junho, o governo francês se rendeu. Os alemães ocuparam a França ao norte e ao oeste, deixando no sul um governo francês controlado pelos nazistas em Vichy.

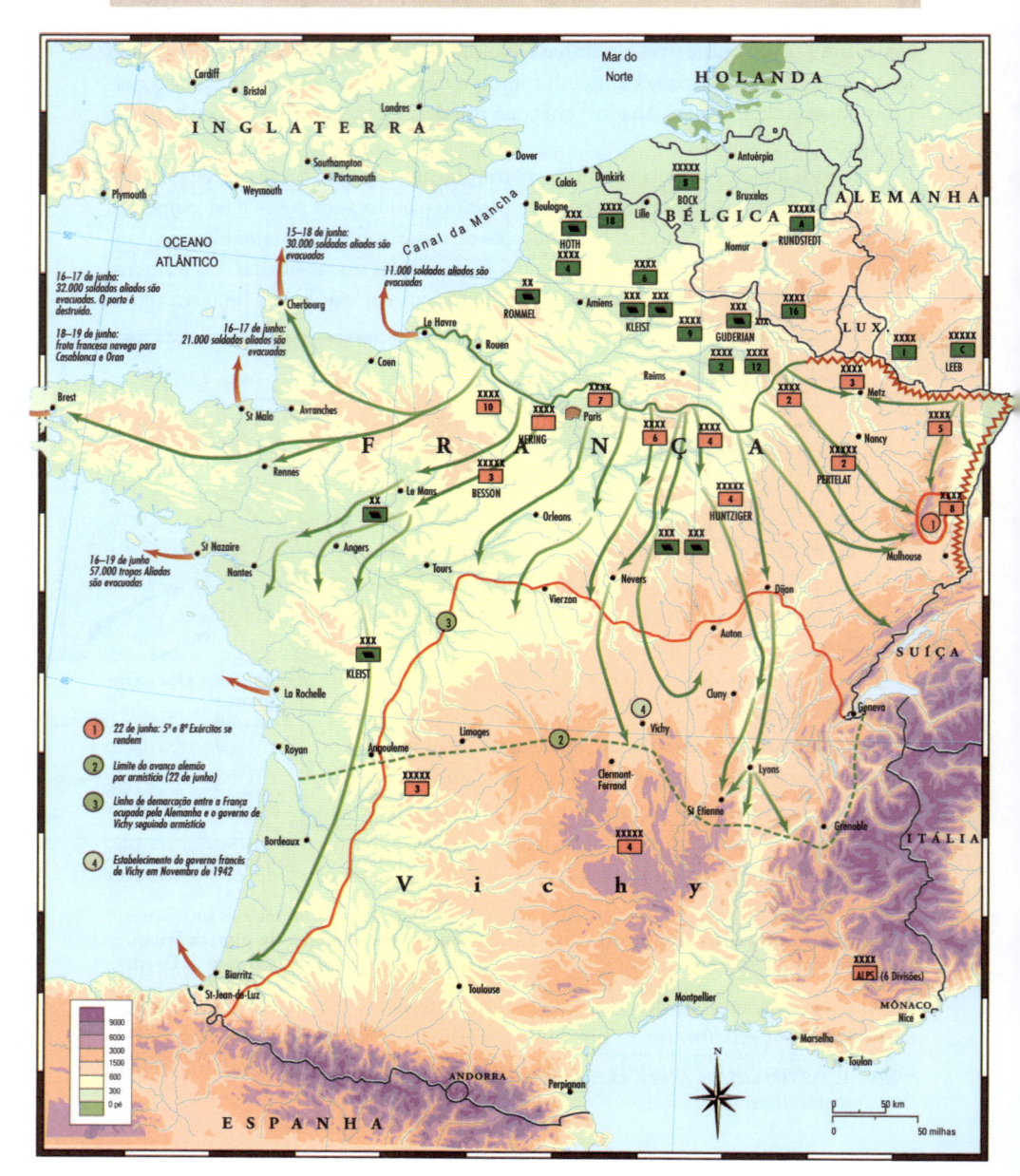

ação teimosa para atrasar os ataques alemães. Na conclusão da Operação Dínamo, em 4 de junho de 1940, a pequena frota resgatou cerca de 338.000 soldados. Ainda assim, o desastre continuava a rondar enquanto eles voltavam para a Inglaterra sem seu armamento pesado, ao mesmo tempo em que a queda da França evoluía em ritmo rápido.

Tendo destruído a resistência Aliada na Bélgica, a Wehrmacht agora se voltava para o sul, na direção de Paris. Um ar de derrotismo dominava o governo francês, com o primeiro-ministro Reynaud declarando, em 13 de maio: "Nós fomos derrotados. Perdemos a batalha". No dia 5 de junho, 95 divisões alemãs enfrentaram 61 divisões francesas ao longo do rio Aisne e avançaram. Enquanto os tanques seguiam em frente, os franceses declararam Paris uma cidade aberta, e em 14 de junho a capital caiu sem lutar. No dia 16 de junho, o governo francês, agora sob controle do já idoso Marechal Pétain, escolheu implorar pela paz. Os alemães impuseram um tratado rígido aos franceses, deixando apenas a porção sul do país, chamada de 'França de Vichy', nominalmente independente. No espaço de apenas 35 dias, a França tinha caído, deixando a Inglaterra isolada na guerra contra a Alemanha.

A BATALHA DA INGLATERRA

Depois da queda da França, Churchill escolheu lutar, indo contra todas as chances. Os alemães elaboraram um esquema de invasão, chamado "Operação Leão Marinho", que tinha como objetivo desembarcar uma força de 400.000 homens no sul da Inglaterra. O almirante Erich Raeder, comandante da marinha alemã, considerou que o plano era arriscado em virtude da força da Marinha e da Força Aérea Real (Royal Air Force — RAF) britânicas. Dessa forma, Hitler escolheu lançar uma campanha aérea para destruir a RAF, em preparação para a invasão da Inglaterra.

Embora Hermann Göring, o comandante da Luftwaffe alemã, estivesse confiante do sucesso, a Luftwaffe tinha sido designada para fornecer suporte aéreo para as campanhas no solo e, portanto, estava sem os aviões de bombardeio pesado que uma missão estratégica como aquela exigia. A principal força de ataque da Luftwaffe — duas frotas aéreas baseadas no norte da França — era formada por 1.000 aviões bombardeiros médios. Como os bombardeiros não tinham armamento pesado, eles precisaram da escolta de cerca de 750 aeronaves Messerschmitt 109.

Defendendo a Inglaterra do ataque estavam 650 aeronaves de guerra (principalmente Hurricanes e Spitfires) do Comando de Batalha da RAF, sob comando do Marechal da aeronáutica Hugh Dowding. Ajudando a equilibrar a disparidade de números encontrava-se um novo e importante projeto inglês: estações de radar que, espalhadas em toda a costa britânica, dariam aos comandantes avisos dos ataques alemães.

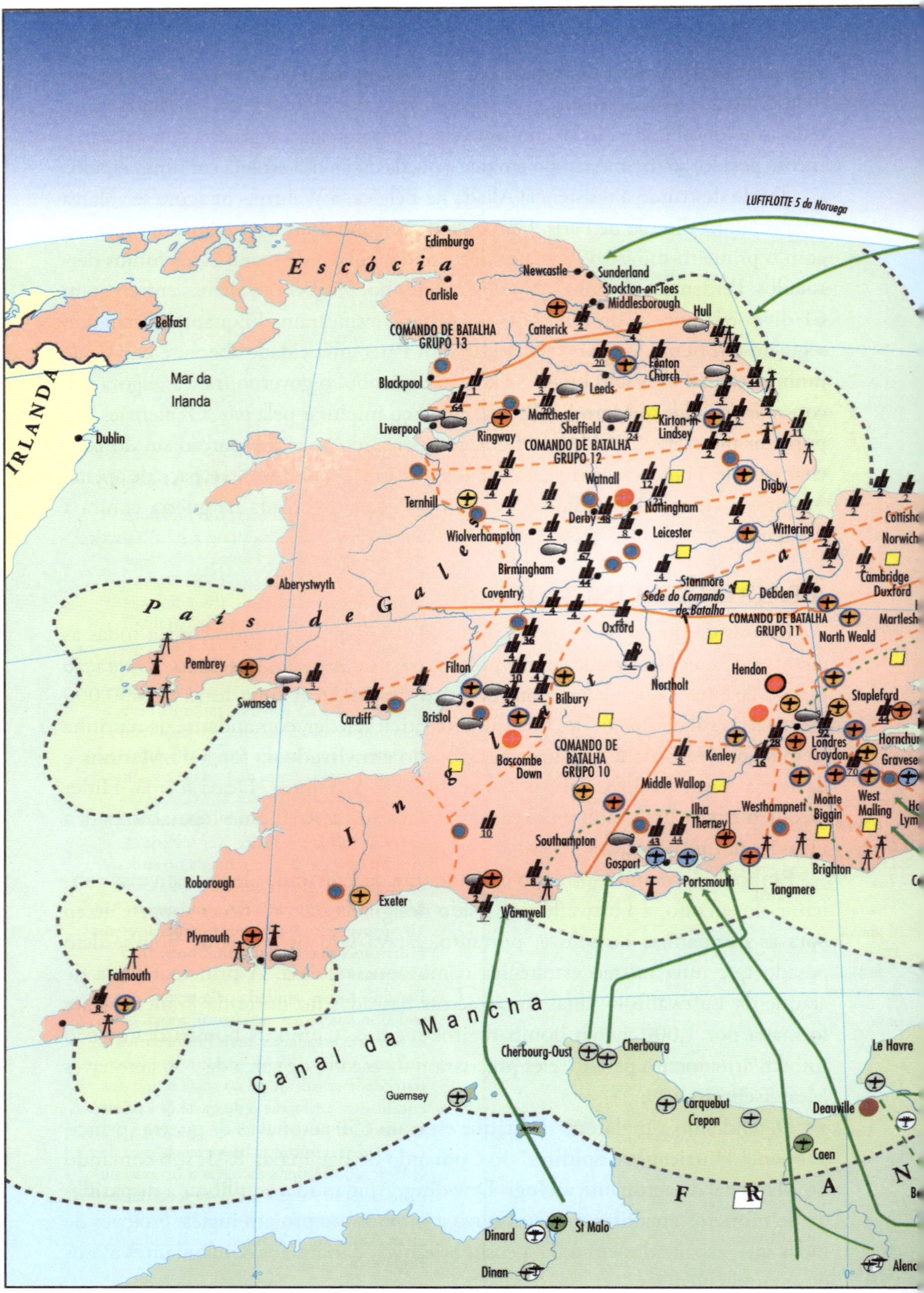
LUFTFLOTTE 5 da Noruega
Edimburgo
Escócia
Newcastle
Sunderland
Carlisle
Stockton-on-Tees
Middlesborough
Belfast
COMANDO DE BATALHA
GRUPO 13
Catterick
Hull
Mar da
Irlanda
Fenton
Church
Blackpool
Leeds
IRLANDA
Manchester
Kirton-in-Lindsey
Liverpool
Ringway
Sheffield
Dublin
COMANDO DE BATALHA
GRUPO 12
Watnall
Digby
Ternhill
Nottingham
Derby
Wittering
Wiolverhampton
Leicester
Cottishal
Norwich
Birmingham
Aberystwyth
Stanmore
Sede do Comando
de Batalha
Cambridge
Duxford
Coventry
Debden
País de Gales
COMANDO DE BATALHA
GRUPO 11
Oxford
North Weald
Martlesh
Pembrey
Swansea
Hendon
Filton
Northolt
Cardiff
Bristol
Bilbury
Stapleford
Boscombe
Down
COMANDO DE
BATALHA
GRUPO 10
Kenley
Londres
Croydon
Hornchur
Gravese
Middle Wallop
Inglaterra
Ilha
Therney
Westhampnett
Monte
Biggin
West
Malling
Southampton
Gosport
Portsmouth
Brighton
Tangmere
Roborough
Exeter
Warmwell
Plymouth
Falmouth
Canal da Mancha
Cherbourg-Oust
Cherbourg
Le Havre
Guernsey
Carquebut
Crepon
Deauville
Jersey
Caen
FRANÇA
Dinard
St Malo
Dinan
Alenc

Batalha da Inglaterra Julho–outubro de 1940

- 🔴 Grupos de Comando de Batalha
- ⊕ Sedes
- [A] Setor aéreo da RAF
- — Setor da RAF
- -- Limite dos grupos RAF

Principais aeronaves
- ⊕ Spitfire
- ⊕ Hurricane
- ⊕ Defiant
- ⊕ Estação de comando litorânea
- ⊕ Centro das Corporações de Observação
- 🗼 Estação de radar de alto nível
- 🗼 Estação de radar de baixo nível
- -- Radar de alto alcance
- -- Radar de baixo alcance

- Bateria anti-aérea (com número de armas)
- Barragem de balões
- ⊕ Sedes da Luftflotte
- ⊕ Sedes da Fliegerkorps
- VIII Fliegerkorps
- — Limites da Luftflotte
- -- Limites da Fliegerkorps

Principais aeronaves
- ⊕ Messerschmitt 109
- ⊕ Messerschmitt 110
- ⊕ Campos aéreos de bombardeiros
- -- Limite dos ataques dos aviões de caça alemães
- → Direção principal do ataque aéreo alemão no 'Dia Águia'

Mar do Norte — Amsterdã — Soesterberg — HOLANDA — LUFTFLOTTE 2 — Flushing — Antuérpia — Ghent — BÉLGICA — Bruxelas — Fiennes — Calais — Calais-Marck — Dunkirk — Ostend — Oye-Plage — St Omer — Guines — Arques — Lille — Desvres — Montreuil — Arras — Crecy-en-Ponthieu — Cambrai — Abbeville — Amiens — Rosières-en-Santerre — Montdidier — Couvron — Beauvais — Compiegne — Laon — Clermont — St Cloud — Paris — Villacoublay — Orly

A BATALHA DA INGLATERRA

Na batalha da Inglaterra, três Luftflotte, ou "tropas aéreas", atacaram a RAF a partir de bases no norte da França e Noruega. Utilizando bombardeiros médios armados, como o Heinkel 111, a Luftwaffe estava confiante em seus recursos de batalha, principalmente com seus Me 109.

O Comando de Batalha britânico, tendo previamente recebido avisos dos ataques alemães pelas 21 bases de radar na costa e pela rede de observadores, contava com as aeronaves Hurricane e as novas Spitfire para defesa. A maior parte da luta na Batalha da Inglaterra recaiu para 11º Grupo do Comando de Batalha, sob o comando do Marechal da aeronáutica Keith Park. A luta foi especialmente acirrada no sudeste da Inglaterra, graças em parte ao alcance limitado dos Me 109. Em combate, os Me 109 provaram ser levemente superiores aos Hurricane, mas tinham um oponente à altura nos Spitfire.

Por dois meses, ajudada pelo severo trabalho das forças antiataque aéreo, que se tornariam cada vez mais importantes durante a Blitz, a RAF continuou a lutar — parecendo seguir de pé no mais tênue dos equilíbrios conforme o desgaste dos pilotos cobrava seu preço.

Em 17 de setembro, a brava resistência da RAF forçou Hitler a cancelar a invasão no sudeste da Inglaterra, embora tecnicamente tivesse sido apenas adiada. A Luftwaffe alemã tinha sido derrotada na Batalha da Inglaterra.

OPERAÇÃO ÁGUIA

Depois de alguns bombardeios preliminares na costa da Inglaterra, os alemães lançaram seus esforços para destruir a RAF — numa missão chamada "Operação Águia" — em agosto de 1940. Esse importante estágio da Batalha da Inglaterra foi marcado pelos bombardeiros alemães atacando bases da RAF e estações de radar. Pelo sul da Inglaterra, batalhas aéreas se desenrolavam diariamente entre aeronaves inglesas e alemãs, fazendo os pilotos da RAF, em desvantagem numérica, esforçarem-se até o limite. Não era incomum que um piloto fosse atingido no céu, escapasse usando o paraquedas, voltasse para a segurança e retornasse para os céus no mesmo dia em outra aeronave. Göring ficou surpreso com a eficiência da resistência da RAF, e, no dia 24 de agosto, a Luftwaffe redobrou seus ataques. Pela primeira vez na batalha, as perdas da RAF ultrapassavam a produção de novas aeronaves — parecia que o desastre era inevitável.

Preocupado que a batalha contra a Inglaterra estava durando tempo demais, Göring mudou de estratégia e, em 7 de setembro, começou a se concentrar nos bombardeios à luz do dia contra Londres. Göring esperava que a ameaça à capital arrastasse completamente a RAF para a batalha, já que até então Dowding estava conseguindo economizar recursos. A mudança para os bombardeios em Londres foi, em vez disso, uma bênção para a acuada força aérea inglesa — mesmo que a população de Londres certamente não visse desse jeito —, pois deu à RAF tempo necessário para se recuperar dos ataques contínuos às suas bases. Frustrado por a RAF continuar a lutar, no dia 17 de setembro Hitler efetivamente cancelou a Operação Leão Marinho, embora ela não tenha sido formalmente suspensa até o ano seguinte. A RAF tinha sobrevivido ao seu teste mais duro.

A BLITZ

Não disposto a admitir a derrota, no final de setembro Göring ordenou que a Luftwaffe mudasse de estratégia para ataques noturnos a Londres — dando início ao período que ficaria conhecido

A BLITZ

Ao perceber que a Inglaterra seria suscetível a ataques aéreos em tempos de guerra, o governo britânico desenvolveu um complexo esquema para evacuar crianças de cidades vulneráveis para o interior. Algumas evacuações levaram as crianças para lugares tão distantes quanto o Canadá. O bombardeio noturno alemão a cidades inglesas, conhecido como "Blitz", começou em setembro de 1940 e prosseguiu sem pausa até maio de 1941.
A maioria dos ataques era focada em Londres. As aeronaves alemãs, voando durante a noite, visualizavam Londres facilmente, seguindo o rio Tâmisa. Embora a Inglaterra tenha sofrido quase 60 mil mortes de civis — a maioria de londrinos — até o fim da guerra, a carnificina não conseguiu atingir a moral inglesa. Procurando melhores resultados, em novembro de 1940 os alemães começaram a atacar cidades menos preparadas, com frequencia nas Midlands.
Para localizar os alvos, os alemães usavam ondas de rádio X-Gerät. Emanando de diferentes pontos da França, as ondas de rádio cruzavam acima do alvo desejado, dizendo ao piloto para lançar a bomba. Esse método foi usado para destruir boa parte da cidade de Coventry em um ataque maciço em novembro. Os ingleses inicialmente recorreram a luzes de buscas e a armas antiataque aéreo para a defesa. Algumas aeronaves eram equipadas com radar, permitindo a localização dos atacantes noturnos alemães. No fim, a Blitz falhou, e a Luftwaffe foi realocada para o leste para atacar a União Soviética.

A Blitz
Setembro de 1940 – Maio de 1941

A GUERRA-RELÂMPAGO 49

como "A Blitz". Os aviões de bombardeio, agora sem precisar de escolta, poderiam penetrar mais longe no país. A princípio, a nova onda de bombas se concentrou na área densamente povoada do leste de Londres — Göring esperava que o ataque contínuo à capital causasse um colapso na moral inglesa. Embora os ataques fossem mortais e trouxessem a desordem, os londrinos não se entregaram. Sem abrigos apropriados contra os ataques, muitos civis buscavam refúgio passando a noite em estações de metrô. A moral não foi aniquilada; na verdade, foi o oposto. Enquanto a cidade era destruída ao redor deles, os londrinos desenvolveram um espírito de raivosa determinação e união. Durante a noite, as sirenes avisando dos ataques aéreos soavam, as baterias antiataque disparavam e as bombas espalhavam a destruição. Durante o dia, os londrinos contavam suas perdas e voltavam a trabalhar para ganhar a guerra.

Em novembro, os alemães expandiram os ataques para outras cidades da Inglaterra, quando cerca de 400 aviões bombardeiros foram para cima da cidade de Coventry. Jogando bombas altamente explosivas e incendiárias, os alemães mataram por volta de 500 pessoas e destruíram quase todo o centro da cidade. Os ataques diminuíram um pouco no inverno, mas, no dia 29 de dezembro, aviões bombardeiros voltaram a atacar, agora na área ao redor da Catedral de St. Paul, em Londres. Várias bombas incendiárias atingiram a famosa catedral, mas ela se manteve de pé e se tornou um símbolo da determinação britânica.

Os ataques continuaram na primavera de 1941, frequentemente tendo como alvo os centros industriais de Midlands. Mesmo assim, as ambições de Hitler tinham mudado, pois ele estava se preparando para sua briga com a União Soviética. Os bombardeiros tinham a intenção de fazer a Inglaterra perceber que não poderia ganhar a guerra e deveria se conformar, como Hitler sempre desejou, mas esse final não parecia estar em vista. Assim, a Luftwaffe pôs fim à Blitz em preparação para o seu papel na "Operação Barba Ruiva" contra os soviéticos.

A Inglaterra tinha sobrevivido, ainda que à custa de dezenas de centenas de mortes civis. Na batalha épica, a RAF perdeu 1.265 aeronaves; a Luftwaffe, por volta de 1.882. Era a primeira vez que uma batalha decisiva para a existência de uma nação era decidida apenas pelo ar. A pequena frota de pilotos e membros da RAF — muitos deles não ingleses, mas exilados tchecos e poloneses — tinha conseguido a vitória, inspirando a agora famosa frase de Churchill: "Nunca, no campo do conflito humano, tanto foi devido por tantos a tão poucos".

À direita: um membro da Luftwaffe alemã trabalha no motor Daimler-Benz de uma aeronave de combate Me 109 na costa do Canal da França. O Reichsmarschall (Marechal do Reich) Hermann Göring tinha se gabado para Hitler de que a Luftwaffe obrigaria as forças inglesas a se renderem. Mas os corajosos esforços da Força Aérea Britânica — na qual serviam muitos pilotos tchecos, poloneses, franceses e até alguns americanos na época — garantiram que o perigo de invasão fosse afastado.

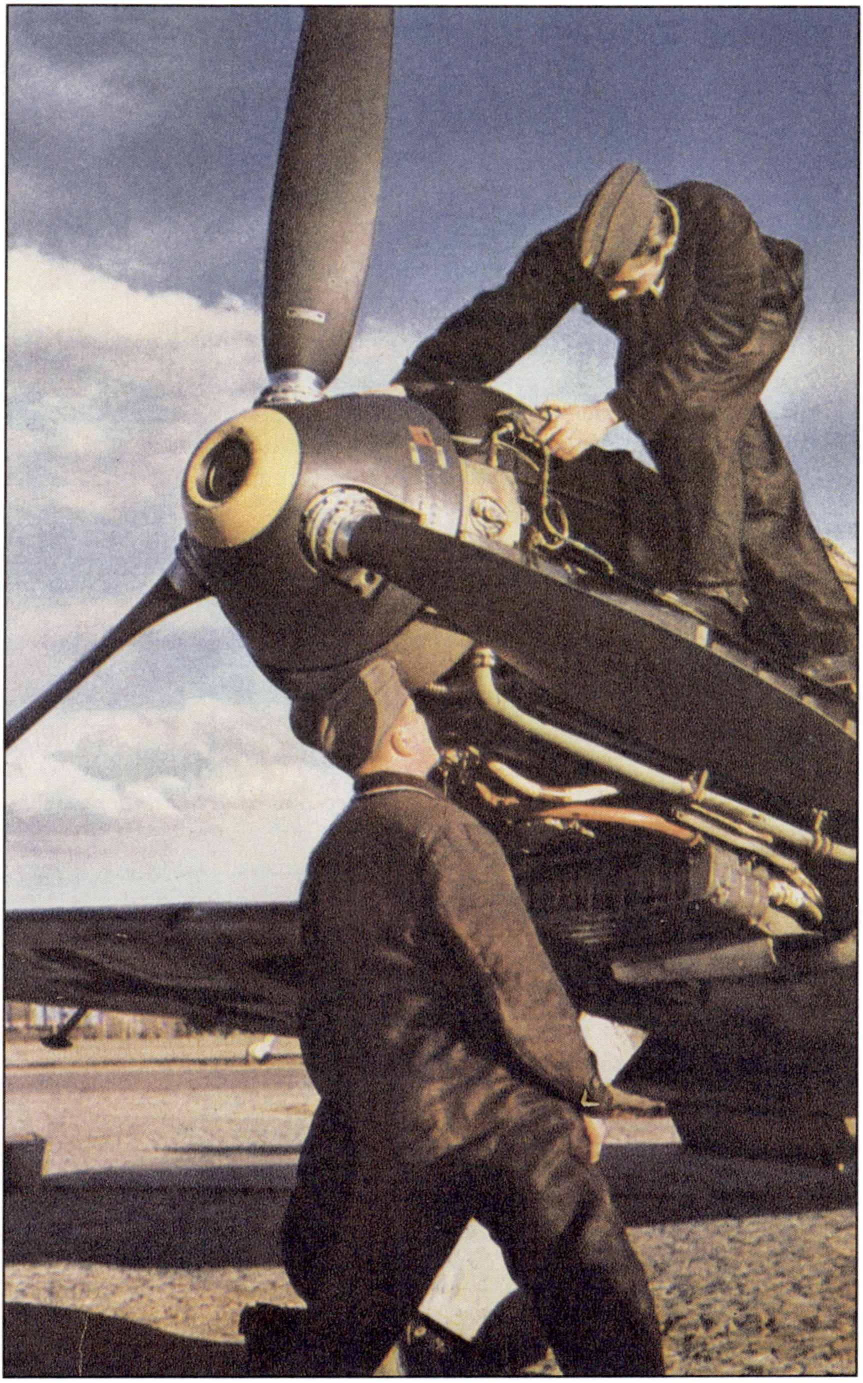

Acima: bombas Aliadas caem em uma base de submarinos U-boats. Ao contrário da força britânica e depois da americana, a Luftwaffe alemã era projetada para integrar uma guerra tática contra os oponentes no campo de batalha, agindo como uma "artilharia voadora" de apoio aos tanques; ela era menos adequada para o bombardeio estratégico de fábricas e ataques organizados. No geral, entretanto, a Luftwaffe teve uma significativa vantagem nos primeiros anos da II Guerra Mundial, com aeronaves eficientes e pilotos e tripulação experientes pela luta na Guerra Civil Espanhola.

A Guerra Aérea na Europa

A estratégica campanha aérea travada contra a Alemanha era produto de teorias desenvolvidas durante os anos entre guerras. Era o pensamento de que um país poderia ser bombardeado até a rendição apenas pela força aérea. A teoria custaria a vida de muitos jovens soldados Aliados — e de civis indefesos de cidades alemãs como Colônia e Dresden — para ser provada falsa.

Durante a I Guerra Mundial, as estratégias de combate aéreo estavam em sua infância, mas mesmo na época o consenso indicava que a força aérea militar tinha potencial para ser uma ferramenta vencedora de guerras. Enquanto o poder aéreo demonstrava seu considerável valor nas tarefas de reconhecimento de terreno e ataque pelo chão, muitos teóricos prestavam atenção ao papel do bombardeio estratégico. Durante a primeira grande guerra, os Zeppelins e os bombardeios alemães foram responsáveis por ataques pouco expressivos em alvos industriais e civis ingleses. Os ataques resultavam geralmente em pânico e queda no desempenho industrial, algo longe do que os alemães esperavam.

Na Itália, no final da I Guerra Mundial, foi Giulio Douhet quem primeiro avaliou, ainda em 1921, que bombardeios poderiam ganhar uma guerra por si só, graças à destruição da produção industrial e do ânimo da população do inimigo de lutar. As teorias de Douhet encontraram solo fértil para crescer na Inglaterra e nos Estados Unidos, já que os dois países procuravam um método de projetar seu poder em uma guerra continental. Na Inglaterra, o general Hugh Trenchard, o primeiro comandante da Força Aérea Real, foi o profeta da potência aérea, enquanto o general Billy Mitchell teve papel similar nos Estados Unidos.

Os teóricos do poder aéreo ganharam muito com a experiência da Guerra Civil Espanhola. Para ajudar os falangistas de Franco, a Alemanha levou a Legião Condor da força aérea para o conflito, que ganhou notoriedade — ou possivelmente infâmia — por seus ataques contra alvos civis, incluindo a destruição da fortaleza basca de Guernica. As mortes nos ataques aéreos eram tão altas que levaram alguns teóricos ingleses a acreditar que, com a guerra, Londres sofreria milhares de mortes por dia em ataques aéreos concentrados. Mesmo que tais cálculos fossem exagerados, a verdade era que os teóricos aéreos dos Aliados acreditavam cada vez mais no poder dos bombardeios de vencer sozinhos.

Apesar de ser partidário da teoria do bombardeio estratégico, o Comando de Bombas dentro da RAF inglesa não estava preparado para a chegada da II Guerra Mundial e tinha apenas poucos aviões bombardeiros à sua disposição em 1939 — pequenos e inexpressivos demais para ter algum efeito no resultado do conflito. Mesmo assim, a RAF continuou com os programas para desenvolver e produzir aviões bombardeiros de quatro motores, capazes de atacar os centros industriais e

O Bombardeio da Europa 1939–41

- ● Sede do Comando de Bombas
- • Sede do Grupo de Bombas

Peso das bombas
- ✴ 25–1000 toneladas
- ✹ 1000–3000 toneladas
- ✷ 3000–4000 toneladas

O BOMBARDEIO DA EUROPA 1939-41

A eclosão da guerra na Europa encontrou a Força Aérea Real (Royal Air Force —RAF) apenas no começo de seu plano de rearmamento e sem uma quantidade suficiente de bombas pesadas para lançar a tática de bombardeio estratégico designada a tirar a Alemanha da guerra.

Em vez disso, sob instruções do chefe do Comando Aéreo, sir Charles Portal, foi decidido que a RAF lançaria uma série de ataques menores a alvos industriais alemães. Inicialmente, tais ataques eram realizados durante o dia, na esperança de destruir parte da indústria de guerra alemã com a precisão dos bombardeios. No entanto, os ataques — especialmente os realizados na cidade portuária de Lubeck e nos centros industriais de Ruhr — mostraram-se imprecisos e custosos em termos de homens e máquinas.

A RAF também concentrou seus esforços contra alvos navais alemães — especialmente as bases que serviam de portos para os mortais submarinos U-boats, que participavam da Batalha do Atlântico. As gigantes bases de concreto de U-boats nos portos franceses no Atlântico, como Lorient e St-Nazaire, no entanto, se mostraram quase impossíveis de atingir e praticamente impermeáveis a danos.

Ainda assim, os defensores do bombardeio estratégico discutiram que a mudança para ataques noturnos daria resultados mais efetivos, devido à força necessária em aviões pesados para proporcionar a destruição total de um alvo.

populacionais da Alemanha. Eventualmente, essas aeronaves, os bombardeiros Stirling, Lancaster e Halifax, formariam a espinha dorsal de uma tropa de aviões designada a esmagar a resistência alemã.

Durante 1939 e 1940, a iniciativa da guerra no ar ficou basicamente com a Luftwaffe e incluiu breves ataques em Varsóvia e Rotterdam — e a prolongada Batalha da Inglaterra e a Blitz. Presa em uma batalha defensiva de vida ou morte, a RAF fez pouco para projetar seu poder nos céus da Alemanha de maneira organizada. No final de 1939, poucos e ultrapassados bombardeiros Wellington atacaram a costa norte da Alemanha, com resultados parcos. No meio da Batalha da Inglaterra, a RAF conduziu cinco ataques fracos a Berlim, nos quais apenas 29 dos 105 bombardeiros envolvidos encontraram seus alvos.

Os defensores do bombardeio estratégico, no entanto, permaneceram irredutíveis. Com uma força adequada de aviões bombardeiros pesados e bombardeios noturnos para evitar as medidas defensivas alemãs mais fortes, a RAF acreditava que ainda poderia usar o bombardeio estratégico para destruir tanto a vontade quanto a habilidade de resistir da Alemanha.

Acima: membros da artilharia antiaérea alemã correm na direção de sua arma na costa francesa. A RAF adotou uma política de bombardeio estratégico, embora as perdas em pouco tempo forçassem a Inglaterra a conduzir apenas ataques noturnos. Em 1943, quando a Força Aérea dos EUA começou sua campanha de bombardeio com força total, alvos estratégicos na Alemanha eram atacados tanto de dia quanto de noite, e garotos alemães de apenas 14 anos operavam as armas da artilharia antiaérea.

O BOMBARDEIO DA ALEMANHA 1941-42

Em 1941, a RAF continuou com ataques esporádicos e noturnos contra alvos industriais alemães. Os resultados dos bombardeios, no entanto, permaneceram mínimos e apenas irritantes. Utilizando técnicas de reconhecimento e ultra-inteligência, em agosto de 1941 a Inglaterra passou a repensar a estratégia ofensiva com bombardeios, analisando os dados do Relatório Butt. Churchill ficou preocupado ao descobrir que geralmente as missões de bombardeio da RAF erravam o alvo pretendido em 8 km, com alguns bombardeios desviando de curso em até 120 km. Assim, a RAF não poderia ser confiável para atingir nenhum alvo menor que uma cidade.

No entanto, o chefe do Comando Aéreo, sir Charles Portal, permanecia convencido de que o bombardeio estratégico era a chave para a vitória. Portal sustentava que uma tropa de 4.000 aviões bombardeiros poderia destruir as cidades alemãs, fazendo a nação cair de joelhos. Embora abalado pelo fato de que a população civil alemã agora seria vista como um alvo legítimo, Churchill aprovou a Diretiva de Bombardeio Aéreo. Assim, um número cada vez maior de aviões bombardeiros pesados da RAF se dedicaria a atacar alvos civis alemães, uma ação que pretendia esmagar a moral do inimigo. Para facilitar os novos planos, Churchill designou Arthur Harris como chefe do Comando de Bombardeios da RAF. Harris, apelidado de "Bombardeio Harris", era completamente devotado à ideia de que o bombardeio estratégico poderia aniquilar a vontade de resistir da Alemanha.

Os Mil Bombardeiros
30-31 de maio de 1943

- Principais ataques noturnos da RAF
- Sedes principais
- Sedes dos Grupos
- Campos aéreos do Comando de Bombas
- Alvos bombardeados
- Limites da Divisão de Caça
- Divisão de Caça
- Estação de radar alemã
- Estação de caça noturna alemã
- Baterias de busca aérea
- Baterias anti-ataque aéreo

O ATAQUE DOS MIL BOMBARDEIROS

Ávido por um sinal de sucesso, o chefe do Comando de Bombardeiros da RAF, Arthur Harris, elaborou a "Operação Milênio", o primeiro ataque de mil bombardeiros, direcionado à cidade industrial de Colônia. Percebendo o possível impacto de propaganda de tal ataque, Harris reuniu uma força de 1.046 aeronaves, incluindo todo avião bombardeiro virtualmente aproveitável do país. Usando o novo rádio direcional Gee, os bombardeiros partiram de 98 locações diferentes da Inglaterra e voaram em três grupos. O primeiro grupo atacou o centro de Colônia com bombas incendiárias, começando pontos de fogo que serviriam de mira para os grupos de ataque seguintes. A operação durou por volta de 98 minutos, com 898 bombardeiros conseguindo atingir e atacar os alvos.
No total, a RAF lançou 1.478 toneladas de bombas em Colônia, devastando a cidade e forçando a evacuação de 200.000 pessoas. O custo do ataque para a RAF foi de 40 aeronaves perdidas, número que representava apenas 3,8% do total empregado na missão — e o simples tamanho da operação tinha subjugado as defesas alemãs na área. O ataque supriu a necessidade de boas notícias do povo inglês, mesmo que os resultados militares tivessem sido menos positivos do que o esperado. Mesmo assim, Harris se manteve firme na crença de que o bombardeio estratégico representava o caminho mais rápido para a vitória.

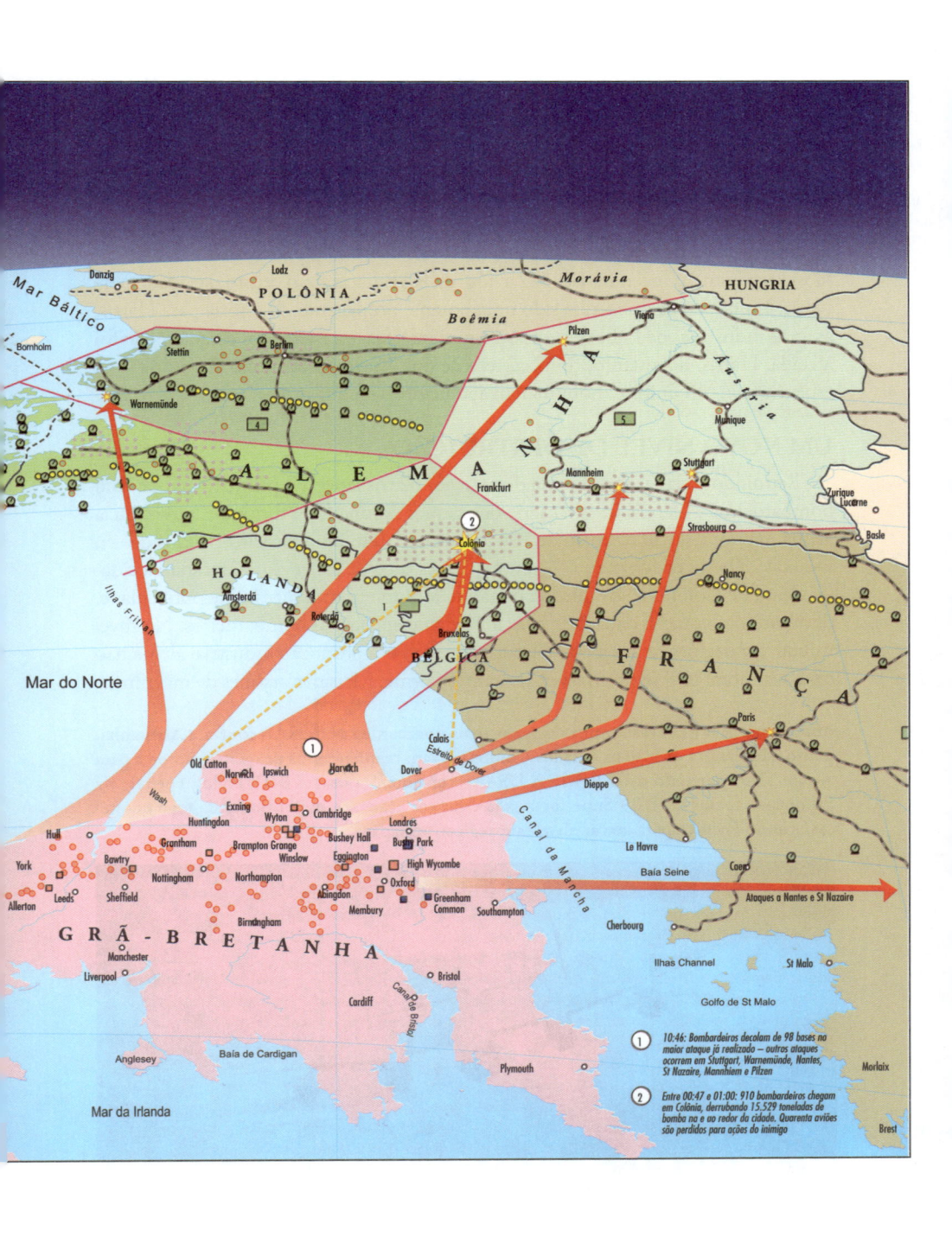

① 10:46: Bombardeiros decolam de 98 bases no maior ataque já realizado — outros ataques ocorrem em Stuttgart, Warnemünde, Nantes, St Nazaire, Mannhiem e Pilzen

② Entre 00:47 e 01:00: 910 bombardeiros chegam em Colônia, derrubando 15.529 toneladas de bomba em e ao redor da cidade. Quarenta aviões são perdidos para ações do inimigo

A GUERRA AÉREA NA EUROPA

Apesar do fato de que os ingleses atacavam durante a noite, o avanço defensivo alemão servia para igualar as chances, de certa forma. Uma cadeia de estações de radares permitiu que os alemães detectassem muitos dos ataques por vir, e os combatentes noturnos da Luftwaffe poderiam recorrer ao radar de curto alcance de suas aeronaves para encontrar os alvos. Embora as perdas começassem a se somar, Harris esperava superar nos números as defesas da Luftwaffe. Precisando de vitórias para provar a validade de seu esquema, Harris lançou seu primeiro ataque a grandes áreas na cidade alemã de Lubeck, em março de 1942. Com uma poderosa mistura de explosivos e bombas incendiárias, 242 aviões da RAF atacaram o centro da cidade portuária. Embora o ataque tenha sido uma potente propaganda de vitória para Harris, as áreas industriais de Lubeck permaneceram intactas, e a moral dos cidadãos não foi afetada. Harris, no entanto, tinha certeza de que estava no caminho da vitória — e esperava que um único e monumental ataque provasse sua razão.

UM NOVO NÍVEL DE DESTRUIÇÃO

Reunindo todas as forças à sua disposição, Harris lançou o primeiro ataque "mil bombardeiros". Depois de uma série de ataques destinados a diminuir a resistência alemã, na noite de 30 de maio de 1942 cerca de 1.046 bombardeiros vindos de um total de 98 bases na Inglaterra — um maciço esforço de logística — atacaram a cidade alemã de Colônia. Novamente, o ataque foi um enorme sucesso de publicidade, devastando o coração da cidade com a perda de apenas 40 bombardeiros. No nível militar, no entanto, o ataque teve pouco sucesso — a produção industrial alemã não caiu, e a moral civil mais uma vez se manteve firme. Mais três ataques de magnitude

Abaixo: um Avro Lancaster, um dos principais bombardeiros da RAF contra a Alemanha. Tanto a Inglaterra quanto os Estados Unidos usavam bombardeiros de quatro motores para atingir alvos por todo o III Reich. A USAAF continuou a usar o B-17 Flying Fortress na Europa — apesar do B-29 Superfortress já estar em ação, seu maior poder de fogo era necessário no Pacífico para atacar alvos estratégicos no Japão.

similar se seguiram em outros grandes centros populacionais e industriais, com os mesmos resultados. Para muitos observadores, a ofensiva do bombardeio estratégico parecia ser um erro, mas ela continuou a colecionar manchetes. Harris, no entanto, ainda estava certo de que mais destruição aérea era a chave para a vitória, e ele finalmente tinha uma nova arma para atingir esse objetivo — o poder da Força Aérea do Exército dos Estados Unidos (United States Army Air Force — USAAF).

Mesmo envolvidos pelos eventos no Pacífico, os Estados Unidos rapidamente enviaram membros da 8ª Força Aérea para a Inglaterra, após o ataque japonês em Pearl Harbor, que chegaram em Maio de 1942. A 8ª Força Aérea contava com a força das aeronaves B-24 Liberator e B-17 Flying Fortress — bombardeiros poderosos de quatro motores com alto poder de fogo defensivo. Os ingleses tinham escolhido bombardear a Alemanha durante a noite, em grande parte devido ao fato de que ainda não havia aviões de longo alcance para proteger os vulneráveis bombardeiros contra os ataques aéreos alemães durante o dia. Os americanos, comandados pelo general H.H. 'Hap' Arnold, acreditavam que, voando em formações unidas, suas aeronaves poderiam defender-se dos ataques alemães, permitindo bombardeios diurnos. Além disso, os americanos possuíam o novo e superior visor de bombardeio Norden, que eles esperavam que causasse uma devastação precisa na indústria alemã.

Inicialmente, os ataques dos Estados Unidos foram caros e pouco precisos, mas em janeiro de 1943 ingleses e americanos concordaram com uma Ofensiva de Bombardeio Combinado. A RAF bombardearia as cidades alemãs durante a noite, enquanto a 8ª Força Aérea se concentraria na destruição dos alvos industriais durante o dia.

COLHENDO REDEMOINHOS DE VENTO

Os Aliados demonstraram seu enorme e recém-adquirido poder numa série de ataques no final de julho e início de agosto de 1943, na cidade alemã de Hamburgo. Na noite de 24 de julho, cerca de 800 aviões da RAF destruíram quase todo o centro da cidade. Nos dois dias seguintes, a cidade sofreu ataques da 8ª Força Aérea. Na noite de 26 de julho, a RAF retornou, lançando bombas incendiárias e iniciando inúmeros pontos de incêndios na cidade. O fogo se alastrou lentamente em uma poderosa chama de mais de 3 km de diâmetro, transformando-se numa gigante queimada. Os ventos ao redor do incêndio açoitavam a 320 km/h enquanto as temperaturas chegavam a 800° C. No final, Hamburg foi destruída, e cerca de 60.000 vidas foram perdidas — mais do que em toda a Batalha da Inglaterra.

Os Aliados, no entanto, não conseguiram continuar com esse ritmo de bombardeios. Grandes ataques seguiram na Alemanha — notadamente nas áreas industriais de Ruhr e Berlim — mas nenhum com o impacto devastador do ataque a Hamburg. Surpreendentemente, a produção industrial alemã cresceu em 1943, sob a liderança de Albert Speer — que se esforçou em transferir a indústria do país para o interior, longe das cidades vulneráveis. Além disso, perdas entre as tripulações dos bombardeiros continuaram a crescer, pois os alemães redobraram seus esforços para construir caças de defesa.

Bombardeio Estratégico 1943

- ☐ Sedes principais
- ☐ Sedes dos grupos
- ● Campos aéreos dos Comandos de Bombas
- ● Campos aéreos da 8ª Força Aérea dos EUA
- ✳ Alvos bombardeados pela RAF
- ✳ Alvos bombardeados pela USAAF
- ✳ Alvos da RAF e da USAAF
- ▬ Limites da Divisão de Caça
- 4 Divisão de Caça
- ⊙ Estação de radar alemã
- ● Estação de caça noturna alemã
- ∞ Baterias de busca
- ▭ Baterias antiaéreas

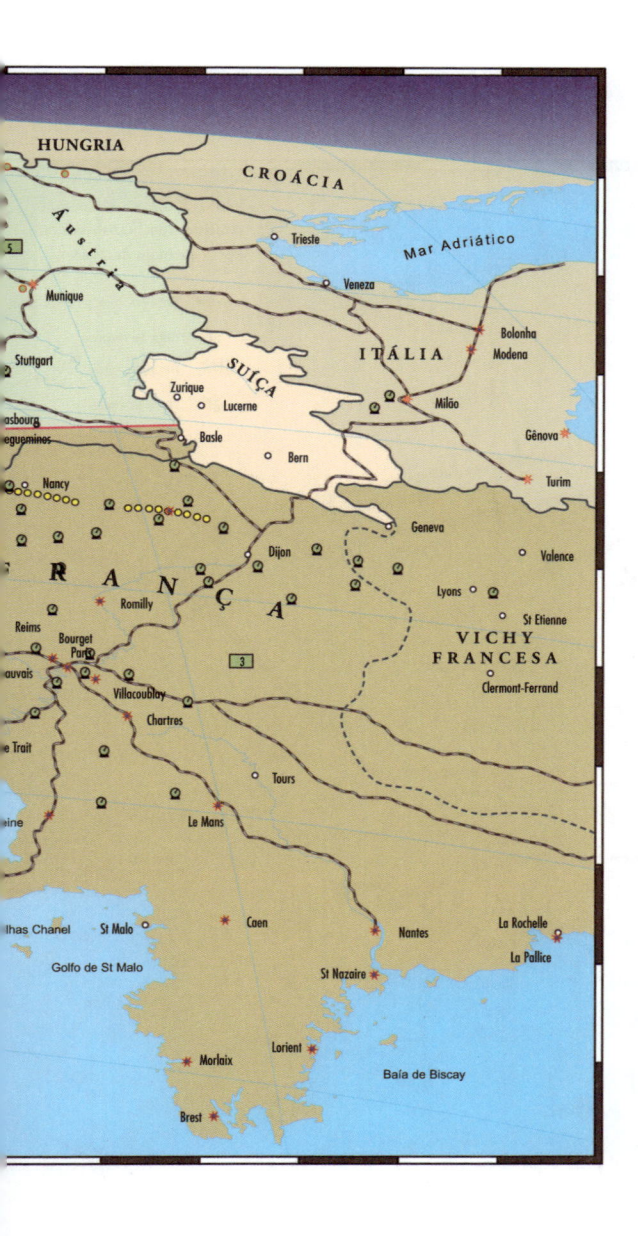

BOMBARDEIO ESTRATÉGICO — 1943

Em 1943, a Inglaterra tinha reunido sua força de bombardeiros Halifax e Lancaster, e a 8ª Força Aérea dos Estados Unidos — com seus B-17 Flying Fortresses e B-24 Liberators — se juntou ao conflito.

Os alemães contra-atacaram com a construção da linha de defesa denominada Kammhuber. Primeiro, um cinturão de "Wurzburg", instalações de radar, detectavam a aproximação dos aviões dos Aliados. Depois, uma linha de luzes de busca e de baterias antiataque aéreo defendiam os arredores do III Reich — com um cinturão menor defendendo Berlim. Por fim, os grupos de aviões caça-bombardeiro com radar a bordo levantariam voo para encontrar os atacantes, geralmente bem depois dos aviões de escolta terem sido forçados a voltar.

No ano de 1943, a RAF atacou a Alemanha durante a noite — mais uma vez concentrando-se nas áreas industriais de Ruhr e Berlim — enquanto as formações americanas tentavam bombardear com precisão as indústrias alemãs durante o dia. Com o aumento da capacidade defensiva alemã em 1943, os Aliados sofreram perdas pesadas em sua base de tripulantes. Eles conseguiram, no entanto, lançar cerca de 203.200 toneladas de bombas nas cidades alemãs. Ainda assim, a produção industrial alemã continuou a crescer e a moral civil alemã permaneceu alta.

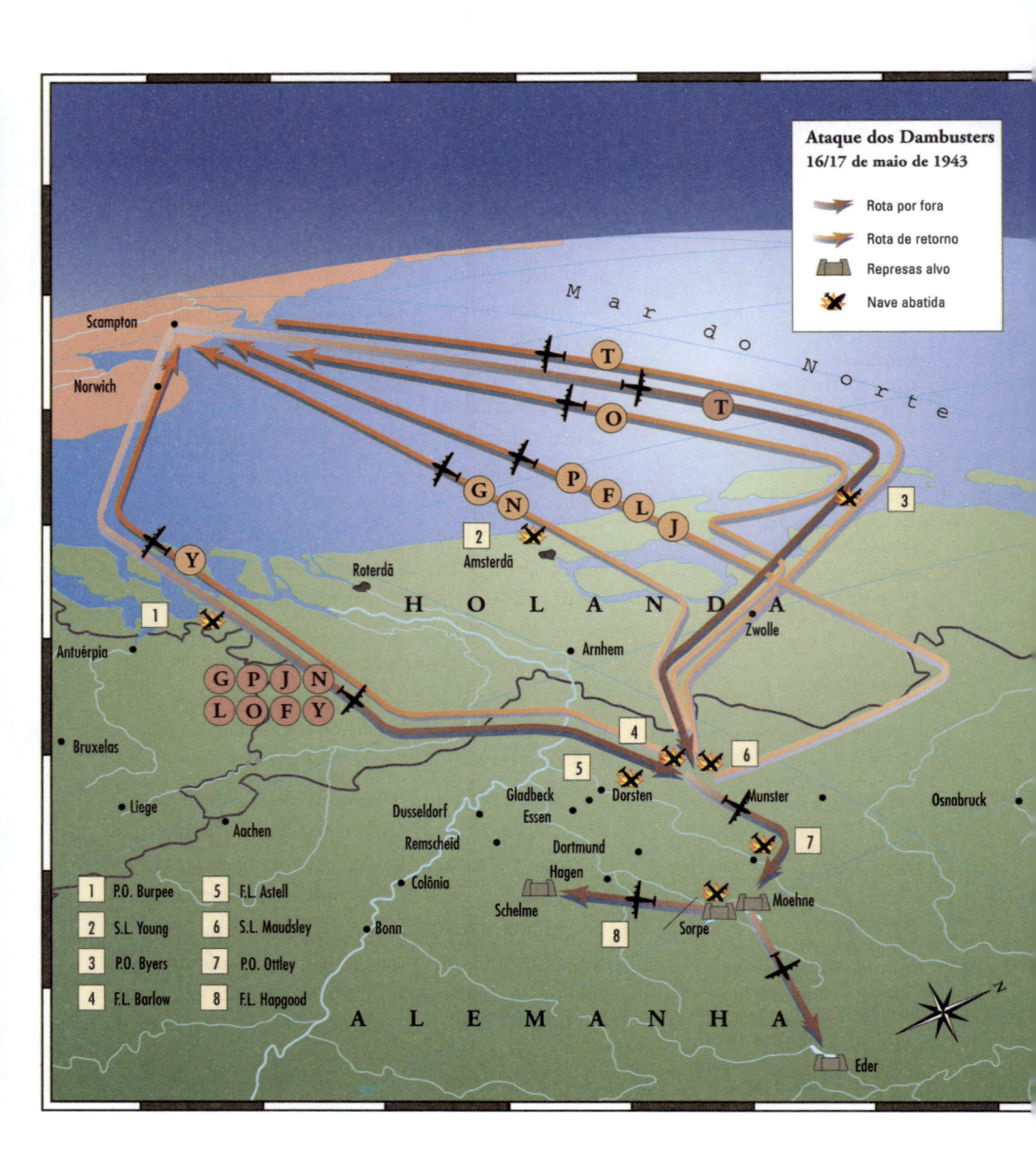

Ataque dos Dambusters
16/17 de maio de 1943

- Rota por fora
- Rota de retorno
- Represas alvo
- Nave abatida

1	P.O. Burpee	5	F.L. Astell
2	S.L. Young	6	S.L. Maudsley
3	P.O. Byers	7	P.O. Ottley
4	F.L. Barlow	8	F.L. Hapgood

OS DAMBUSTERS

Em meados de 1943, o Comando de Bombas concentrou 43 ataques na principal área industrial alemã de Ruhr. O mais ousado dos ataques foi feito pelo Esquadrão 617 Britânico, conhecido como os 'Dambusters'. O objetivo do ataque era destruir as barragens de Moehne, Schelme, Eder e Sorpe, responsáveis pelo fornecimento da maior parte da energia elétrica da região. Durante treinos árduos em bombardeios muito difíceis de nível baixo, os Dambusters praticavam lançando bombas cilíndricas, que rolariam pela água até atingir a barragem, onde então afundariam e explodiriam. Com apenas 19 aeronaves, o esquadrão, liderado pelo comandante aéreo Guy Gibson, teve que enfrentar ataques durante quase toda sua jornada pelo território alemão — perdendo três aviões no processo. A maior parte das perdas, no entanto, veio durante a aproximação baixa e vulnerável de Ruhr, quando cinco aeronaves se perderam. Os corajosos pilotos Dambuster sobreviventes foram bem-sucedidos nas barragens de Moehne e Eder. Mesmo assim, o estrago infligido não foi tão grande quanto o esperado, permitindo que os alemães reparassem rapidamente. Mesmo ovacionados por suas ações, os Dambusters conquistaram pouco e a um alto preço, deixando os futuros bombardeios para ataques mais tradicionais. Mais tarde na guerra, no entanto, o Esquadrão 617 atingiria o sucesso ao destruir o navio de guerra alemão Tirpitz.

A 8ª Força Aérea se saiu um pouco melhor. Com bombardeios diários a alvos industriais alemães associados à produção de aeronaves, os americanos tiveram sucessos significativos. No entanto, quando os aviões bombardeiros avançavam além do alcance dos caças de escolta, eles geralmente pagavam um preço alto. Em agosto de 1943, aeronaves norte-americanas atacaram alvos industriais alemães na área de Regensburg e fábricas de rolamentos em Schweinfurt. Atrapalhados pelo mau tempo e pelas novas táticas dos caças alemães, o ataque a Schweinfurt se transformou em um desastre.

Quase 40 aviões foram destruídos e mais de 100 ficaram danificados — e as fábricas de rolamento tiveram poucos danos. Durante o mesmo mês, aviões 117 dos EUA saíram do norte da África para bombardear os campos de petróleo Ploesti da Romênia — 54 foram perdidos para o fogo inimigo e 522 soldados da aeronáutica foram mortos — novamente com poucos resultados. Devido às perdas constantes, os Estados Unidos cancelaram missões de bombardeios que fossem além do alcance dos caças de escolta.

A GUERRA CHEGA AO FIM

Na chegada de 1944, a invasão da Normandia se aproxima, e as forças Aliadas mudaram de foco na campanha de bombardeios para o norte da França. Com a vitória na Normandia assegurada e a Alemanha sofrendo invasões de duas frentes, a campanha de bombardeios estratégicos foi renovada com força total em novembro de 1944. A 8ª Força Aérea, agora sob comando do general James Doolittle, ao lado da 15ª Força Aérea, baseada na Itália, começou uma série de ataques contra a indústria de petróleo alemã — e a produção de petróleo do país despencou, atrapalhando ainda mais a já pressionada Wehrmacht. Os alemães tinham espe-

SCHWEINFURT

Em 17 de agosto de 1943, a 8ª Força Aérea realizou dois ataques gêmeos em elementos da indústria de aviões em Regensburg e em fábricas de rolamentos de Schweinfurt. Mas o mau tempo e a confusão levaram a um desastre. Somente 184 dos 320 aviões originais chegaram a Schweinfurt, lançando apenas 386 toneladas de bombas.

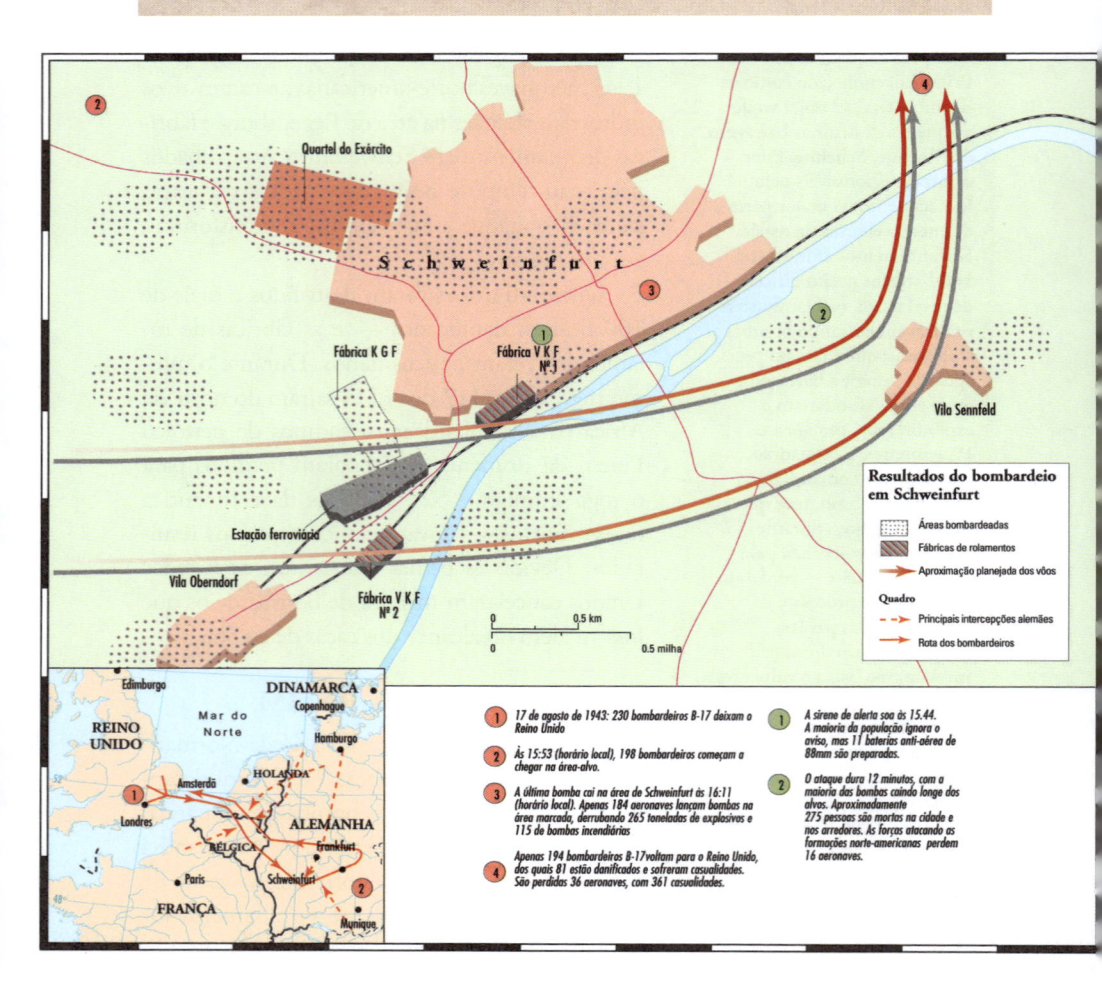

Resultados do bombardeio em Schweinfurt
- Áreas bombardeadas
- Fábricas de rolamentos
- Aproximação planejada dos vôos

Quadro
- Principais intercepções alemãs
- Rota dos bombardeiros

1. 17 de agosto de 1943: 230 bombardeiros B-17 deixam o Reino Unido.
2. Às 15:53 (horário local), 198 bombardeiros começam a chegar na área-alvo.
3. A última bomba cai na área de Schweinfurt às 16:11 (horário local). Apenas 184 aeronaves lançam bombas na área marcada, derrubando 265 toneladas de explosivos e 115 de bombas incendiárias.
4. Apenas 194 bombardeiros B-17 voltam para o Reino Unido, dos quais 81 estão danificados e sofreram casualidades. São perdidas 36 aeronaves, com 361 casualidades.

1. A sirene de alerta soa às 15.44. A maioria da população ignora o aviso, mas 11 baterias anti-aérea de 88mm são preparadas.
2. O ataque dura 12 minutos, com a maioria das bombas caindo longe dos alvos. Aproximadamente 275 pessoas são mortas na cidade e nos arredores. Às forças atacando as formações norte-americanas perdem 16 aeronaves.

ranças de que o novo caça a jato Me 262 iria pender o equilíbrio da guerra aérea a seu favor, mas os jatos ainda eram poucos. Além disso, os Aliados agora possuíam as melhores aeronaves de guerra, o P-51 Mustang de longo alcance, para servir de escolta para os bombardeiros vulneráveis.

Conforme a guerra se aproximava de seu fim, muitos questionavam a necessidade de continuar com o massacre de civis alemães. Ainda assim, em fevereiro de 1945, aviões ingleses e norte-americanos atacaram Dresden, causando outra queimada. Mais de 37.000 pessoas morreram no inferno — a troco de um ganho militar bem reduzido. É bem possível que os Aliados tenham realizado o bombardeio de Dresden em grande parte para impressionar os soviéticos, que estavam a apenas 80 km de distância. Diante do controverso ataque, os Aliados pararam de bombardear alvos civis alemães, e a campanha de bombardeios estratégicos chegou ao fim.

Na campanha de bombardeio contra a Alemanha, cerca de 400.000 civis perderam a vida, ao custo de 40.000 aeronaves perdidas e 160.000 soldados da aeronáutica mortos — os soldados norte-americanos registraram uma das maiores taxas de fatalidade da guerra. A campanha de bombardeio fracassou em destruir a indústria alemã ou a vontade alemã de resistir, e apenas em 1945 a estratégia atingiu seus melhores resultados. A campanha de bombardeio conseguiu, no entanto, desviar recursos valiosos e milhões de alemães das linhas de frente. No final, a estratégia não correspondeu à expectativa de seus ferrenhos defensores, mas foi uma ferramenta valiosa para ajudar os Aliados a alcançar a vitória — mesmo a um custo terrível.

Acima: um marinheiro alemão apita para sinalizar a chegada do capitão a bordo. A superioridade dos navios de superfície ingleses e depois americanos fez o almirante Karl Dönitz elaborar uma estratégia focada largamente na esquadra de submarinos U-boat para a batalha no Atlântico. Ainda assim, as ações de navios como o Graf Spee, o Bismarck e o Tirpitz causaram problemas para a Marinha Real. Conforme a guerra progrediu, no entanto, a superioridade aérea dos Aliados fez sair dos portos tornar-se uma atividade de risco para qualquer navio alemão.

A Guerra no Atlântico

A contínua luta da Inglaterra contra a Alemanha de Hitler foi completamente dependente das frentes de abastecimento dos Estados Unidos e de suas colônias. Se os submarinos U-boats da Kriegsmarine alemã conseguissem afundar navios o suficiente para cortar o fornecimento de materiais e armamentos norte-americanos, a Inglaterra seria obrigada a implorar pela paz. A Batalha do Atlântico se mostraria uma campanha amarga e arrastada.

Muitos na Inglaterra acreditavam que a principal ameaça naval durante a I Guerra Mundial viria da formidável Esquadra de Alto Mar alemã, mas durante a maior parte da guerra os principais navios alemães permaneceram nos portos do país. A arma naval mais mortífera da Alemanha era o U-boat. Essas embarcações furtivas e submarinas invadiram o Atlântico e atacaram os navios mercadores que davam vida para a Inglaterra. A situação se tornou tão crítica em 1917 que a Inglaterra estava apenas a semanas da rendição. No fim das contas, a instituição de um sistema de comboios derrotou a ameaça dos U-boat. Mas a gravidade do estado em que a Inglaterra ficou foi tamanha que o Tratado de Versalhes proibiu a Alemanha de construir submarinos para sempre.

A ascensão de Hitler ao poder levou à possibilidade de uma segunda Batalha do Atlântico. O comandante da marinha alemã, almirante Erich Raeder, defendia um equilíbrio de navios de superfície e submarinos U-boat para o combate futuro. Ele foi derrotado pela opinião do comandante do Serviço Submarino alemão, almirante Karl Dönitz, para quem apenas um maciço número de submarinos U-boats poderia derrotar a Inglaterra. O início da II Guerra Mundial encontrou a Alemanha apenas no começo de um agressivo programa de construção naval. A esquadra de superfície alemã era bastante reduzida, com três pequenos couraçados, dois cruzadores de batalha, oito cruzadores e 21 destróieres. A Alemanha também possuía 57 submarinos, sendo que apenas 22 deles eram capacitados para operações no Atlântico. Embora os alemães planejassem atacar os ingleses com navios de superfície e submarinos, eles não poderiam se igualar à Marinha Real Britânica, que ostentava 15 couraçados, 62 cruzadores, 7 porta-aviões, 178 destróieres e 56 submarinos.

Mesmo com essa disparidade, Dönitz argumentou que se a Alemanha se focasse em construir U-boats ela poderia vencer. Ele defendeu que uma esquadra de 300 U-boats poderia atacar as vulneráveis rotas marítimas do Atlântico e afundar 711.000 toneladas de remessas por mês, fazendo a Inglaterra passar fome até se render. Dönitz não tinha dúvidas de que a Inglaterra iria novamente recorrer a um sistema de comboio para defender os navios mercadores, mas ele tinha desenvolvido um novo sistema para derrotá-los — a chamada tática "alcateia". Quando um comboio fosse avistado, todos os submarinos alemães na área, usando comunicação sem fio, iriam se unir em grupo e atacar o comboio em seu momento mais vulnerável: durante a noite. A insolência e a confiança de Dönitz logo atraíram a atenção de Hitler.

Os amados U-boats de Dönitz, no entanto, ainda sofriam de várias desvantagens, pois eram em essência submergíveis, em vez de reais submarinos. Ágeis e rápidos na superfície, os U-boats apenas submergiam para propósitos defensivos. Debaixo d'água, eles eram lentos e de difícil controle, e o tempo que podiam ficar submersos era bastante limitado. Assim, os U-boats operavam e atacavam geralmente na superfície. Com pouco armamento e blindagem, no entanto, os U-boats eram barcos de superfície bastante fracos, contando com sua silhueta baixa e sua discrição no ataque. Qualquer ataque de superfície iria inevitavelmente levar um U-boat para baixo d'água, permitindo que mesmo o mais lento dos comboios escapasse.

Para a defesa dos navios de mercadorias durante a II Guerra Mundial, a Inglaterra novamente recorreu a um sistema de comboio, no qual um grupo de navios mercadores navegava sob a proteção de uma série de navios de guerra. Os navios de escolta eram equipados com um sistema de sonar que detectava U-boats submersos. Os navios eram carregados de bombas preparadas para explodir quando alcançavam determinada profundidade abaixo da superfície do oceano.

O sistema de armas dos navios de escolta tinha, no entanto, seus pontos fracos. O sonar só analisava o caminho adiante e era incapaz de detectar a profundidade de um submarino, enquanto as bombas de profundidade eram lançadas da popa do navio — apenas depois de uma perda necessária de contato do sonar.

A GUERRA COMEÇA

Com o início da guerra em setembro de 1939, Dönitz tentou lançar uma campanha de submarinos contra o Reino Unido. Com poucos U-boats à disposição, e as rotas comerciais do atlântico bloqueadas pelos navios de guerra britânicos, os submarinos foram pouco mais do que uma chateação para a Inglaterra e sua poderosa esquadra. Os U-boats conseguiram atingir alguns poucos sucessos notáveis, incluindo afundar o porta-aviões inglês Courageous. Em um desenvolvimento separado e impressionante,

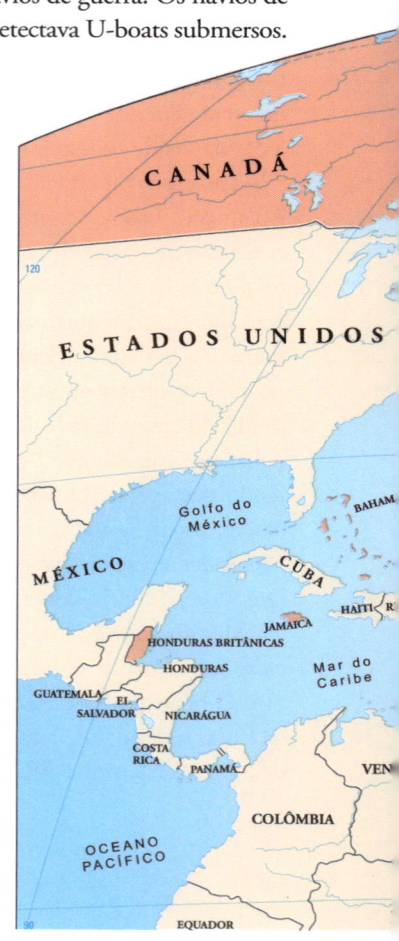

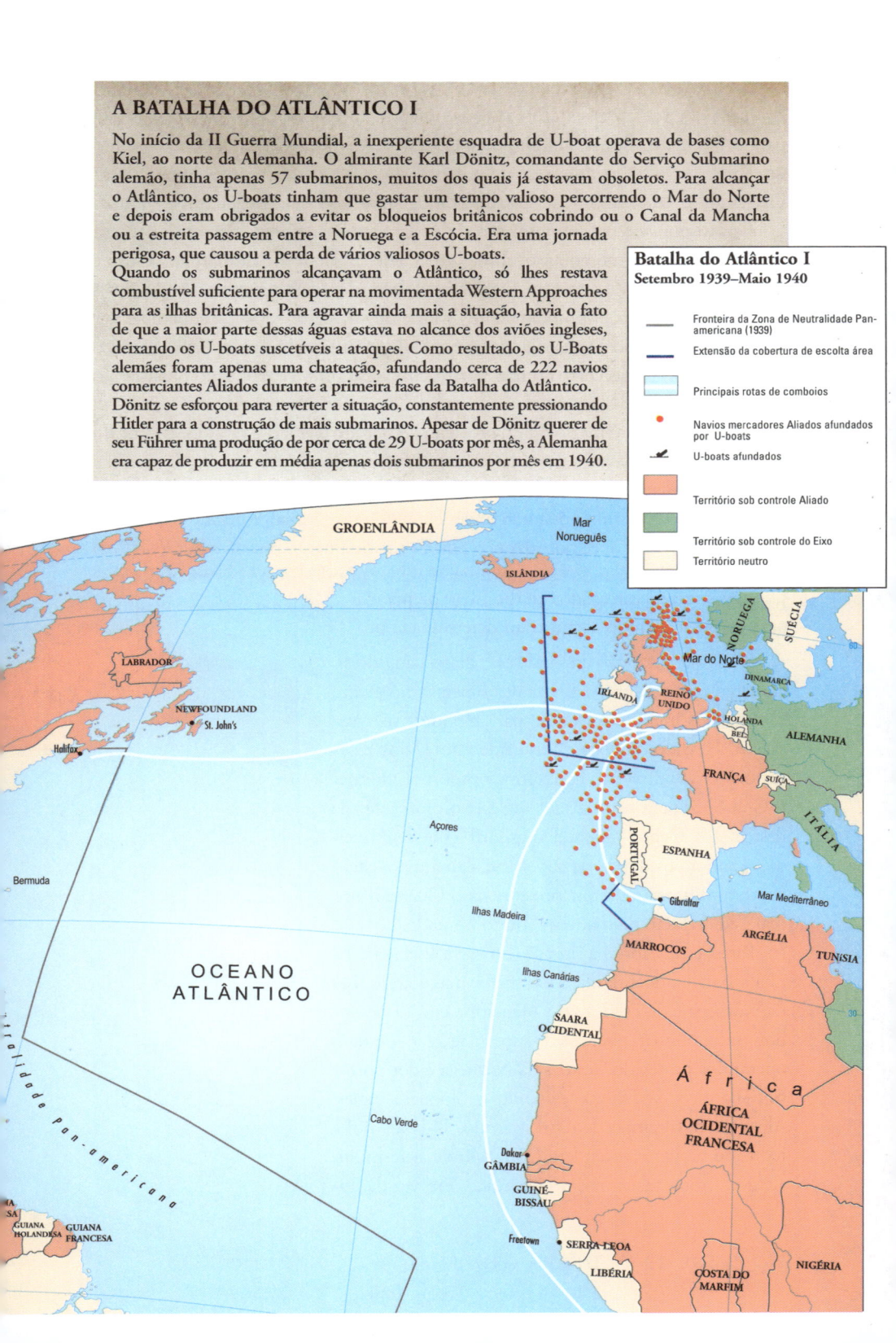

A BATALHA DO ATLÂNTICO I

No início da II Guerra Mundial, a inexperiente esquadra de U-boat operava de bases como Kiel, ao norte da Alemanha. O almirante Karl Dönitz, comandante do Serviço Submarino alemão, tinha apenas 57 submarinos, muitos dos quais já estavam obsoletos. Para alcançar o Atlântico, os U-boats tinham que gastar um tempo valioso percorrendo o Mar do Norte e depois eram obrigados a evitar os bloqueios britânicos cobrindo ou o Canal da Mancha ou a estreita passagem entre a Noruega e a Escócia. Era uma jornada perigosa, que causou a perda de vários valiosos U-boats.

Quando os submarinos alcançavam o Atlântico, só lhes restava combustível suficiente para operar na movimentada Western Approaches para as ilhas britânicas. Para agravar ainda mais a situação, havia o fato de que a maior parte dessas águas estava no alcance dos aviões ingleses, deixando os U-boats suscetíveis a ataques. Como resultado, os U-Boats alemães foram apenas uma chateação, afundando cerca de 222 navios comerciantes Aliados durante a primeira fase da Batalha do Atlântico.

Dönitz se esforçou para reverter a situação, constantemente pressionando Hitler para a construção de mais submarinos. Apesar de Dönitz querer de seu Führer uma produção de por cerca de 29 U-boats por mês, a Alemanha era capaz de produzir em média apenas dois submarinos por mês em 1940.

Batalha do Atlântico I
Setembro 1939–Maio 1940

- Fronteira da Zona de Neutralidade Pan-americana (1939)
- Extensão da cobertura de escolta área
- Principais rotas de comboios
- Navios mercadores Aliados afundados por U-boats
- U-boats afundados
- Território sob controle Aliado
- Território sob controle do Eixo
- Território neutro

um submarino U-47, comandado por Gunther Prien, penetrou a base da Esquadra Britânica em Scapa Flow e afundou o couraçado Royal Oak antes de fugir de volta para a Alemanha. Entre setembro de 1939 e março de 1940, os U-boats afundaram um total de 900.000 toneladas de remessas ao custo de 15 valiosos submarinos. Limitados às cuidadosamente patrulhadas águas ao redor da Inglaterra, os poucos U-boats disponíveis pagaram um preço alto para atingir resultados decepcionantes.

A guerra naval, no entanto, tinha outro lado, pois ao mesmo tempo cerca de 914.000 toneladas de remessas Aliadas foram perdidas para minas alemãs e ataques surpresas de superfície. Embora alguns navios da esquadra alemã de superfície, incluindo o couraçado Deutschland, tenham sido chamados de volta para a Alemanha, outros permaneceram no mar para causar o máximo de distúrbio possível nas rotas marítimas.

Da costa da América do Sul, o pequeno couraçado alemão Graf Spee conseguiu facilmente caçar e destruir nove navios mercadores ingleses. O comando da marinha britânica imediatamente enviou uma força para caçar a ameaça alemã. No dia 13 de dezembro de 1939, um esquadrão inglês contendo um cruzador pesado e dois leves descobriram o Graf Spee no Atlântico Sul. Com armamento pesado a bordo, o Graf Spee revidou, danificando severamente o cruzador pesado Exeter. No entanto, a embarcação alemã também sofreu danos na batalha e teve que parar no porto neutro de Montevidéu, no Uruguai, para reparos.

Foi aí que o capitão do Graf Spee, Hans Langsdorff, cometeu um erro grave. Enquanto esperava no porto, mais navios ingleses chegaram para bloquear sua passagem. Forçado a deixar Montevidéu antes dos reparos estarem completos, Langsdorff optou por afundar o Graf Spee para não dar aos ingleses o prazer de sua destruição. Depois disso, Langsdorff cometeu suicídio. Embora os navios de superfície alemães posassem como uma ameaça sempre presente na II Guerra Mundial, seu impacto permaneceu muito limitado.

Parecia que, como a situação estava, a Inglaterra tinha a Batalha do Atlântico nas mãos, mas a conquista da Noruega e da França pela Alemanha em 1940 mudou tudo. U-boats e navios de superfície agora podiam operar dos protegidos fiordes da Noruega e dos portos no Atlântico da França, evitando o bloqueio inglês. Além disso, o tempo de navegação dos U-boats tinha reduzido bastante, estendendo seu raio de ação muito além nas rotas marítimas do Atlântico. Em vez de ini-

A BATALHA DO ATLÂNTICO II

Tendo conquistado a Noruega e a França, os alemães romperam o bloqueio inglês, permitindo que os U-boats tivessem acesso fácil às rotas marítimas vitais do Atlântico. Embora a Inglaterra usasse um sistema de comboios para proteger os navios mercadores, havia uma escassez de navios de escolta e de cobertura aérea. Desse modo, os poucos U-boats que a Alemanha conseguiu levar ao Atlântico tiveram sucessos impressionantes no período conhecido pelos alemães como o "Tempo Feliz".

A guerra submarina se deslocou para as Western Approaches, onde havia abundância de navios mercadores, e para fora das perigosas águas do Mar do Norte. Adicionalmente, conforme aumentavam a capacidade e o número de submarinos alemães, os U-boats avançavam pelo Atlântico e pelas águas da costa africana, muito além da cobertura aérea britânica.

As perdas causadas pelos U-boats foram pesadas, totalizando 1,6 milhão de toneladas de junho a novembro de 1940, mas essas perdas foram suportáveis, enquanto a Inglaterra dedicava seus esforços para impedir uma possível invasão alemã.

Os comboios de escolta eram tão poucos que podiam apenas acompanhar os navios comerciantes até o meio do Atlântico, onde os membros do comboio voltariam para casa, deixando os navios mercadores a navegar sem escolta.

Batalha do Atlântico II
Junho 1940–Março 1941

- Fronteira da Zona de Neutralidade Pan-americana
- Extensão da cobertura de escolta área
- Extensão da cobertura de escolta de superfície
- Principais rotas de comboios
- Navios mercadores Aliados afundados por U-boats
- U-boats afundados
- Território sob controle Aliado
- Território sob controle do Eixo
- Território sob controle do governo de Vichy (França não-ocupada)
- Território neutro

ciar batalhas nas disputadas águas do Mar do Norte ou pelas Western Approaches da Inglaterra, os U-boats agora podiam se perder na vastidão do oceano, atacando suas vítimas de surpresa. A Batalha do Atlântico de repente se tornou muito mais séria.

Operando dos recém-conquistados portos franceses, os U-boats tinham acesso muito mais fácil às vulneráveis rotas marítimas do Atlântico em junho de 1940. Embora a Inglaterra continuasse com o sistema de comboio de seus navios mercadores, a esquadra de comboio formada por navios de guerra tinha que permanecer pequena, já que o país precisava manter navios na costa para enfrentar a iminente ameaça de invasão alemã. O país também pôde disponibilizar poucos recursos aéreos para o combate, já que a Batalha da Inglaterra se agravava cada vez mais. Dessa forma, os U-boats alemães possuíam muitas vantagens durante 1940 e no começo de 1941 — e os comandantes dos submarinos se referiam a essa época como "Tempo Feliz". Ainda assim, a Alemanha ainda reunia uma frota de U-boats insuficiente para realmente ameaçar a existência da Inglaterra. O desgaste e as baixas taxas de produção significavam que, em setembro de 1940, a Alemanha tinha a mesma quantidade de U-boats que no início do conflito.

Portanto, 1940 foi, no geral, um ano de U-boats individuais atacando comboios de surpresa em batalhas únicas. Foi durante esse ano que os grandes ases dos U-boats, como Otto Kretschmer, Wolfgang Luth e Gunther Prien, alcançaram seus maiores sucessos. No geral, os comandantes de U-boats esperavam por um comboio na superfície das Western Approaches ou mais para dentro do Atlântico, ficando além do alcance da patrulha aérea inglesa. Ao localizar um comboio, o U-boat correria na frente dos navios que se aproximavam, submergia e observava com o periscópio para atacar quando os navios se aproximassem.

Inevitavelmente, os poucos navios de escolta na área iriam contra-atacar, forçando o U-boat a mergulhar e sofrer os ataques das bombas de profundidade. Como os ingleses ainda não tinham aperfeiçoado suas habilidades para combater submarinos, a maioria dos U-boats sobrevivia aos ataques, mas os sucessos dramáticos dos U-boats alemães contabilizavam apenas 284.000 toneladas de remessas destruídas, muito aquém do objetivo de 711.000 toneladas. Como resultado, Dönitz ordenou uma mudança estratégica em setembro, fazendo os submarinos trabalharem juntos como alcateias de lobo pela primeira vez. As melhoras foram expressivas, mas o início da temporada de inverno interrompeu as operações. Dönitz estava convencido, no entanto, de que, com um total de 300 U-boats, a tática de alcateia de lobos poderia destruir a Inglaterra.

O almirante Raeder adicionou mais um item à lista de preocupações inglesas. Os alemães converteram nove navios mercadores em navios de guerra disfarçados no início de 1941. Esses navios, incluindo o famoso Atlantis, pilharam os oceanos ao redor do mundo pelos três anos seguintes, destruindo navios mercadores isolados um por vez. Ao final da guerra, a operação tinha afundado cerca de 130 embarcações, totalizando 864.000 toneladas de remessas. Mais preocupantes ainda eram os navios de guerra alemães sobreviventes. Em novembro de 1940, o pequeno couraçado Scheer se aventurou pelo Atlântico e afundou 15 navios, enquanto o Scarnhorst e o Gneisenau adentraram o Atlântico em janeiro para afundar mais 22 embarcações. O sucesso desses ataques fez Raeder enviar o orgulho da marinha alemã, o poderoso couraçado Bismarck, em sua própria jornada de destruição no final de 1941.

FIM DO "TEMPO FELIZ"

Em 1941, vários acontecimentos trabalharam a favor da Inglaterra na Batalha do Atlântico. O enérgico almirante Percy Noble, Comandante-em-Chefe das Western Approaches, assumiu o comando da campanha antissubmarino. Noble desenvolveu táticas de comboio e negociou com o governo apoio adicional e construção de navios. A Inglaterra também se beneficiou do desenvolvimento daquela que talvez seja uma das mais desvalorizadas armas da II Guerra Mundial: a corveta. Esses pequenos e desajeitados navios de guerra eram levemente armados e notoriamente desconfortáveis para seus tripulantes; no entanto, eles também eram baratos, fáceis de construir e ideais como escoltas de comboio.

A Inglaterra recebeu ainda ajudas de outras fontes na guerra contra os U-boats em 1941. A Marinha Real Canadense assumiu a função de comboio na parte oeste do Atlântico, enquanto os Estados Unidos começaram a assumir um papel mais ativo no embate conforme o ano avançou. Primeiro os Estados Unidos mandaram para os ingleses uma força de 50 necessários destróieres como pagamento pelo aluguel de bases inglesas nas Índias Ocidentais. O programa de aluguel também ajudou a Inglaterra na construção de navios e, em setembro de 1941, os Estados Unidos assumiram a responsabilidade de escoltar comboios para o meio do Atlântico, envolvendo-se numa guerra não-declarada contra os U-boats alemães.

Por fim, a Inglaterra ganhou um incomensurável avanço na Batalha do Atlântico no campo da criptoanálise. Os analistas ingleses em Bletchley Park, em um esforço de codinome Ultra, conseguiram decodificar o sistema de codificação alemã Enigma, ajudando a Marinha Real a localizar as "alcateias". Além disso, os navios ingleses armados com sistema de Busca de Direção de Alta Frequência (High Frequency Direction Finding, HF/DF ou 'Huff Duff') também conseguiam localizar U-boats com base em suas transmissões de rádio. Embora os alemães ainda atingissem sucessos periódicos, afundando cerca de 1,5 milhão de toneladas de remessas entre abril e dezembro de 1941, as perdas foram mais uma vez suportáveis, mesmo diante da tática da "alcateia de lobos". A estratégia Aliada resultou até em alguns notáveis sucessos, incluindo a morte ou captura de três dos comandantes ases dos U-boats — Prien, Matz e Kretschmer — em um ataque em março contra um comboio.

Em maio, o couraçado Bismarck, comandado pelo almirante Gunther Lutjens, adentrou pelo Atlântico para saquear um navio Aliado. O almirante inglês rapidamente reuniu seus mais poderosos couraçados para atacar o Bismarck. Saindo da costa sul da Islândia em 24 de maio, o mais poderoso navio na missão, o Hood, acompanhado pelo novo couraçado Prince of Wales, estava pronto para atacar o Bismarck. Os oponentes abriram fogo em um alcance de mais de 22 km. Quase imediatamente, uma bala alemã abriu um buraco na frágil blindagem do deque do Hood — detonado com um rastro de pólvora. A explosão que se seguiu fez o Hood se partir em dois, matando, com exceção de 3, todos os 1.400 tripulantes do navio. O Prince of Wales, também danificado, interrompeu a batalha, A perda do Hood surpreendeu os ingleses, e o Bismarck parecia pronto para sair desenfreado pelo Atlântico.

O Bismarck, no entanto, também tinha sido danificado na batalha e teve que seguir para a costa francesa em velocidade reduzida, esperando abrir distância de qualquer perseguidor inglês. Na tarde de 26 de maio, um ultrapassado torpedeiro britânico Swordfish biplano, levantando voo do porta-aviões Ark Royal, atacou o Bismarck, atingindo seu leme. Resistindo a todos os esforços de controle, o navio alemão só conseguiu navegar em largos círculos enquanto a poderosa Marinha Real se aproximava para o ataque fatal. No dia seguinte, os couraçados ingleses Rodney e King George V atacaram o Bismarck até tudo que restasse dele fosse o casco em chamas. Finalmente, o navio afundou entre as ondas, e de sua tripulação de 2.000 homens apenas 110 sobreviveram. Os destroços da Batalha do Atlântico pertenceriam aos U-boats.

PONTO DE CRISE

A crise na Batalha do Atlântico chegou de maneira inesperada em 1942. As contramedidas inglesas e a escassez de U-boats conspiraram para manter a média de perdas de remessas de navios mercadores em 183.000 toneladas por mês, bem abaixo da meta necessária para a vitória alemã. A entrada dos Estados Unidos no conflito, no entanto, deu aos U-boats uma decisiva e imprevisível

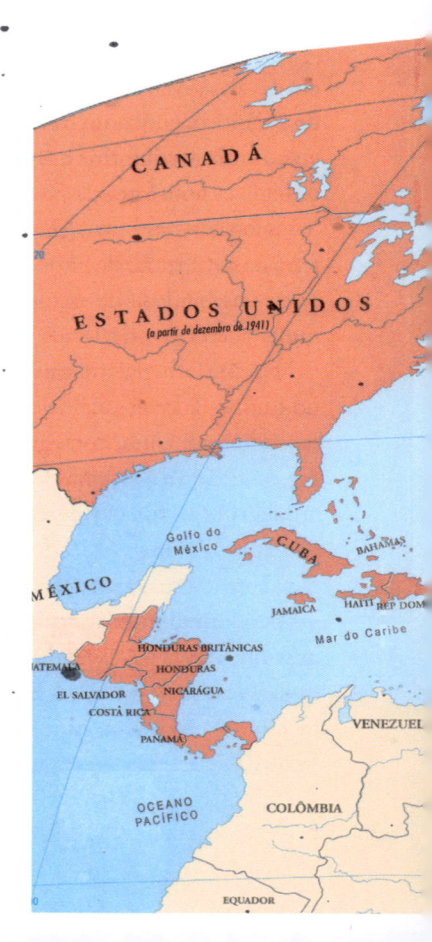

A BATALHA DO ATLÂNTICO III

Em 1941, os alemães ainda não tinham o número de U-boats necessário para exigir controle do Atlântico. Além disso, melhorias na organização de comboios ingleses e o advento de um novo tipo de navio de escolta, a corveta, cuja produção era muito mais rápida, significavam que os próprios comboios eram mais bem protegidos. O crescente envolvimento do Canadá e dos EUA na guerra submarina também fortaleceu ainda mais o sistema de comboio inglês.

Em junho de 1941, os comboios já recebiam proteção por toda a jornada pelo Atlântico, e em setembro as forças norte-americanas se envolveram em uma guerra "secreta" pelo Atlântico contra os U-boats, atacando todos os submarinos alemães que encontrassem, apesar de sua suposta neutralidade.

Dessa forma, os U-boats alemães tinham que buscar suas presas cada vez mais longe para evitar destruição. A área de operação mais comum para os comandantes dos U-boats era o chamado 'intervalo do meio Atlântico'. Lá, fora do alcance da cobertura aérea aliada, os U-boats tinham seus maiores sucessos. Os submarinos alemães também encontraram um bom ponto de perseguição na longa costa oeste da África, perseguindo os comboios ingleses de Serra Leoa.

Batalha do Atlântico III
Abril–Dezembro 1941

- Limites das responsabilidades dos EUA pelos navios mercadores a partir de abril
- Extensão da cobertura da escolta aérea
- Limites da escolta de superfície a partir de abril
- Principais rotas de comboios
- Navios mercadores Aliados afundados por U-boats
- U-boats afundados
- Território sob controle Aliado
- Território sob controle do Eixo
- Território sob controle do governo de Vichy (França não-ocupada)
- Território neutro

vantagem. A navegação nas águas norte-americanas ainda precisava ser organizada em comboios, e os Estados Unidos não impuseram blecautes em cidades litorâneas.

Percebendo isso, Dönitz enviou tantos U-boats quanto possível — ainda assim apenas uma dúzia — para perseguir seus novos alvos, graças ao descuido norte-americano, no que ficou conhecido como "O Segundo Tempo Feliz". Os U-boats ficavam em alto mar, quase invisíveis na superfície durante a noite, e esperavam que os navios mercadores, com sorte petroleiros valiosos, aparecessem no campo de visão, seus contornos nítidos contra as luzes das cidades litorâneas. Os resultados foram imediatos e críticos. De fevereiro a maio, U-boats destruíram mais de 508.000 toneladas de remessas por mês. Em junho de 1942, os U-boats ultrapassaram o mágico número de 711.000 toneladas por mês — possivelmente suficiente para desabastecer a Inglaterra até a rendição.

Embora o cálculo do perigo oferecido à Inglaterra tenha sido supervalorizado devido ao fato de que muitos dos navios afundados nos EUA não estavam destinados ao país, a guerra no Atlântico estava atingindo um ponto de crise. A marinha norte-americana estava no limite, forçada a lutar uma guerra em dois oceanos — contra o Japão, no Pacífico, e contra a Alemanha, no Atlântico. A princípio, a maior parte do recurso naval dos EUA foi destinada à guerra contra o Japão, deixando a Batalha do Atlântico em segundo plano. No entanto, o presidente norte-americano Franklin Roosevelt acreditava firmemente na estratégia da "Europa primeiro", identificando a Alemanha como a ameaça mais imediata. Aceitar essa estratégia significava que um grande número de soldados americanos em breve estaria a caminho da Europa. Antes que isso acontecesse, a ameaça do U-boat tinha que ser destruída, ou o exército americano morreria no mar em um tumulto de navios de transporte de tropas afundados.

Em junho, finalmente seguindo o conselho britânico, os americanos instituíram um sistema de comboio na costa leste dos EUA. Em resposta, os U-boats apenas moveram para terrenos de caça mais férteis — incluindo a rota do norte do Atlântico para a Rússia, o Caribe e a vulnerável costa da

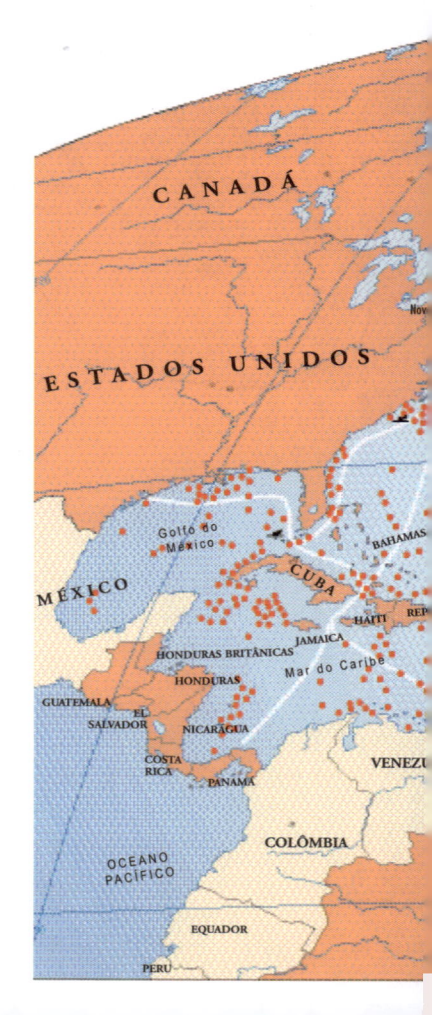

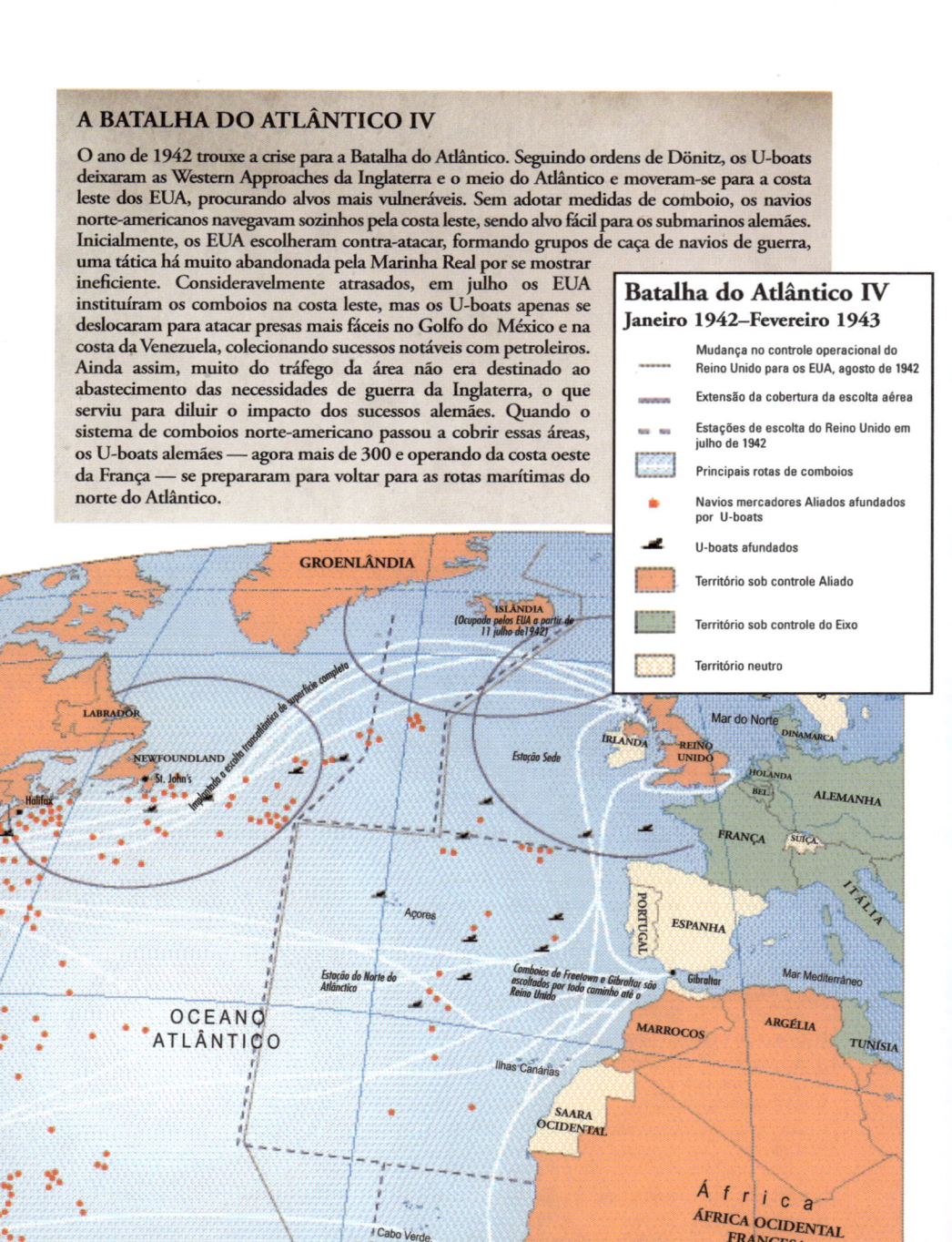

A BATALHA DO ATLÂNTICO IV

O ano de 1942 trouxe a crise para a Batalha do Atlântico. Seguindo ordens de Dönitz, os U-boats deixaram as Western Approaches da Inglaterra e o meio do Atlântico e moveram-se para a costa leste dos EUA, procurando alvos mais vulneráveis. Sem adotar medidas de comboio, os navios norte-americanos navegavam sozinhos pela costa leste, sendo alvo fácil para os submarinos alemães. Inicialmente, os EUA escolheram contra-atacar, formando grupos de caça de navios de guerra, uma tática há muito abandonada pela Marinha Real por se mostrar ineficiente. Consideravelmente atrasados, em julho os EUA instituíram os comboios na costa leste, mas os U-boats apenas se deslocaram para atacar presas mais fáceis no Golfo do México e na costa da Venezuela, colecionando sucessos notáveis com petroleiros. Ainda assim, muito do tráfego da área não era destinado ao abastecimento das necessidades de guerra da Inglaterra, o que serviu para diluir o impacto dos sucessos alemães. Quando o sistema de comboios norte-americano passou a cobrir essas áreas, os U-boats alemães — agora mais de 300 e operando da costa oeste da França — se prepararam para voltar para as rotas marítimas do norte do Atlântico.

Batalha do Atlântico IV
Janeiro 1942–Fevereiro 1943

- Mudança no controle operacional do Reino Unido para os EUA, agosto de 1942
- Extensão da cobertura da escolta aérea
- Estações de escolta do Reino Unido em julho de 1942
- Principais rotas de comboios
- Navios mercadores Aliados afundados por U-boats
- U-boats afundados
- Território sob controle Aliado
- Território sob controle do Eixo
- Território neutro

América do Sul, enquanto os Aliados se dispersavam para defender essas áreas adequadamente. Ao mesmo tempo, o programa alemão de construção de submarinos entrou em pleno vapor, e, em agosto de 1942, Dönitz pôde se gabar de uma esquadra de 300 U-boats, superiores àqueles em ação no início da guerra. As perdas de navios mercenários, que tinham despencado quando os EUA instituíram os comboios, voltaram a crescer em novembro para mais de 711.000 toneladas por mês. Embora a taxa de perda não tenha forçado a Inglaterra a se retirar do conflito, ela representava um risco inaceitável para a "Operação Bolero", a reunião de forças e materiais dos EUA e da Inglaterra em preparação para o Dia D.

AÇÕES FINAIS

O almirante Dönitz esperava que a campanha dos U-boats, em 1943, atingisse grande sucesso. Seus submarinos não iriam mais trabalhar isoladamente na costa norte-americana, como tinha sido no 'Segundo Tempo Feliz'. Em vez disso, a massiva esquadra de U-boats iria entrar novamente pelo intervalo do meio Atlântico e finalmente usar a tática da alcateia de lobos com força total,

A BATALHA DO ATLÂNTICO V

Em 1943, os U-boats alemães voltaram para o Atlântico do norte, esperando cortar os suprimentos para a Inglaterra e espalhar o terror entre os navios de transporte de tropas que participavam da 'Operação Bolero'. Agindo no meio do Atlântico, longe da ameaça do poder aéreo Aliado, os U-boats tiveram sucesso no início do ano — em março eles afundaram mais de 609.000 toneladas de remessas.

No entanto, o desenvolvimento de novas táticas e tecnologias por parte dos Aliados trouxe o apocalipse para os U-boats. Percebendo a ameaça, os Aliados designaram mais navios de guerra para servir no Atlântico. Algumas embarcações davam mais proteção para os comboios. Outras operavam como "grupos de extermínio", usando novos morteiros antissubmarinos para caçar e destruir os vulneráveis U-boats.

Aeronaves armadas com radar avançado e bombas de profundidade localizavam e atacavam submarinos com facilidade. Por causa disso, em maio de 1943, Dönitz ordenou que seus submarinos deixassem o Atlântico, pois as perdas alemãs tinham atingido níveis proibitivos.

Quando Dönitz tentou enviar seus U-boats de novo para o Atlântico, em setembro de 1943, a maioria não conseguiu ir além da Baía de Biscay, na costa da França — foram perseguidos e destruídos muito antes de atingir as rotas marítimas do Atlântico. A batalha tinha chegado ao fim.

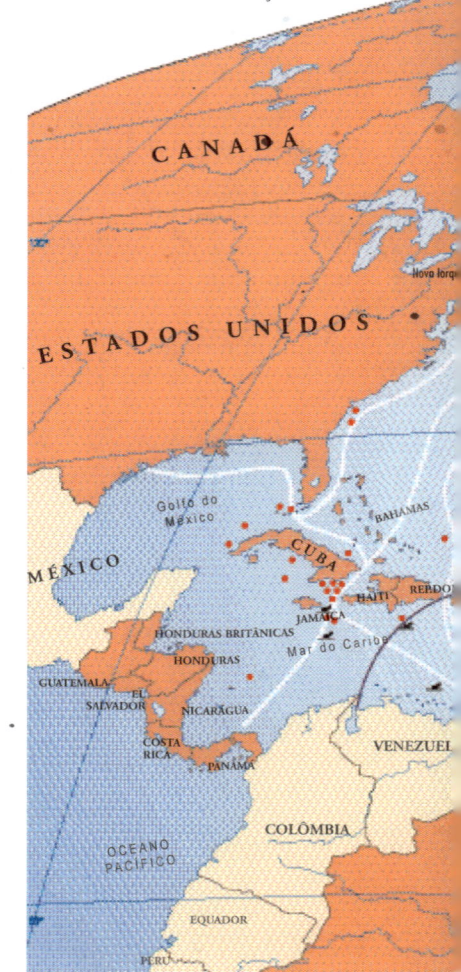

esperando obter grande vantagem contra a Alemanha. Em março de 1943, tudo parecia bem, e as alcateias tinham destruído mais de 609.000 toneladas de remessas — quase todas destinadas à Inglaterra; no entanto, o jogo logo iria virar contra os U-boats em um contra-ataque Aliado.

Assumindo a ofensiva em apoio à "Operação Bolero", os Aliados tiveram a inspirada liderança do almirante Max Horton, o novo Comandante-em-Chefe das Western Approaches. Baseado nos recentes ataques do Ultra, Horton desenvolveu novos e eficientes métodos de defesa e ataque aos submarinos alemães. Os Estados Unidos, sob o comando do almirante Ernest King, começaram a deslocar mais recursos à Batalha do Atlântico e a trabalhar mais

Batalha do Atlântico V
Maio–Setembro 1943

- ----- Extensão da cobertura da escolta aérea
- Principais rotas de comboios
- Navios mercadores Aliados afundados por U-boats
- U-boats afundados
- Território sob controle Aliado
- Território sob controle do Eixo
- Território neutro

próximos da Inglaterra. Comboios atravessando o Atlântico agora tinham mais proteção do que nunca — o número de navios de guerra Aliados era tão alto que permitiu a criação de "grupos de extermínio". Comboios de escolta por natureza tinham um papel defensivo; já os "grupos de extermínio" eram ofensivos por definição e vasculhavam áreas para atacar e destruir U-boats, em vez de apenas desviar deles e permitir que eles continuassem inteiros.

Os Aliados agora também usavam armamentos antissubmarinos. Além de sonares mais avançados, muitos navios carregavam 'Ouriços', que poderiam lançar uma bateria de 24 projéteis da proa de um navio em um submarino, sem perder o contato do sonar. Além disso, o reforço na cobertura aérea fez o equilíbrio na Batalha do Atlântico se inclinar a favor dos Aliados. Aviões de longo alcance agora podiam sobrevoar o Atlântico e, armados com um poderoso novo radar, localizar U-boats facilmente — mesmo durante a noite. Os aviões também transportavam armas de profundidade que permitiam que eles atacassem os U-boats de uma vez só. Assim, ao mesmo tempo em que comboios estavam mais protegidos do que nunca, os U-boats não podiam mais se esconder de seus atacantes mais numerosos e melhor equipados. A maré da Batalha do Atlântico tinha repentinamente virado.

A BATALHA ESTÁ PERDIDA

Em maio de 1943, o destino do comboio ONS-5 demonstrou o novo equilíbrio da Batalha do Atlântico. Tendo localizado o comboio, várias "alcateias de lobo" se reuniram na tentativa de destruí-lo completamente. O comboio sofreu ataques de mais de 50 U-boats e perdeu quase um terço de seus navios; no entanto, o estrago nos U-boats foi pior. Localizada tanto pelo radar quanto pelos sinais inteligentes, a alcateia foi atacada por aeronaves e grupos de extermínio. A carnificina não tinha precedente. Só em maio, os Aliados afundaram por volta de 41 U-boats — taxa de desgaste alta demais para os poucos resultados ganhados contra o comboio ONS-5. Dessa forma, Dönitz ordenou que seus preciosos U-boats deixassem o perigoso norte do Atlântico — e mais tarde ele escreveria em suas memórias que, naquele maio de 1943, percebeu que a Alemanha tinha perdido a Batalha do Atlântico.

Dönitz ainda tinha esperança que novos desenvolvimentos, incluindo torpedos acústicos e um novo tipo de submarino de classe 'Walter', iriam eventualmente fazer a balança pender na Batalha do Atlântico mais uma vez. Em setembro de 1943, os U-boats voltaram para o norte do Atlântico, mas tiveram poucos resultados — ao custo de 25 submarinos destruídos. No início de 1944, Dönitz ordenou um esforço renovado, só para perder 37 submarinos e afundar apenas 3 navios mercenários. A maioria dos submarinos não conseguia nem sair dos seus portos nas áreas da Baía de Biscay antes de serem localizados e afundados por aeronaves. Nenhuma nova tecnologia alemã poderia alterar o fato de que a Batalha do Atlântico já estava decidida.

Durante a Batalha do Atlântico, U-boats afundaram 2.848 navios Aliados, somando um total de 14 milhões de toneladas de remessas. Apesar disso, mesmo com a gravidade da guerra no Atlântico, a Inglaterra não chegou sequer perto da rendição por causa das ações dos U-boats. Depois de alguns ajustes e recomeços, os Aliados tiveram uma importante vitória sobre os alemães no Atlântico. Dos 1.170 submarinos a serviço da Alemanha na II Guerra Mundial, 784 foram perdidos em ataques Aliados. A taxa de fatalidade dentre as tripulações dos U-boats no exército alemão era de chocantes 75%, mais alta até do que dos kamikazes japoneses. Notadamente, nenhum dos navios de transporte de tropas levando milhões de soldados americanos para lutar na Europa sofreu qualquer perda para ataques de U-boats.

Acima: a chegada dos Afrika Korps no norte da África mudaria o curso da campanha. Sob a direção de Erwin Rommel, que tinha atingido notável sucesso com a 7ª Divisão Panzer durante a invasão da França, os alemães conseguiram interromper o avanço Aliado e fazer recuar as tropas inglesas e da Comunidade das Nações até quase de volta ao Nilo. Embora a guerra do deserto fosse vista — em retrospectiva — como secundária, na verdade ela foi a batalha-chave entre Aliados e Eixo, desde a queda da França até a invasão dos Bálcãs e da União Soviética em 1941, drenando os recursos alemães.

Norte da África e Itália

Depois da dominação fascista da Itália, Mussolini voltou suas ambições para o Norte da África, onde viu a oportunidade de criar um novo Império Romano. O sucesso inicial de Hitler na Europa levou o líder italiano a acreditar que a Inglaterra e a França logo seriam derrotadas. Por isso, Mussolini considerou que tinha que agir rápido para a Itália poder dividir os espólios da vitória e impedir a Alemanha de controlar todas as possessões coloniais dos Aliados na África.

Depois de algum debate, a Itália escolheu ficar do lado dos Aliados contra os poderes centrais na I Guerra Mundial, influenciada em parte pela promessa, garantida pela Inglaterra, de ganhar uma porção considerável de território ao longo da costa oriental do mar Adriático na conclusão do conflito. Nas negociações do tratado em Versalhes, a Itália fez pressão para receber sua parte, mas acabou com um pequeno território perto da cidade de Trieste e o Trentino. A Itália tinha sofrido quase 500.000 mortes na guerra — aparentemente para nada.

Mergulhado na depressão econômica depois da guerra, o país estava na beira da revolução. Um fraco governo de coalizão se mostrou incapaz de lidar com a crise que só se agravava, o que levou à diminuição de forças democráticas enquanto multidões de veteranos desempregados tomavam as ruas. Em meio ao caos, o minúsculo partido fascista de Benito Mussolini cresceu. Com poucos sucessos eleitorais, os "Camisas Negras" de Mussolini lutaram nas ruas contra as forças do comunismo e do socialismo. Em outubro de 1922, eles organizaram uma ousada marcha em Roma. Surpreso, o rei Vitório Emanuel nomeou o insolente Mussolini premiê — ação que facilitou a dominação fascista na Itália.

Surpreendidos pelo sucesso e forçados a elaborar uma ideologia coerente, os fascistas se voltaram para o corporativismo e o ultranacionalismo. Em relação à política externa, eles pediam por um renascimento do antigo Império Romano, com a conquista dos Bálcãs e do norte da África. Percebendo a fraqueza militar e econômica italiana, Mussolini colocou seus sonhos de conquista em espera durante um lento período em que o governo patrocinou a industrialização e o rearmamento.

A meteórica ascensão de Hitler, no entanto, forçou a Itália a agir. A princípio Mussolini ficou chocado com a agressiva política exterior de Hitler; no entanto, a contínua coleção de sucessos diplomáticos da Alemanha contra os Aliados ocidentais logo ganhou a admiração e o apoio do italiano. Enquanto a Alemanha ia em vitória a vitória, a Itália também embarcou em um período agressivo — conquistando a Etiópia em 1936 e a Albânia em 1939. Mesmo assim, Mussolini permaneceu muito mais controlado em sua política exterior do que Hitler. Novamente, ele percebeu a fraqueza do seu país e, por consequencia, partiu para uma série de vitórias pequenas e coloniais, mais parecidas com as da Inglaterra e da França no século anterior. O

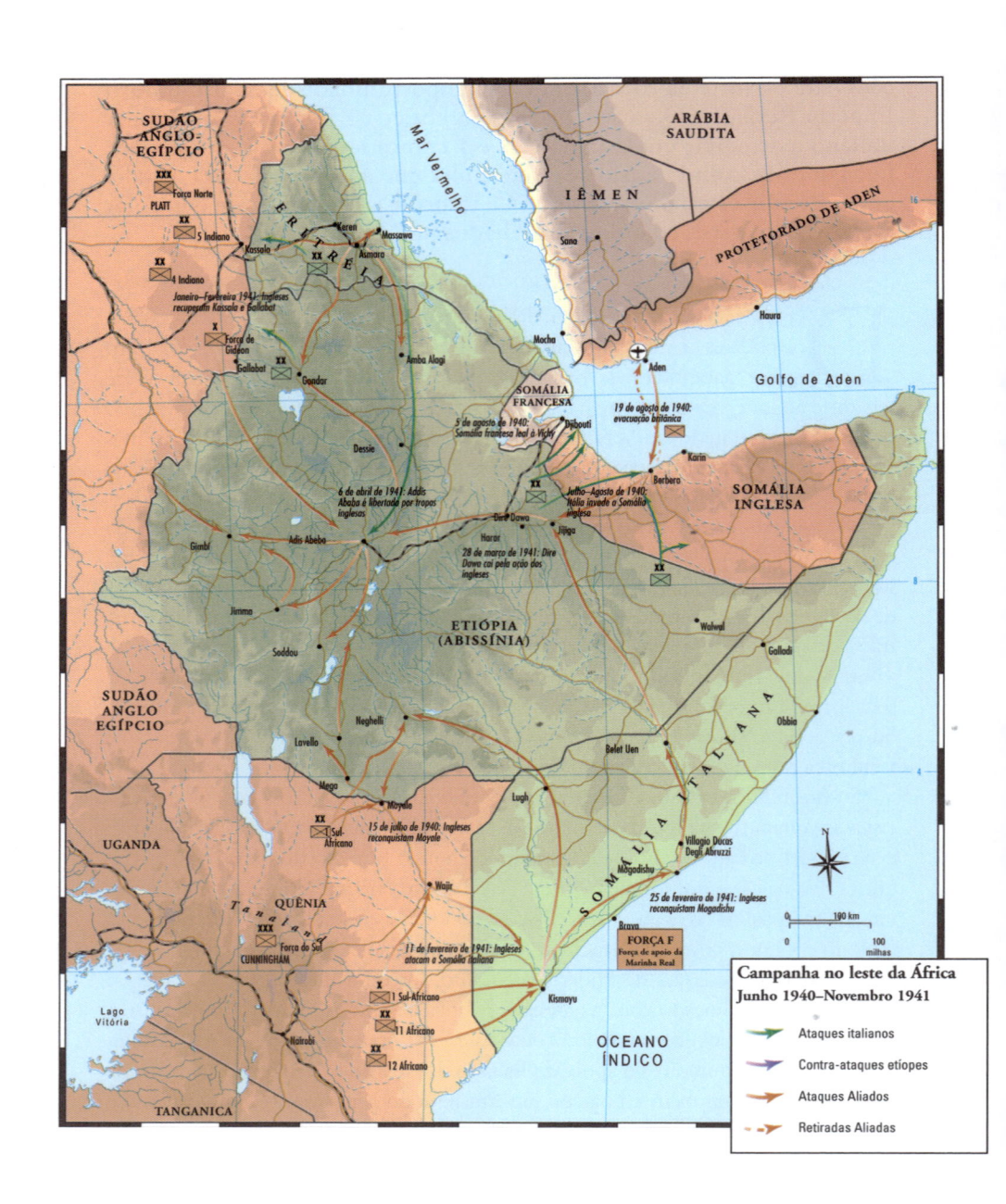

Campanha no leste da África
Junho 1940 – Novembro 1941

- Ataques italianos
- Contra-ataques etíopes
- Ataques Aliados
- Retiradas Aliadas

> **OS ITALIANOS NO LESTE DA ÁFRICA**
>
> Em julho de 1940, procurando reconstruir o Império Romano, as tropas de Mussolini saíram da recém-conquistada Etiópia para a vulnerável Somália inglesa. Dentro de dias, a maciça força italiana tinha massacrado o pequeno contingente inglês na área — deixando a Itália no controle do "Chifre da África" e ameaçando valiosas rotas de comércio no Mar Vermelho. Mussolini tinha consciência de que seu exército, embora numeroso, era fraco tanto em armamento quanto em transporte e era composto em grande medida por forças locais recrutadas e não muito dispostas. Consequentemente, os italianos não atacaram as colônias inglesas mais fortes na área — Quênia e Sudão —, preferindo concentrar esforços mais ao norte contra o Egito. Temendo pela segurança de suas colônias e rotas de comércio, os ingleses reuniram mais de 100.000 homens — a maioria de forças da África do Sul, Índia e de nativos africanos — para esmagar o poder italiano no leste africano. A Força do Norte, do general Platt, atacou primeiro do Sudão, rapidamente conquistando Eritreia. Do Quênia, a Força do Sul, do general Cunningham, invadiu a Somália italiana. As tropas de Cunningham se dirigiram para Mogadishu com impressionante rapidez e depois seguiram para a capital etíope de Addis Abeba em apenas quatro meses. Mussolini estava certo ao questionar a habilidade das forças do leste da África, já que seu colapso foi o presságio das dificuldades italianas por vir na guerra da África.

líder italiano advertiu Hitler que a Itália não estaria pronta para nenhum grande conflito por mais vários anos.

O ataque alemão à Polônia e força da guerra-relâmpago na França pegou Mussolini desprevenido. Assim como na I Guerra Mundial, a Itália permaneceu fora da briga, contemplando suas opções. O rápido sucesso da Alemanha na invasão da França, no entanto, facilitou a decisão de Mussolini. Parecia que Hitler iria dominar rapidamente a Europa, deixando as possessões coloniais da França e da Inglaterra como presas fáceis. Por isso, a Itália entrou na guerra em 10 de junho de 1940, lançando uma invasão singularmente mal-sucedida ao sul da França.

A falta de sucesso italiano contra um inimigo desmoralizado e quase completamente derrotado deveria ter servido de aviso para Mussolini. Mas o ditador italiano preferiu ignorar as óbvias falhas na sua máquina militar. O armamento do país era pobre, e o nível de mecanização de seu exército era extremamente baixo. A economia italiana também era pequena e incapaz de suprir as necessidades de uma nação em guerra. Mesmo com seus militares fadados à desvantagem nas armas e mal-abastecidos, Mussolini permaneceu firme na crença de que Inglaterra e França seriam logo derrotadas e que a Itália tinha que agir rápido para impedir que a Alemanha roubasse todos os espólios. O exército italiano precisava apenas acabar com a fraca resistência de poucos soldados ingleses no norte da África e o Império Romano iria renascer.

AS PRIMEIRAS AÇÕES

Mussolini e os italianos primeiro olharam na direção de valiosas colônias inglesas no leste da África. Baseados na Etiópia e na Somália, os italianos convocaram uma força maciça de 200.000 soldados — na maioria forças locais e coloniais — sob o comando do Duque de Aosta. Em 3 de agosto de 1940, cerca de 26 batalhões invadiram a

Abaixo: abastecimento de um Lockheed Hudson da RAF em um campo aéreo egípcio. O controle do Egito — e, consequentemente, do Canal de Suez —, era vital para os interesses estratégicos da Inglaterra. Se o Canal fosse perdido, reforços e matérias-primas do império Britânico e da Comunidade das Nações levariam semanas a mais para alcançar os portos ingleses, já que teriam que contornar o Cabo da Boa Esperança. Os Afrika Korps representavam, assim, uma séria ameaça estratégica à Inglaterra.

Somália britânica — uma colônia valiosa guardando a entrada para o Mar Vermelho —, vencendo com facilidade a resistência do pequeno contingente inglês de 1.500 homens. Embora a ofensiva italiana na área tenha parado por aí, as forças inglesas nas colônias ameaçadas do Quênia e do Sudão se prepararam para contra-atacar.

Churchill estava preocupado, pois a presença italiana no Mar Vermelho poderia causar grande dano a essenciais rotas de comércio inglesas. Por isso, a Inglaterra enviou 75.000 soldados para o Quênia e 28.000 tropas para o Sudão sob comando do general Archibald Wavell. O primeiro ataque contra os italianos foi pelo norte, quando duas divisões indianas, sob o comando do general Platt, atacaram a colônia italiana de Eritreia. Uma força italiana de mais de 17.000 homens combateu a invasão, resistindo na fortaleza da montanha perto de Keren por 53 dias antes de ser expulsa por um ataque armado inglês. O colapso das forças italianas permitiu que os ingleses avançassem até a capital da Eritreia, Asmara, no início de abril, efetivamente acabando com a resistência na área.

No sul, forças inglesas sob o comando do general Alan Cunningham invadiram a Somália italiana, passando pelas fracas tropas de defesa e avançando para a importante cidade portuária de Mogadishu em apenas 14 dias. Ajudadas pelos eficientes e brutais guerrilheiros etíopes, as forças de Cunningham rumaram para o norte de Mogadishu, atravessaram a Somália italiana e entraram na Etiópia perto de Belet Uen. As pobremente equipadas tropas da Itália não puderam deter o avanço inglês, e, ainda por cima, as forças etíopes recrutadas pelo país desertavam em massa. Dessa forma, em 17 de março, Cunningham conseguiu completar um incrível avanço de 640 km para Jijiga — dividindo a Etiópia em duas. Ao mesmo tempo, uma operação de forças combinadas lançada do protetorado inglês de Aden tinha capturado Berbera e expulsado os italianos da Somália inglesa.

Cunningham então se voltou para o oeste e avançou para a capital etíope de Addis Abeba. Encurralada, o nível da resistência italiana aumentou, levando a uma batalha ferrenha perto de Dire Dawa, que, em 28 de março, caiu diante da força do exército inglês, levando à conquista de Addis Abeba em 6 de abril de 1941. As forças da Inglaterra, comandadas por Platt e Cunningham, convergiram na direção dos 7.000 soldados italianos restantes sob o comando do Duque de Aosta em Amba Alagi, na Etiópia. A rendição de Aosta em maio coroou a campanha dos ingleses no leste da África — em uma época em que a população da Inglaterra precisava desesperadamente de notícias positivas da guerra.

CONFLITO NO ORIENTE MÉDIO

No Oriente Médio, a queda da França deixou a Síria nas mãos do submisso governo de Vichy — representando uma possível ameaça para valiosos recursos de petróleo. A situação piorou em 1940, com a ascensão do sentimento anti-Inglaterra no país vizinho, Iraque. Sob um governo pró-Inglaterra por vários anos, o Iraque era a maior fonte de petróleo do país e abrigava uma importante base da Força Aérea Real inglesa em Habbaniya. No entanto, em 3 de abril de 1941, com a ajuda de agentes alemães, Rashid Ali tomou o controle do Iraque e recorreu a Hitler para obter apoio.

Rápidos em aproveitar a oportunidade, os alemães enviaram ajuda militar para o Iraque com aeronaves da Luftwaffe, que eram obrigadas a pousar na Síria, controlada por Vichy, para reabastecer. Embora a ameaça fosse, sob vários ângulos, minúscula, as forças inglesas reagiram rapidamente. No dia 17 de abril, tropas indianas reunidas às pressas pousaram no sul do Iraque para proteger os campos de petróleo da região. Encontrando pouca resistência, a brigada inglesa se deslocou para o norte, garantindo a segurança de importantes oleodutos de petróleo enquanto avançava. Em maio, a força indiana atingiu Bagdá e Habbaniya — apenas para ser atacada por forças iraquianas. Depois de uma breve batalha, os iraquianos foram derrotados, e Rashid Ali fugiu para o exílio. O governo pró-Inglaterra de Nuri-es-Said foi reinstaurado; no entanto, as tropas inglesas permaneceriam na área pelo resto da guerra para garantir a segurança dos campos de petróleo.

Churchill e os ingleses continuaram preocupados com o destino da Síria. A atenção de Hitler estava totalmente voltada para a guerra com a União Soviética, e os alemães não tinham planos imediatos de agir no Oriente Médio, tendo há tempos retirado sua artilharia da área. Churchill, no entanto, não poderia tolerar um flanco aberto tão perto de campos importantes. Assim, em 8 de junho de 1941, as forças livres da Inglaterra e da França invadiram a Síria, partindo do Iraque e da Palestina. A luta foi confusa, já que ingleses e franceses enfrentavam a austera resistência das

IRAQUE, SÍRIA E PÉRSIA

Durante o ano de 1941, a preocupação com importantes fontes de petróleo transformou o Oriente Médio em um palco de guerra. Churchill estava preocupado que a Síria, sob controle do governo pró-alemão de Vichy, formaria o trampolim para a ação da Alemanha contra os campos de petróleo do Iraque. Os temores britânicos aumentaram quando as tropas alemãs se deslocaram pela Grécia e norte da África, parecendo objetivar uma conquista do Oriente Médio. Em abril de 1941, todos os medos de Churchill se tornaram realidade quando Rashid Ali liderou um golpe pró-Alemanha no Iraque — e solicitou apoio alemão para seu governo. Aviões alemães voaram para Damasco e Mosul. Reagindo rapidamente contra as dificuldades já previstas, a Inglaterra despachou uma brigada indiana para proteger os campos de petróleo do sul do Iraque e se deslocar para Bagdá. Depois de passar pela resistência iraquiana em Habbaniyah, os ingleses forçaram Rashid Ali a se exilar e reinstalaram no governo pró-Inglaterra.

Ainda preocupados que a Vichy francesa representasse uma ameaça no futuro, em junho de 1941, ingleses e forças livres francesas invadiram a Síria, partindo do Iraque e da Palestina. Depois de mais de um mês de inesperada resistência, os Aliados venceram as forças francesas de Vichy, aceitando sua rendição em Aleppo. Em setembro de 1941, forças inglesas e russas ocuparam a Pérsia para proteger a importante rota de petróleo para a União Soviética.

Iraque, Síria e Pérsia
Abril–Setembro de 1941

- Ações das forças Aliadas
- Ações das forças francesas livres
- Ações das forças russas
- Ações de bombardeio Aliadas
- Ações de bombardeio alemãs
- Rotas de abastecimento Aliadas
- Campos de petróleo

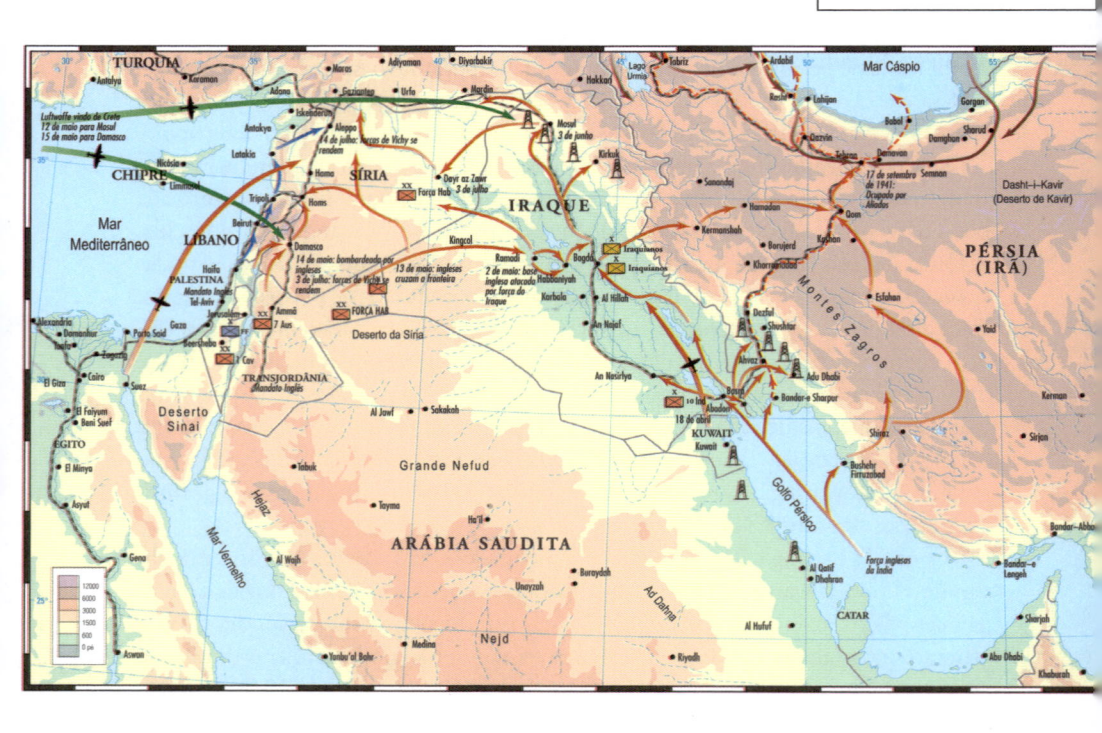

forças francesas de Vichy na área. O embate, que colocou em lados opostos antigos colegas do exército francês, durou cinco semanas. Forças Aliadas entraram em Damasco no dia 17 de junho e finalmente fizeram os franceses de Vichy recuarem para o norte até se renderem em Aleppo, em 14 de julho de 1941. Assim como no Iraque, as forças inglesas permaneceriam na Síria e no seu vizinho Líbano pelo resto da II Guerra Mundial.

Mais ao leste, a Pérsia se tornou importante para o conflito com a invasão de Hitler da União Soviética. Conforme a guerra progredia, a Pérsia virou uma valiosa rota de abastecimento para a União Soviética, que estava sitiada pela guerra-relâmpago alemã e precisava desesperadamente de todo o tipo de ajuda econômica, especialmente petróleo do Oriente Médio. De sua parte, o governo persa parecia ambivalente diante das necessidades dos Aliados e se recusou a expulsar agentes alemães de suas fronteiras.

Preocupadas mais uma vez com as rotas de abastecimento, em agosto de 1941, forças inglesas e soviéticas se deslocaram para a Pérsia, encontrando pouca resistência. Em 17 de setembro, forças Aliadas alcançaram a capital persa de Teheran e forçaram o Xá Reza Pahlavi a abdicar a favor de seu filho, mais flexível. A Inglaterra e a União Soviética mantiveram as forças de ocupação na Pérsia, dividindo o país em zonas de influência. Em janeiro de 1942, as duas nações concordaram em deixar a Pérsia seis meses depois do fim do conflito. Graças à ação dos Aliados, a Pérsia continuaria a ser uma parte importante da linha de abastecimento soviética durante o restante da II Guerra Mundial.

ENTRAM OS AFRIKA KORPS

Mussolini tinha grandes esperanças para um ataque contra os ingleses no Egito, pois uma vitória lá desmantelaria a rota marítima vital do Canal de Suez e deixaria os campos de petróleo do Oriente Médio abertos para a conquista. As chances pareciam a seu favor, pois os 250.000 homens no 10º Exército italiano, sob o comando do Marechal Rodolfo Graziani, enfrentavam meros 36.000 soldados ingleses defendendo o Egito. Quando o ataque italiano começou em 13 de setembro, os defensores ingleses, sob o comando geral de Wavell e o comando em batalha do general Richard O'Connor, recuaram para a cidade de Sidi Barrani, onde Graziani interrompeu seu avanço. O comandante italiano tinha motivos para ser precavido — o deserto aberto era reino de operações militares armadas e móveis. Os tanques italianos eram obsoletos em relação aos seus rivais ingleses e estavam em desvantagem numérica de mais de dois para um.

Esperando se reabastecer antes de avançar com cautela, Graziani ordenou a construção de acampamentos armados perto de Sidi Barrani. Em 9 de dezembro de 1940, no entanto, O'Connor atacou por um buraco vulnerável entre dois grupos de acampamentos, circulando e cercando os italianos. A brilhante manobra, batizada de Operação Compasso, deslocou todo o sistema defensivo italiano e fez quase 40.000 prisioneiros. Abaladas pelo desastre, as forças italianas recuaram e perderam primeiro Bardia, depois Tobruk — e um adicional de 70.000 prisioneiros. Com os italianos batendo em retirada, O'Connor decidiu arriscar: a 6ª Divisão australiana seguiu a

Operação Compasso
9 de dezembro de 1940–fevereiro de 1941

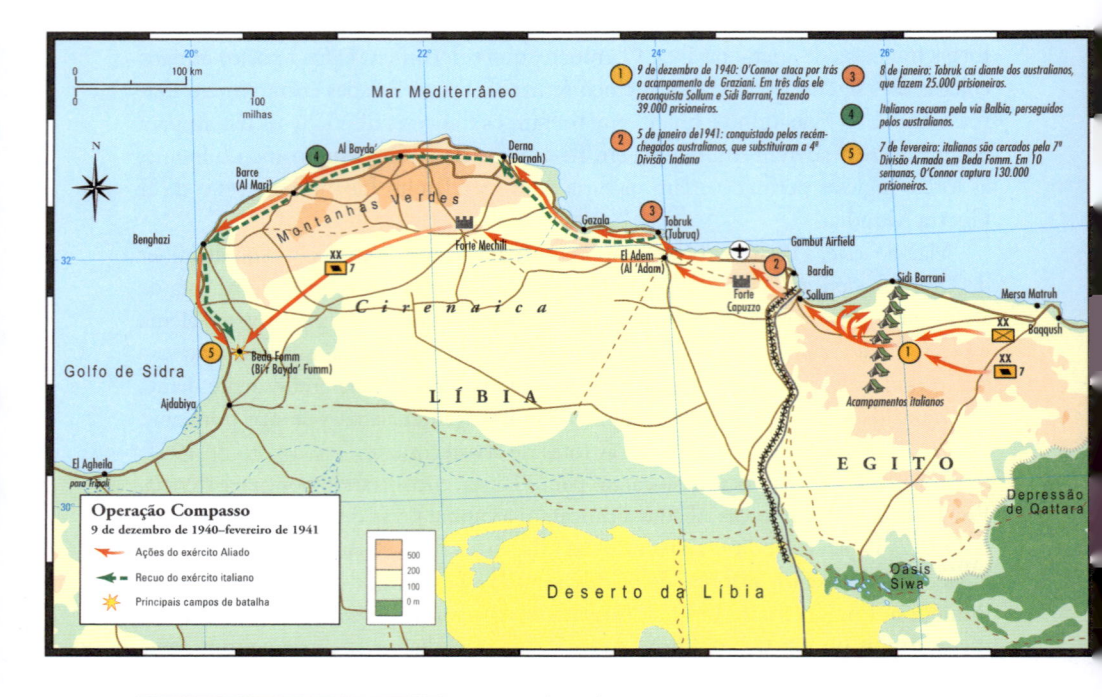

- 9 de dezembro de 1940: O'Connor ataca por trás o acampamento de Graziani. Em três dias ele reconquista Sollum e Sidi Barrani, fazendo 39.000 prisioneiros.
- 5 de janeiro de 1941: conquistado pelos recém-chegados australianos, que substituíram a 4ª Divisão Indiana.
- 8 de janeiro: Tobruk cai diante dos australianos, que fazem 25.000 prisioneiros.
- Italianos recuam pela via Balbia, perseguidos pelos australianos.
- 7 de fevereiro: italianos são cercados pela 7ª Divisão Armada em Beda Fomm. Em 10 semanas, O'Connor captura 130.000 prisioneiros.

Legenda:
- Ações do exército Aliado
- Recuo do exército italiano
- Principais campos de batalha

TANQUES ATACAM

Depois do ataque fracassado de Graziani no Egito com o 10º Exército italiano, os ingleses contra-atacaram. A linha defensiva italiana era uma série de campos fortificados perto de Sidi Barrani, distantes demais para se apoiar mutuamente. As forças inglesas, sob o comando do general O'Connor, tinham uma importante vantagem em tanques, já que o Matilda inglês era indiferente às fracas munições antitanques italianas. O ataque britânico fez quase 40.000 prisioneiros, e os ingleses capturaram mais 70.000 em Bardia e Tobruk. O'Connor então enviou uma força móvel pelo deserto para Beda Fomm, na frente das tropas italianas, selando seu destino.

retirada italiana até a costa, enquanto a 7ª Divisão Armada, conhecida como Ratos do Deserto, avançou por trás, esperando rodear os italianos e impedir a retirada. Em 7 de fevereiro de 1941, a obra de arte de O'Connor ficou completa, quando os Ratos do Deserto alcançaram Beda Fomm a tempo de bloquear a retirada italiana, detendo o que tinha sobrado do azarado 10ª Batalhão. Foi uma grande vitória; os ingleses capturaram 130.000 homens, 845 armas e 380 tanques ao custo de menos de 2.000 baixas— tudo no espaço de 10 semanas.

A situação, no entanto, mudou rapidamente. Churchill retirou tropas do comando de Wavell para a defesa da Grécia — deixando apenas uma força de cobertura para defender Cirenaica. Ao mesmo tempo, Hitler enviou ajuda para seu aliado do Eixo, destacando a 5ª Divisão Leve e a 15ª Divisão Panzer para a batalha no norte da África. Embora cronicamente mais fraco e mal-equipado, o grupo, que se tornou conhecido como Afrika Korps, ganharia fama sob o comando do general Erwin Rommel — um mestre na estratégia de guerra. Inicialmente, Rommel, sob o comando titular italiano, foi enviado apenas para defender a linha perto de El Agheila. Percebendo a fraqueza inglesa, no entanto, Rommel preferiu atacar em 31 de março — antes mesmo de todos os membros do Afrika Korps terem chegado ao continente. Depois de um breve embate, a 2ª Divisão Armada inglesa recuou da defensiva em Mersa Brega, abrindo caminho para o avanço de Rommel.

Com os ingleses recuando, Rommel enviou parte de sua força para a costa, na direção de Benghazi, onde a 5ª Divisão Leve atacou pelo deserto no sentido de Mechili. Apesar do fato de as forças de Rommel estarem dispersas e com falta de combustível, os ingleses não organizaram nenhum contra-ataque. Na verdade, a retirada deles se transformou em desastre quando, no dia 7 de abril, forças alemãs capturaram o próprio O'Connor e a maior parte da estrutura de comando em Darnah.

Cansados, mas ainda em boa forma, membros da 9ª Divisão australiana e da 2ª Divisão Armada recuaram para a cidade portuária de Tobruk e re-

AFRICA KORPS

Enviados para a África para salvar os italianos do desastre, os Afrika Korps de Rommel chegaram quando as defesas inglesas estavam enfraquecidas pelo envio de tropas à Grécia. Aproveitando a oportunidade, Rommel desobedeceu às ordens e atacou. Surpreendendo os ingleses, Rommel provou que era um mestre na estratégia de guerra no deserto. Ele enviou a 5ª Divisão Leve pelo deserto para tentar impedir o recuo inglês. Embora O'Connor tenha sido capturado, os Afrika Korps — enfraquecidos e com poucos suprimentos — não conseguiram conquistar Tobruk. Com uma linha de abastecimento longa e o flanco vulnerável, Rommel se recolheu na fronteira do Egito para preparar uma nova ofensiva.

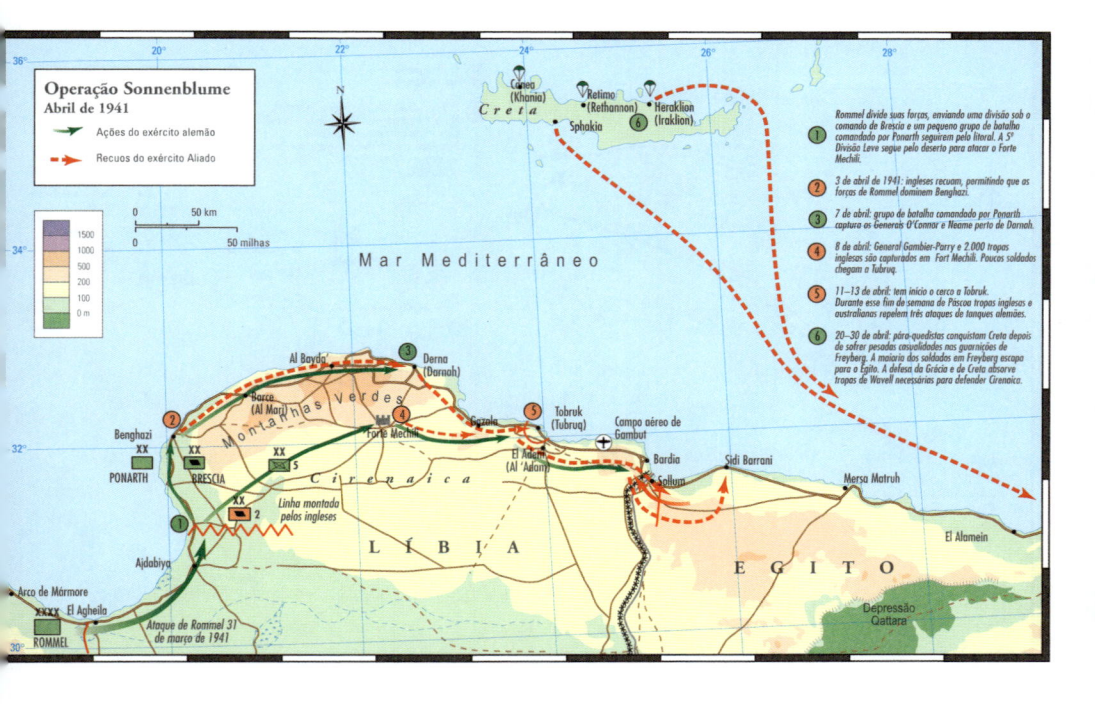

OPERAÇÃO CRUZADOR

Em 18 de novembro de 1941, o 8º Exército, sob o comando do general Alan Cunningham, iniciou a operação Cruzador, designada para libertar Tobruk. Enquanto a infantaria mantinha os defensores do Eixo ao norte no lugar, a força britânica contornava pelo sul. Pegando os Afrika Korps de surpresa, o esforço britânico invadiu o quartel-general de Rommel no campo aéreo de Gambut e avançou para apenas 19 km de Tobruk.

Lá se seguiram várias batalhas confusas perto de Bir el Gubi e Sidi Razegh. Percebendo o perigo para suas linhas de abastecimento, em 4 de dezembro Rommel recuou. Depois de um breve embate em Gazala, as forças do Eixo se retiraram para Cirenaica.

sistiram, numa tentativa de negar domínio sobre uma cidade portuária importante para os alemães. As forças de Rommel atacaram o bastião defensivo de Tobruk no dia 12 de abril, mas foram repelidas. Sem se preocupar, os Afrika Korps avançaram para o Egito, planejando lidar com o contingente em Tobruk quando lhes fosse conveniente.

Embora Rommel tivesse enviado forças leves para o Egito, os Afrika Korps agora estavam em situação crítica de abastecimento, dependendo de um sistema de apoio logístico que ia por todo o caminho até Trípoli. Forçado a reverter para uma postura defensiva e esperar reforços e abastecimento, Rommel prestou mais atenção no cerco de Tobruk, pois a necessidade de um porto avançado tinha se tornado crítica. No entanto, o contingente em Tobruk, usando o poder de artilharia, se manteve firme contra todas as expectativas — tornando o trabalho de Rommel muito difícil. Ao mesmo tempo, grande parte da força britânica enviada para defender a Grécia retornou ao Egito, tendo falhado em impedir o domínio do Eixo nos Bálcãs.

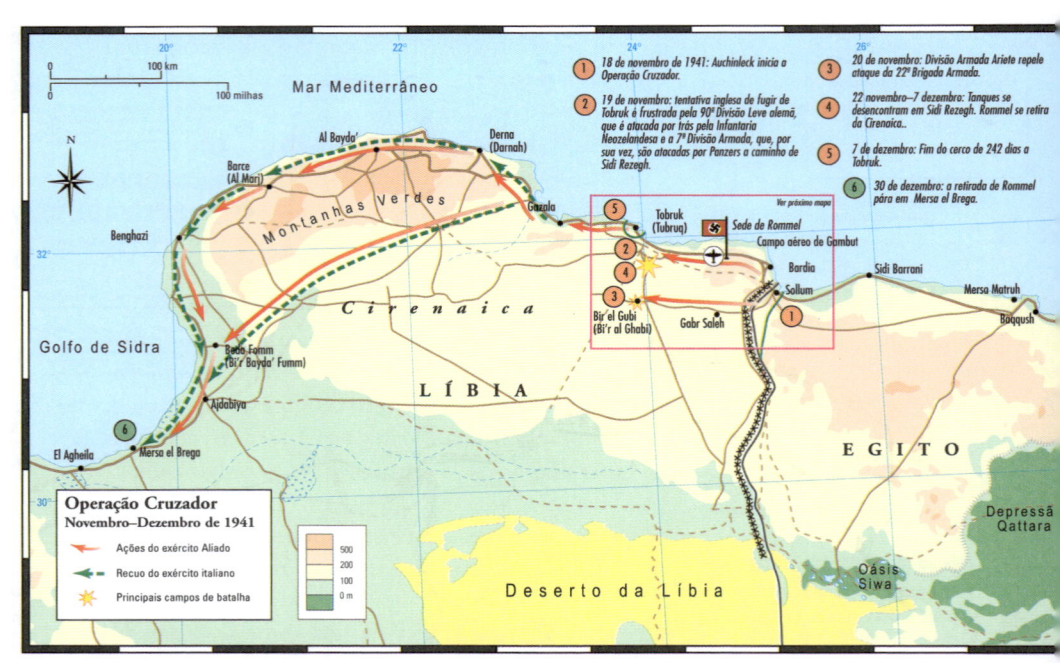

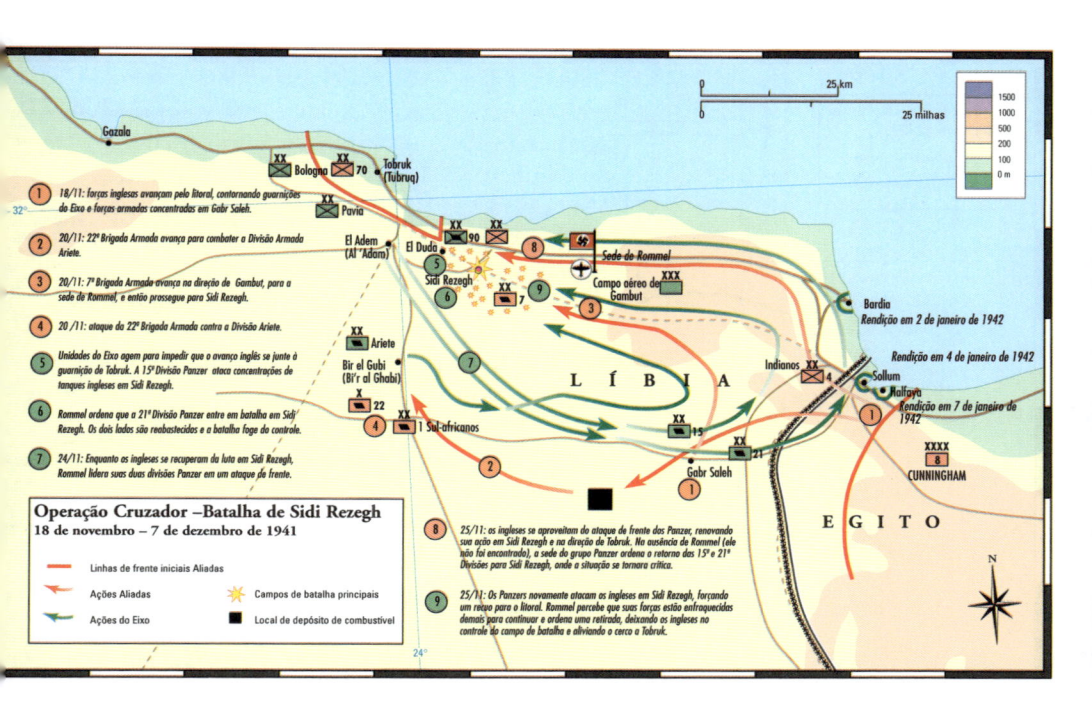

SIDI REZEGH

A fase mais crítica da Operação Cruzador foi a confusa luta em Sidi Rezegh, dominada pela 7ª Brigada Armada inglesa em 20 de novembro de 1941. Os Afrika Korps reuniram 150 tanques, além de infantaria e armas 88s, para iniciar o contra-ataque, expulsando os ingleses e dividindo suas forças em duas. A força restante de Rommel — pouco mais de 100 tanques — dirigiu-se para o leste, na esperança de alcançar os ingleses na Líbia. Inabalado, Auchinleck ordenou que o ataque continuasse, unindo-se ao contingente inglês em Tobruk. Rommel atacou novamente em Sidi Rezegh, mas não conseguiu parar o ataque inglês. Reduzido a 60 tanques, em 4 de dezembro, ele aceitou a derrota e se retirou.

CONTRA-ATAQUE INGLÊS

Com Rommel com óbvios problemas de logística, Wavell buscou acertar o ponto fraco dos Afrika Korps e libertar Tobruk. Reabastecido com armamentos — e atingindo uma superioridade de um para quatro em relação aos Afrika Korps — Wavell planejou atacar o centro da linha defensiva do Eixo, enquanto os Ratos do Deserto se deslocaram para o sul para explorar o ataque. Em 15 de junho de 1941, os ingleses lançaram a Operação Battleaxe (Machado de Batalha) e foram quase imediatamente ao encontro do desastre.

Os alemães tinham aperfeiçoado a arte de usar as armas antiaéreas mortais de 88 mm também no papel de antitanque. Os ingleses avançaram, com seus tanques Matilda e Cruiser, em pequenas unidades, e se viram superados e com armamentos inferiores quando caíram na armadilha dos tanques 88 mm, na Passagem de Halfaya e na cadeia de montanhas de Hafid. Em apenas um dia, a Inglaterra perdeu quase metade de seus tanques para os mortais 88s. No dia seguinte, Rommel,

O retorno de Rommel
Janeiro de 1942

- Ações do exército alemão
- Retirada do exército Aliado

① 21/01/1942: Rommel começa um ataque surpresa contra um pequeno contingente armado inglês em frente a Ajdabiya.
② 26/01: Depois de cinco dias de batalha, a 1ª Divisão Armada inglesa é reduzida de 150 tanques para apenas 50 e quase mil soldados são feitos prisioneiros.
③ 27/01: Em Msus, Rommel simula ir para Mechili, mas segue para Benghazi.
④ 29/01: Benghazi é reconquistada por Rommel, que faz mil prisioneiros, a maioria da 4ª Divisão Indiana. Também se apropria dos suprimentos ingleses para sua ofensiva.
⑤ 6/02: Retirada inglesa para a Linha de Gazala enquanto Rommel consolida seus ganhos.
⑥ 31/01: Auchinleck começa a reforçar a Linha de Gazala com reservas que mantinha para sua ofensiva.

NOVO ATAQUE

O general Rommel percebeu que os ingleses tinham enfraquecido suas forças no norte da África e, em 21 de janeiro de 1941, atacou em Mersa Brega, perto de Ajdabiya. Depois de uma batalha tumultuada, a 1ª Divisão Armada recuou, com Rommel em seu encalço. Perto de Msus, Rommel virou para o norte, em uma tentativa de passar por um terreno difícil, mas sem defesas, e alcançar Benghazi, para interromper a retirada inglesa. Embora os alemães tenham atingido a costa em 28 de janeiro, os ingleses conseguiram escapar. Nesse ponto, Rommel preferiu parar e se abastecer, e as forças britânicas usaram a oportunidade para recuar e preparar suas posições defensivas em Gazala.

que estava se mostrando ser tão habilidoso na defesa quanto era no ataque, contra-atacou com um avanço armado que fez os ingleses recuarem de volta para suas posições originais. No surpreendente resultado, a Inglaterra perdeu um total de 91 tanques, destruindo apenas 12. Chocado com o revés, Churchill substituiu Wavell pelo general Claude Auchinleck no Oriente Médio, enviando abastecimentos e reforços para a área. A ampliada força inglesa foi rebatizada de 8º Exército e colocada sob o comando operacional do general Alan Cunningham.

Logo Cunningham tinha reunido 700 tanques e detinha o comando do ar. Hitler, no entanto, estava envolvido pela batalha que acontecia na Rússia e enviou poucos reforços para Rommel — deixando os Afrika Korps com apenas 320 tanques, metade dos quais eram modelos italianos inferiores. Com sua força recém-adquirida, Cunningham prosseguiu com o ataque, usando a infantaria para manter as defesas do Eixo perto da Passagem de Halfaya, enquanto a blindagem britânica circulava para atacar no sentido de Tobruk. O plano inglês, chamado Operação Cruzador, era sólido, mas suas táticas de armamento eram pobres, com tendência a dispersar seus tanques, dando a Rommel uma chance de vencer.

Cunningham lançou a Operação Cruzador em 18 de novembro de 1941 e inicialmente teve grande sucesso, com a 7ª Brigada Armada capturando o centro de comando de Rommel e penetrando em Sidi Rezegh — a apenas 19km de Tobruk. Mais ao sul, a 22ª Brigada Armada avançou até Bir el Gubi, ameaçando flanquear toda a posição do Eixo. A situação era horrível, mas mais uma vez Rommel se mostrou um mestre em tática defensiva. Usando as armas 88s como antitanques, os alemães conseguiram deter o avanço da 7ª Brigada em Sidi Rezegh, enquanto a Divisão Aríete italiana parou a 22ª Brigada em Bir el Gubi. A batalha foi intensa e turbulenta, especialmente em Sidi Rezegh, deixando os ingleses surpresos e com apenas 14% de sua força de armamento intacta.

Enquanto a Inglaterra se reagrupava e trazia novos armamentos, Rommel agiu de maneira ousada buscando a vitória em 24 de novembro, ao enviar seus poucos tanques restantes em um ataque ao leste, no sentido da Passagem de Halfaya, com a missão de cercar e destruir o agora exposto contingente inglês.

Pego de surpresa com a ação, Cunningham estava pronto para bater em retirada, mas Auchinleck, notando a posição delicada de Rommel, ordenou pessoalmente que a ofensiva continuasse e substituiu Cunningham no comando pelo general Neil Ritchie. Enquanto Rommel se movia para o leste, a força britânica se uniu à resistência em Tobruk em 27 de novembro.

Com pouco combustível, sentindo os efeitos do clima e com as linhas vitais de abastecimento quase cortadas, Rommel recuou para Sidi Rezegh e Tobruk, ainda esperando uma vitória às portas da derrota. Mais uma vez a coordenação do exército alemão se mostrou essencial, quando Rommel expulsou os ingleses de Sidi Rezegh em uma batalha equilibrada. Auchinleck, no entanto, se manteve firme — sabendo que o tempo e os suprimentos de Rommel estavam se esgotando — e ordenou uma nova ofensiva ao oeste, para bloquear a rota de fuga do Eixo.

Reduzido a uma força de apenas 60 tanques, em 4 de dezembro, Rommel espreferiu se retirar para Gazala, conquistada pelo vitorioso 8º Exército. Embora Rommel esperasse se manter na defensiva em Gazala, a enfraquecida força alemã não conseguiu deter as ações inglesas, e o recuo continuou até El Agheila, lugar onde Rommel tinha começado sua audaciosa ofensiva quase oito meses antes.

O RETORNO DE ROMMEL

Parecia que o equilíbrio da guerra tinha se voltado inequivocamente contra os Afrika Korps, mas o início da guerra no Oriente forçou a Inglaterra a retirar tropas do norte da África — fazendo a guerra pender a favor do Eixo. Rommel rapidamente reconheceu a nova vantagem e resolveu agir.

Tendo recebido uma promoção e o comando da recém-criada Panzerarmee Afrika, em 21 de janeiro, ele ordenou um ataque às posições inglesas perto de Mer-

Gazala e a perda de Tobruk
Maio – Junho de 1942

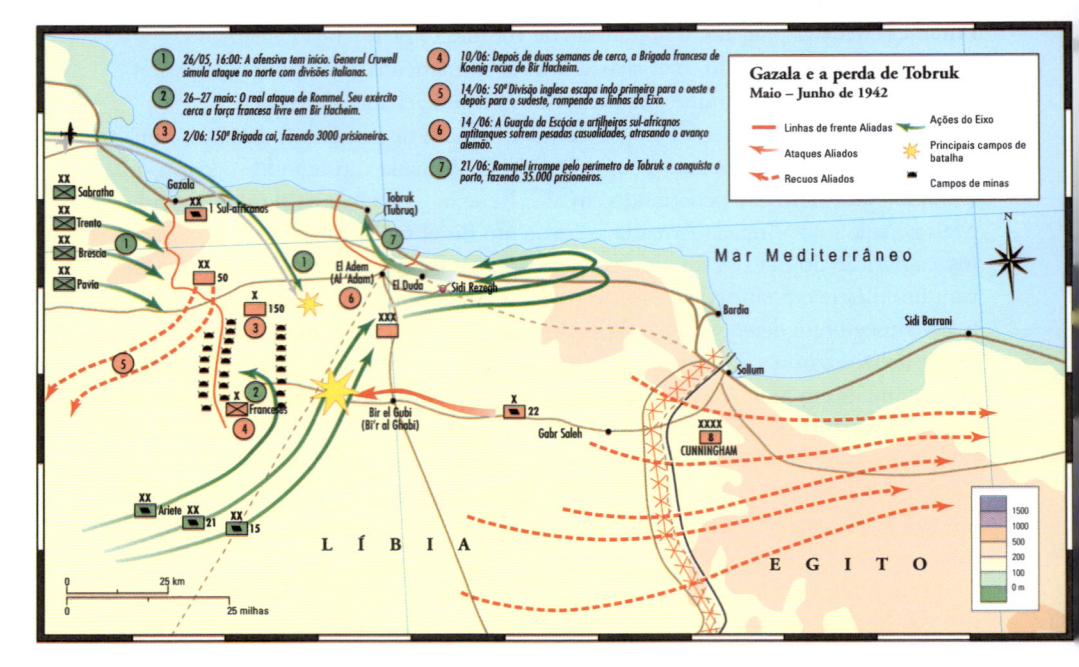

1. 26/05, 16:00: A ofensiva tem início. General Cruwell simula ataque no norte com divisões italianas.
2. 26–27 maio: O real ataque de Rommel. Seu exército cerca a força francesa livre em Bir Hacheim.
3. 2/06: 150ª Brigada cai, fazendo 3000 prisioneiros.
4. 10/06: Depois de duas semanas de cerco, a Brigada francesa de Koenig recua de Bir Hacheim.
5. 14/06: 50ª Divisão inglesa escapa indo primeiro para o oeste e depois para o sudeste, rompendo as linhas do Eixo.
6. 14/06: A Guarda da Escócia e artilheiros sul-africanos antitanques sofrem pesadas casualidades, atrasando o avanço alemão.
7. 21/06: Rommel irrompe pelo perímetro de Tobruk e conquista o porto, fazendo 35.000 prisioneiros.

Legenda:
- Linhas de frente Aliadas
- Ataques Aliados
- Recuos Aliados
- Ações do Eixo
- Principais campos de batalha
- Campos de minas

A QUEDA DE TOBRUK

Em 26 de maio de 1942, Rommel preveniu um possível ataque inglês perto de Gazala com sua própria ofensiva. Depois do ataque ao norte, as forças móveis do Eixo se deslocaram para o sul, ao redor dos mortais campos minados e do restante dos bastiões da força livre francesa em Bir Hacheim. No entanto, os ingleses se mantiveram firmes perto de Bir el Gubi, obrigando Rommel a parar no ataque à 150ª Brigada Inglesa para abrir uma linha de abastecimento. Alcançando sucesso diante da desorganização dos ataques ingleses, Rommel reassumiu o ataque em 13 de junho. Sua vitória foi tão impressionante que os ingleses, com apenas 70 tanques agora, abandonaram Tobruk e se retiraram para El Alamein, no Egito.

sa Brega, o que obrigou a retirada dos ingleses depois de perdas severas. Rommel perseguiu as formações em retirada até Msus, onde repentinamente mudou a ofensiva para o norte, na direção da costa, com o objetivo de deter as forças inglesas em Benghazi. Ele alcançou a costa em 28 de janeiro, fechando o cerco.

A situação toda foi tão confusa que Rommel quase pousou seus aviões de observação em um acampamento britânico. Embora vitoriosas, as forças do Eixo estavam dispersas, fator que permitiu, na noite de 29 de janeiro, que os ingleses escapassem da armadilha. Os alemães tinham capturado valiosas provisões em Benghazi, mas suas contínuas aflições logísticas obrigaram Rommel a momentaneamente interromper o avanço, enquanto os ingleses recuavam para uma posição defensiva em Gazala. Nesse ponto, muitos na Panzerarmee Afrika pediam para que Rommel devotasse suas energias para a destruição do símbolo inglês no Mediterrâneo — Malta —, em uma tentativa de retificar o contínuo desequilíbrio de abastecimento. Rommel, no entanto, decidiu que o momento era oportuno para continuar o avanço — que tinha por objetivo conquistar o famoso marco defensivo inglês de Tobruk.

A situação para o ataque era bastante arriscada, pois os ingleses tinham posições defensivas fortes em Gazala, e o abastecimento do Eixo permanecia lento. Embora os alemães tivessem comando no ar e uma igualdade nas forças de infantaria, eles tinham apenas 560 tanques, contra a força de 849 tanques ingleses, com muitos poderosos tanques Grant construídos nos EUA. O plano de Rommel pedia que as forças móveis do Eixo varressem o sul ao redor dos extensivos campos minados ingleses e da resistência livre francesa em Bir Hacheim. Forças alemãs então se moveriam para o norte além de Bir el Gubi, para romper as linhas de abastecimento inglesas e forçar o contingente inglês na batalha.

Em 26 de maio de 1942, forças do Eixo se deslocaram para o embate, mas foram obrigadas a parar perto de Bir el Gubi. Frustrado, Rommel agora estava com uma distinta desvantagem — dependia de linhas de abastecimento longas que eram interditadas pela teimosa resistência dos franceses livres em Bir Hacheim. Suas forças estavam tão perto de ficar sem combustível que Rommel realmente considerou negociar com os ingleses termos de rendição.

No entanto, o mestre da improvisação ainda estava no jogo — dessa vez com um ataque frontal contra a 150ª Brigada inglesa que guarnecia a linha defensiva original. Em 2 de junho, com pouco tempo a perder, a infantaria do Eixo penetrou nas defesas inglesas, abrindo uma nova e direta linha de abastecimento para o exér-

Abaixo: tanques Cruzadores durante a segunda batalha de El Alamein. Forças armadas eram a chave para a vitória na guerra do deserto, com seus espaços abertos e largos. Depois da invasão da União Soviética, as forças Aliadas passaram a ficar em desvantagem numérica em relação aos tanques alemães. Em 1942, tanques americanos Grant com armas de 75 mm capazes de derrubar os panzers alemães foram disponibilizados para as tropas da Inglaterra e da Comunidade das Nações em grande quantidade.

A Véspera da Batalha
23 de outubro de 1942

— Linha de frente Aliada
⌒ Objetivo Aliado
⋮⋮⋮ Campos de mina do Eixo

cito de Rommel. Mesmo com os planos do Eixo beirando o desastre, os ingleses lançaram poucos e mal-coordenados ataques contra as forças alemãs perto de Bir el Gubi, em uma área conhecida como 'O Caldeirão'.

Se os ingleses tivessem sido mais persistentes ou mais organizados, poderiam ter chegado à vitória. Em vez disso, tanques, com poucos reforços, se lançaram nas linhas inimigas direto para as armas 88 mm dos alemães. Em um ataque, a Inglaterra perdeu 50 de 70 tanques e o equilíbrio da batalha começou a ser favorável a Rommel mais uma vez.

Depois da queda de Bir Hacheim, em 10 de junho, Rommel — com uma força restante de 184 tanques — atacou a armada inglesa — que reunia 247 tanques — e avançou no sentido de Tobruk. Agindo rápido, com poder e precisão, Rommel esmagou a resistência inglesa, destruin-

A VITÓRIA DE MONTY

Forças inglesas se mantiveram firmes na defesa de El Alamein, com seus flancos ancorados no mar Mediterrâneo para o norte e nas impenetráveis areias da Depressão de Qattara ao sul. Por trás de intrincados campos minados, o 8º Exército lutou contra duas ofensivas desesperadas alemãs no fim de junho e em agosto. O novo comando dos Generais Alexander e Montgomery presidiu, então, um rápido agrupamento de homens e materiais, pois Churchill finalmente tinha colocado a guerra no norte da África entre suas prioridades.
Ao final do outubro de 1942, a vantagem inglesa na área era impressionante, com 250.000 homens, 1.200 tanques e 750 aeronaves. Em 23 de outubro, Montgomery iniciou a primeira fase de sua ofensiva cuidadosamente planejada, chamada "Operação Pé Leve". A XIII Corporação, comandada pelo general Horrocks, começou um ataque para distrair a atenção perto da Depressão de Qattara. Mais ao norte, a X Corporação, do general Lumsden, passava pelos campos minados alemães na direção das montanhas Kidney. A ação surpresa, executada com rigorosa tenacidade, obrigou Rommel a agir. Reunindo todas suas forças móveis, Rommel foi forçado a contra-atacar, lançando seus tanques restantes contra o impressionante poder de fogo inglês. O equilíbrio no norte da África agora tinha mudado inegavelmente a favor dos Aliados.

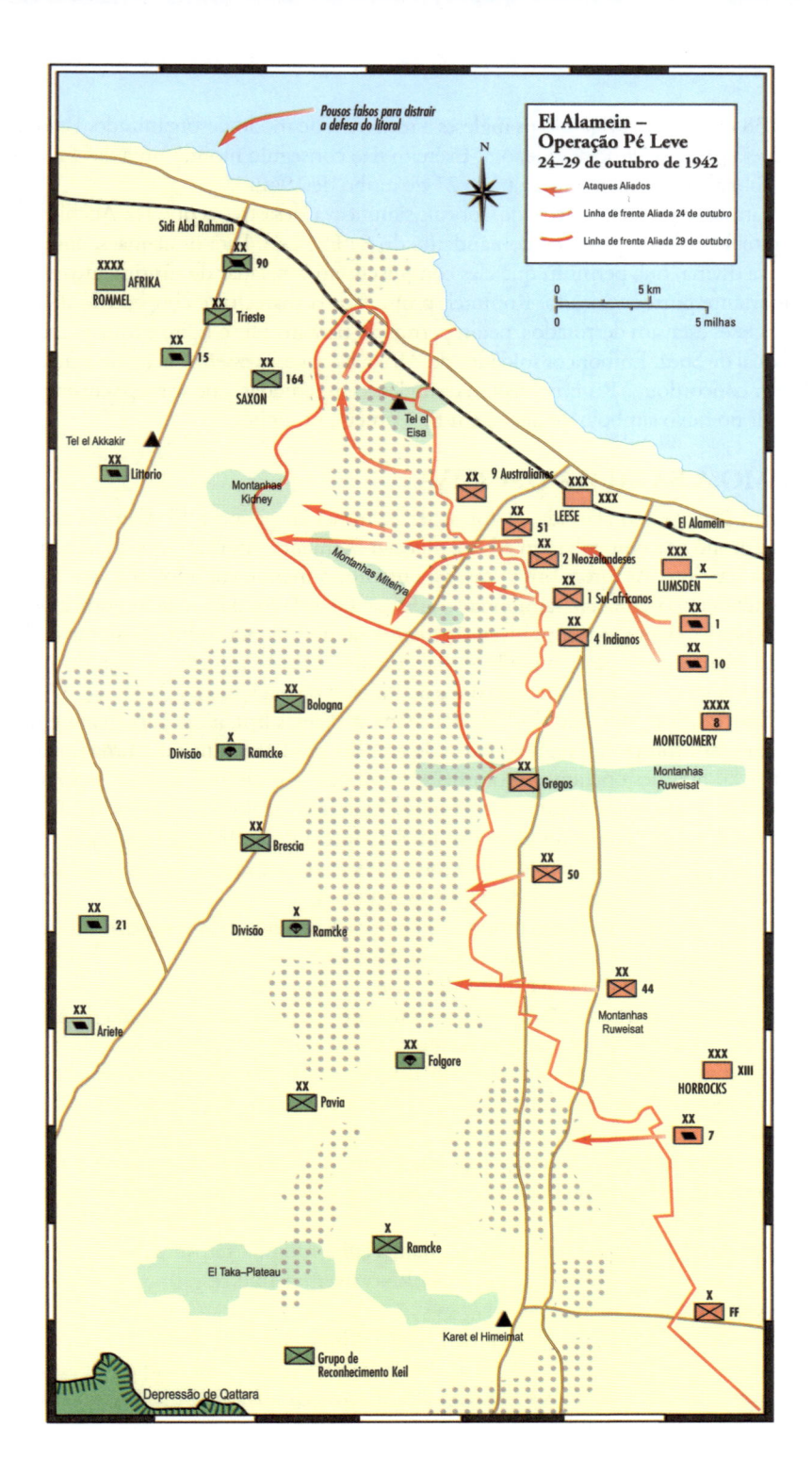

El Alamein – Operação Pé Leve
24–29 de outubro de 1942

NORTE DA ÁFRICA E ITÁLIA

do 138 tanques e obrigando os ingleses a recuarem de modo desorganizado. Pego de surpresa pelo poder do ataque, o 8º Exército não conseguiu montar uma defesa forte em Tobruk, que finalmente caiu em 21 de junho de 1942.

Para os ingleses, a queda de Tobruk significava desastre, o que fez Auchinleck demitir Ritchie do posto de comandante do 8º Exército. Para os alemães, era uma dádiva divina, que permitiu que eles conquistassem toneladas de suprimentos e um importante porto avançado. Rommel, promovido a marechal e convencido de que os ingleses estavam derrotados, pediu permissão para invadir o Egito e tomar Cairo e o Canal de Suez. Embora os soldados do Afrika Korps estivessem à beira da exaustão, Hitler concordou, e Rommel seguiu os ingleses em retiradas, que se preparavam para resistir no novo símbolo de defesa em El Alamein, no Egito.

RUMO À BATALHA DECISIVA

Em perseguição acirrada, as forças de Rommel chegaram a El Alamein no dia 30 de junho e se empenharam em manter seu momento vitorioso intacto, atacando no dia seguinte. As forças britânicas, no entanto, tinham escolhido uma área de estrangulamento perfeita para montar sua defesa. Guardados pelo mar ao norte e pelas areias praticamente intransponíveis da Depressão do Qattara ao sul, o sistema inglês em El Alamein não possuía nenhum flanco vulnerável — impedindo que Rommel usasse sua técnica favorita de aproximação indireta para a vitória.

Em vez disso, as forças do Eixo atacaram as defesas britânicas pela frente e não conseguiram rompê-las, nem ao custo de grandes perdas. Reduzido a uma força de apenas 26 tanques operantes, Rommel mudou para a posição defensiva, esperando a chegada de novos suprimentos e reforços. Embora Auchinleck tenha atingido um tipo de vitória por conseguir deter Rommel, Churchill mesmo assim o substituiu no comando pelo general Harold Alexander, colocando o controle operacional do 8º Exército nas mãos do general Bernard Montgomery.

Diante do quase desastre, os ingleses começaram a investir em suprimentos para suas forças no Egito. Ficou rapidamente óbvio para Rommel que os Afrika Korps, ao fim de uma longa e vulnerável linha de abastecimento e virtualmente ignorados em prol da batalha com a União Soviética, poderiam apenas perder a batalha diante do reabastecimento — e por isso decidiu atacar de novo.

No dia 30 de agosto, as forças do Eixo se moveram entre as montanhas de Alam Nayil e a Depressão de Qattara — mas estavam em desvantagem numérica de mais de dois para um em tanques. Enquanto os ingleses podiam agora contar com tanques americanos avançados, como Grant e Sherman, metade da força de Rommel era formada por tanques italianos quase inúteis. No início, o ataque de Rommel parou em um campo minado, depois entrou em conflito com a 22ª Brigada Armada inglesa nas montanhas Alam Halfa. Quase exterminadas e sofrendo constantes ataques aéreos, as forças do Eixo tiveram que se retirar rapidamente para evitar uma catástrofe.

Em outubro, o 8º Exército reunia 250.000 homens, 1.200 tanques e 750 aviões, enquanto as forças do Eixo tinham apenas 80.000 homens, 489 tanques (dos quais 280 eram modelos italianos obsoletos) e 675 aeronaves. Montgomery, um comandante de exército muito mais capaz que seus predecessores, planejava usar esses recursos em uma batalha chamada "Operação Pé leve".

Abrindo a defensiva em 23 de outubro, a 7ª Divisão Armada lançou um ataque para distrair as atenções contra as linhas alemãs perto da Depressão de Qattara. Em seguida, a principal força inglesa, liderada pelas 1ª e 10ª Divisões Armadas e auxiliada por um grande número de apoio de artilharia, atacou as linhas do Eixo ao norte, perto das montanhas de Miteirya. Embora o preço pago pelos ingleses tenha sido alto, com a perda de quase 300 tanques, a penetração ameaçou toda a posição defensiva alemã. Rommel deslocou virtualmente todas as suas forças móveis na batalha para deter o avanço inglês. A ação seguia a estratégia de Montgomery, que esperava atrair todo o contingente alemão para ataques vulneráveis contra suas formações coordenadas — uma tática usada várias vezes por Rommel no passado.

Abaixo: uma dupla de Afrika Korps com metralhadora em meio às rochas. A guerra do deserto era caracterizada pelo uso de pontos fortes ocupados por infantaria bem posicionada, protegida por arame farpado e campos minados, em batalhas ágeis, conduzidas por "tropas" de tanques. Durante a noite, os tanques se agrupavam nos acampamentos para evitar que fossem levados por agressores.

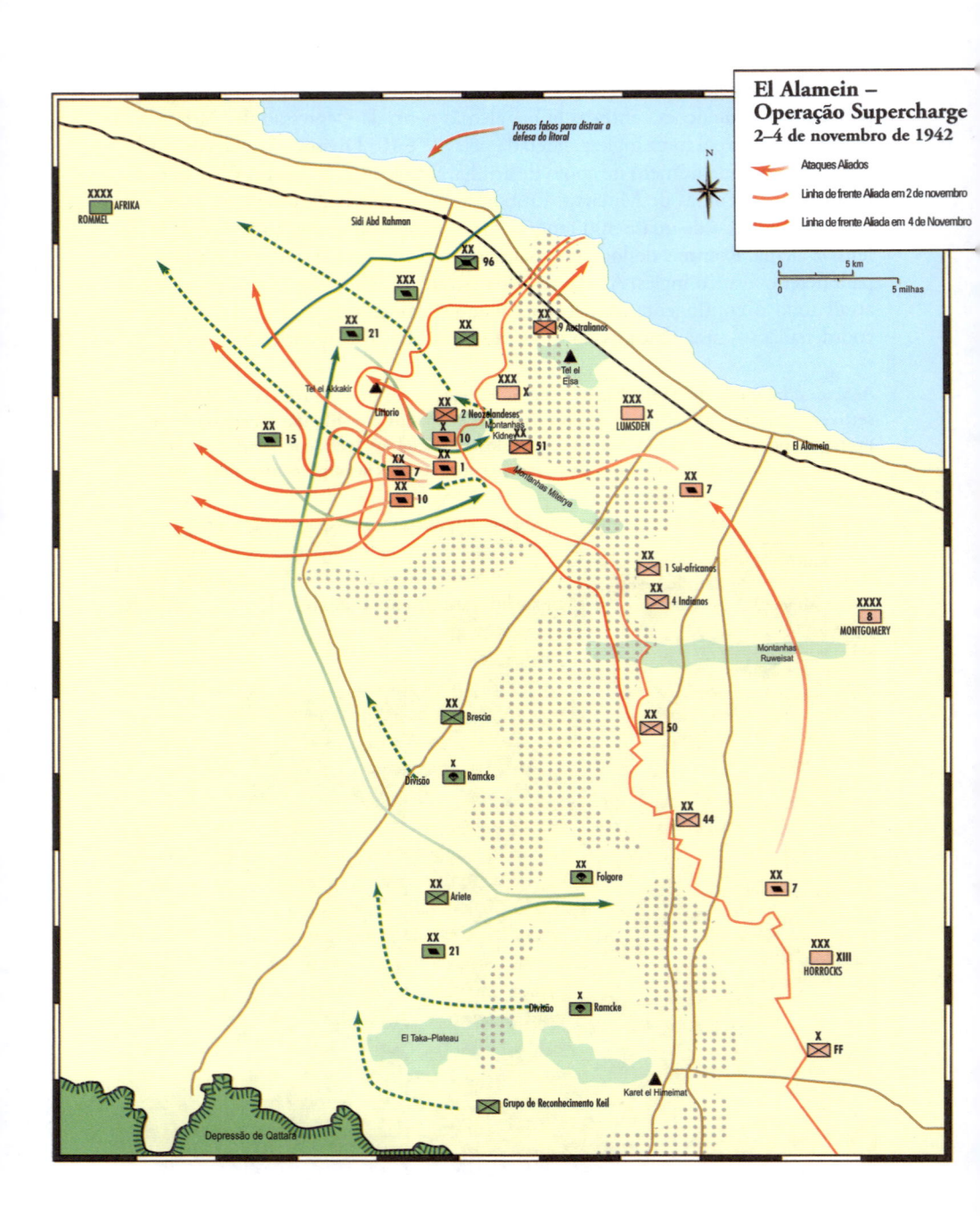

El Alamein – Operação Supercharge
2–4 de novembro de 1942

ROMPENDO O CERCO

Depois de romper o sistema defensivo alemão perto das montanhas Kidney, o general Montgomery não planejava usar a manobra para cercar os defensores alemães. Em vez disso, ele escolheu usar sua superioridade em números e em poder de fogo para atrair Rommel para um ataque fútil, forçando uma batalha direta. Rommel, com motivos para temer um avanço inglês, agiu exatamente como esperado. As 15ª e 21ª Divisões Panzer atacaram as defesas inglesas perto das montanhas Kidney em 27 de agosto, mas foram repelidas depois de perderem mais da metade da força de armamento. Embora as perdas inglesas tivessem sido altas, elas eram suportáveis, ao contrário das alemãs.

Com uma enorme vantagem em armas, Montgomery decidiu iniciar a tentativa de romper o cerco na chamada "Operação Supercharge". Anunciada por uma maciça barragem de artilharia, a infantaria inglesa Dominion abriu uma fresta nas linhas alemãs, explorada pelas forças britânicas. Embora o fogo defensivo das armas antitanques 88 mm inspirasse medo — a 9ª Brigada Armada perdeu 70 de seus 94 tanques — Montgomery continuou a insistir no avanço.

Com suas forças beirando o colapso total, Rommel — depois de convencer um relutante Hitler — finalmente optou por bater em retirada. Sacrificando a maioria das forças de seus aliados italianos, Rommel finalmente conseguiu escapar com uma única brigada e 36 tanques.

ROMPENDO AS DEFESAS

Forçado a improvisar, em 27 de agosto, Rommel iniciou seu contra-ataque mais forte de toda a batalha, lançando as 21ª e 15ª Divisões Panzer contra o exército, a infantaria e a artilharia britânicos em massa, na área ao redor das montanhas Kidney. O ataque, envolvendo 148 tanques, rapidamente se desfez contra a parede de poder de fogo defensivo concentrado e os constantes ataques aéreos. Com apenas 77 tanques restantes, Rommel interrompeu o ataque e teve que trabalhar duro para impedir a dominação britânica.

Embora não tivesse conquistado a quantidade de terreno desejada, Montgomery estava bastante satisfeito. Tendo reduzido o poder de fogo alemão com o conflito, ele agora planejava uma ofensiva batizada de "Operação Supercharge". Enquanto Rommel organizava uma retirada para posições defensivas fora de Fuka, os ingleses atacaram. Em 2 de novembro, a infantaria e a artilharia britânicas lideraram o ataque, abrindo uma fenda explorada pelo exército britânico. Rommel rapidamente deslocou suas unidades móveis e armadas restantes para a área ao sul das montanhas Kidney, e suas armas 88s exigiram um preço alto dos atacantes. A 9ª Brigada Armada inglesa perdeu 70 de seus 94 tanques; no entanto, os ingleses continuaram a avançar. Os alemães também tiveram um custo alto na batalha, ficando com apenas 24 de suas preciosas armas antitanques de 88 mm.

Percebendo que seu contra-ataque tinha falhado, Rommel se preparava para se retirar, mas recebeu ordens de Hitler para continuar a resistir. Foi necessário um dia para conseguir dissuadir Hitler de suas noções equivocadas, e Rommel e seu Panzerarmee Afrika quase enfrentaram a destruição total nas mãos dos ingleses. A maior parte da infantaria do Eixo e das forças mecanizadas entrou na batalha para impedir o avanço dos ingleses e foi destruída, enquanto as forças de elite do Afrika Korps reuniram os meios de transporte e suprimentos que conseguiram para tentar escapar. Com uma força de apenas 36 tanques e uma combinação de sobreviventes de várias unidades

GUERRA DE ABASTECIMENTO

A guerra no norte da África era de muitos modos uma guerra de abastecimento, já que os navios com suprimentos tanto da Inglaterra quanto do Eixo tinham que vencer as perigosas águas do Mediterrâneo para manter seus exércitos no norte da África vivos. No entanto, a entrada da Alemanha no conflito e as posteriores vitórias do Eixo em terra na Grécia e na África do Norte alteraram o equilíbrio de modo desfavorável para a Inglaterra. Ao contrário da guerra no Atlântico, todo o Mediterrâneo estava sujeito a ataques aéreos. Com suas vitórias, o Eixo conquistou a maior parte de bases aéreas do Mediterrâneo central — deixando as linhas de abastecimento inglesas em grande perigo. Os ingleses tinham apenas a pequena ilha de Malta, a 110 km ao sul da Sicília, como um elo vital aéreo e marítimo na área. Submarinos e aeronaves aportados em Malta poderiam virtualmente atacar qualquer rota de abastecimento do Eixo, geralmente causando danos consideráveis em remessas valiosas. Dessa forma, Malta se tornou alvo de bombardeios incessantes e vivia com a constante ameaça de invasão. O contingente lá iria permanecer intacto, entretanto, tendo um papel fundamental no conflito do Mediterrâneo. Em reconhecimento a seu importante papel, a pequena ilha recebeu a Cruz de George, a mais alta condecoração civil, do rei George VI.

que somados igualavam-se a uma brigada, os alemães saíram do Egito lutando por suas vidas contra o poderoso, confiante e vitorioso 8º Exército de Montgomery.

OPERAÇÕES NAVAIS NO MEDITERRÂNEO

A luta de avanços e recuos pelo norte da África frequentemente estrangulou a disponibilidade de suprimentos carregados por navios mercadores navegando pelas perigosas águas do mar do Mediterrâneo. As rotas marítimas de abastecimento inglesas já eram longas e perigosas, seguindo pelo sul através do Atlântico e pelo Estreito de Gibraltar. Foi a entrada da Itália no conflito, no entanto, que piorou a situação, pois a marinha italiana possuía seis couraçados, 18 cruzadores, 60 destróieres e mais de 100 submarinos. Em desvantagem numérica e de armamento, a tropa inglesa do Mediterrâneo, sob o comando do almirante Andrew Cunningham — junto com a Força H baseada em Gibraltar — teve que proteger as rotas de abastecimento para a África, assim como apoiar a base inglesa isolada em Malta.

De importância vital, a pequena ilha de Malta estava no meio das rotas de abastecimento do Eixo para o norte da África e representava a única base aérea inglesa no Mediterrâneo central. Com uma força naval e um contingente aéreo reduzidos, a guarnição inglesa em Malta periodicamente atacava os navios de abastecimento do Eixo, mas estava em constante ameaça de bombardeios e invasões. Na verdade, a pequena Malta se tornou um dos pontos principais do conflito no norte da África.

Embora em desvantagem numérica, os ingleses tinham uma considerável vantagem tecnológica sobre seus inimigos italianos. A Esquadra do Mediterrâneo tinha um serviço de inteligência supe-

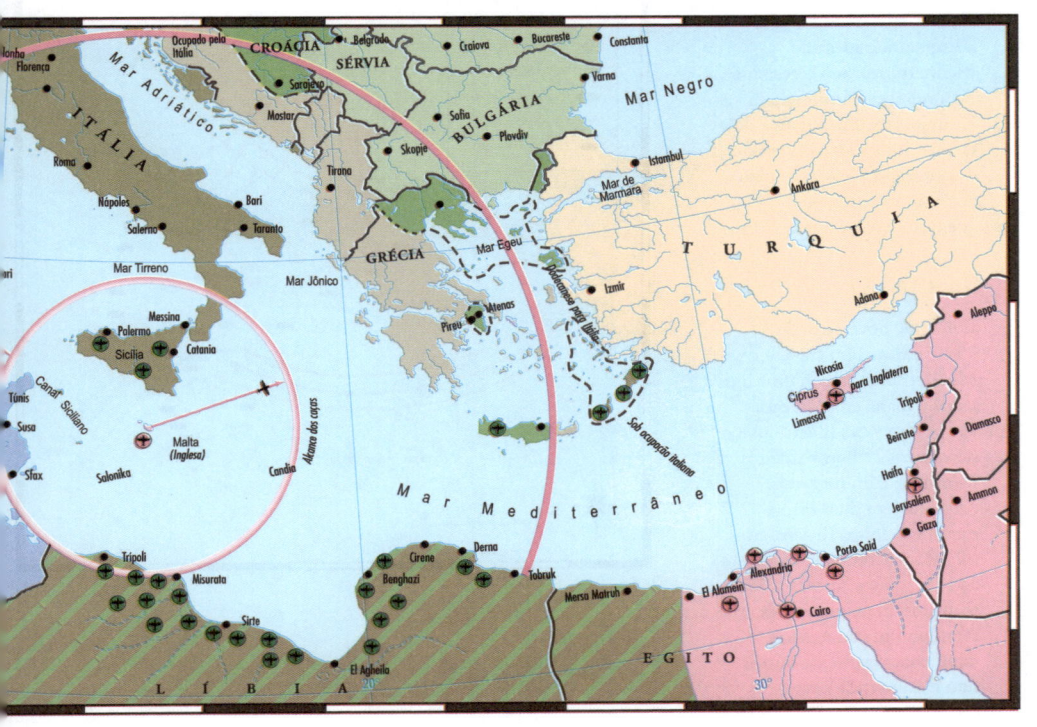

O Mediterrâneo
Fim de 1942

- Sob ocupação da Alemanha ou do Eixo
- Aliado à Alemanha
- Território Italiano
- Sob ocupação da Itália
- Aliado ou sob ocupação Aliada
- Francês, sob controle de Vichy
- Ocupado pelo Eixo
- Países neutros
- Rota de comboio Aliado
- Rota de comboio do Eixo
- Campo aéreo Aliado
- Campo aéreo do Eixo

NORTE DA ÁFRICA E ITÁLIA

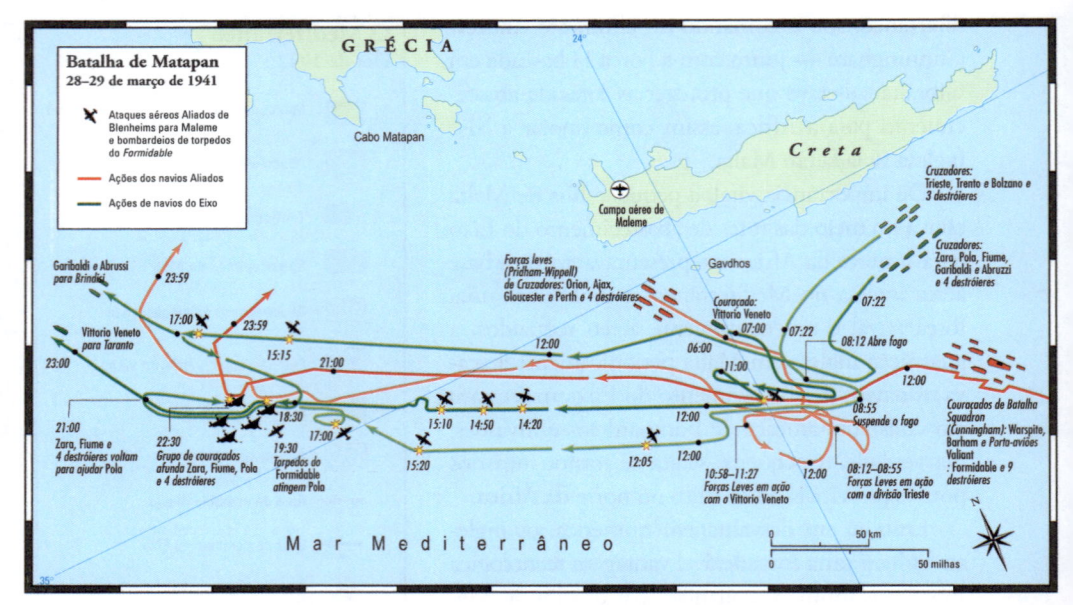

CABO MATAPAN

Em 27 de março de 1941, a Esquadra Inglesa do Mediterrâneo, sob o comando do almirante Cunningham, afundou três cruzadores e dois destróieres italianos e danificou o couraçado Vittorio Veneto, ao custo da perda de apenas uma aeronave.

TÁRANTO

Em 11 de novembro de 1940, a Esquadra Inglesa do Mediterrâneo atacou uma base naval italiana em Táranto. Do porta-aviões Illustrious decolaram 21 bombardeiros Swordfish com torpedos. Atacando em duas etapas durante a noite, 10 aeronaves iniciaram incêndios, enquanto as 11 restantes lançaram os torpedos. O ataque inglês afundou um couraçado e danificou seriamente outros dois e dois cruzadores.

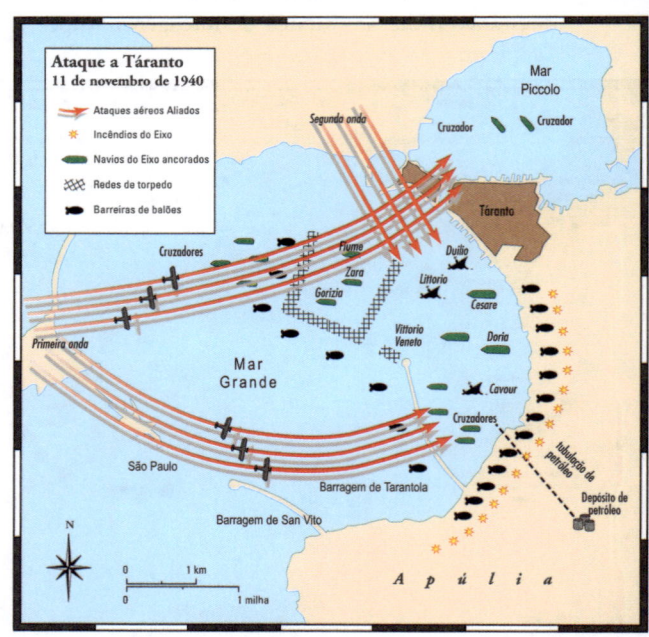

106 SEGUNDA GUERRA MUNDIAL

rior graças aos interceptadores Ultra, e o uso de radares permitia que os ingleses voassem durante a noite, habilidade que os italianos não tinham, além de poder pedir reforço dos porta-aviões **Illustrious** e **Formidable**. Agressivo no comando, Cunningham enxergou além de sua inferioridade numérica para começar a agir.

Temeroso que os remanescentes da esquadra francesa caíssem em mãos alemãs, em julho de 1940, Cunningham destruiu as forças francesas que restavam em Mers el Kebir e Oran. Em seguida, em novembro de 1940, a Esquadra do Mediterrâneo lançou um ataque ousado e preventivo na principal base da esquadra italiana em Taranto. O porta-aviões inglês **Illustrious** navegou até uma distância que deixasse a supostamente segura base dentro de seu alcance e orquestrou um ataque com 21 Swordfish biplanos obsoletos. Voando durante a noite, os pilotos lançaram 11 torpedos na esquadra italiana ancorada, afundando um couraçado e danificando

PEDESTAL

Em 10 de agosto de 1942, um comboio de 14 navios mercadores, 3 porta-aviões, 2 couraçados, 4 cruzadores e 14 destróieres deixaram Gibraltar para reabastecer Malta, que estava com falta de suprimentos. O comboio, chamado Operação Pedestal, enfrentou ataques constantes de aeronaves e submarinos do Eixo.
Às 1h15min da tarde seguinte, o porta-aviões Eagle foi afundado. Os ataques eram tão intensos que alguns dos navios ingleses mais pesados eram forçados a se afastar, e três cruzadores e um destróier foram perdidos. Finalmente, ao meio-dia de 13 de agosto, o que restava do comboio chegou a Malta. Apenas cinco navios completaram a viagem, mas um deles era um precioso tanque de combustível.

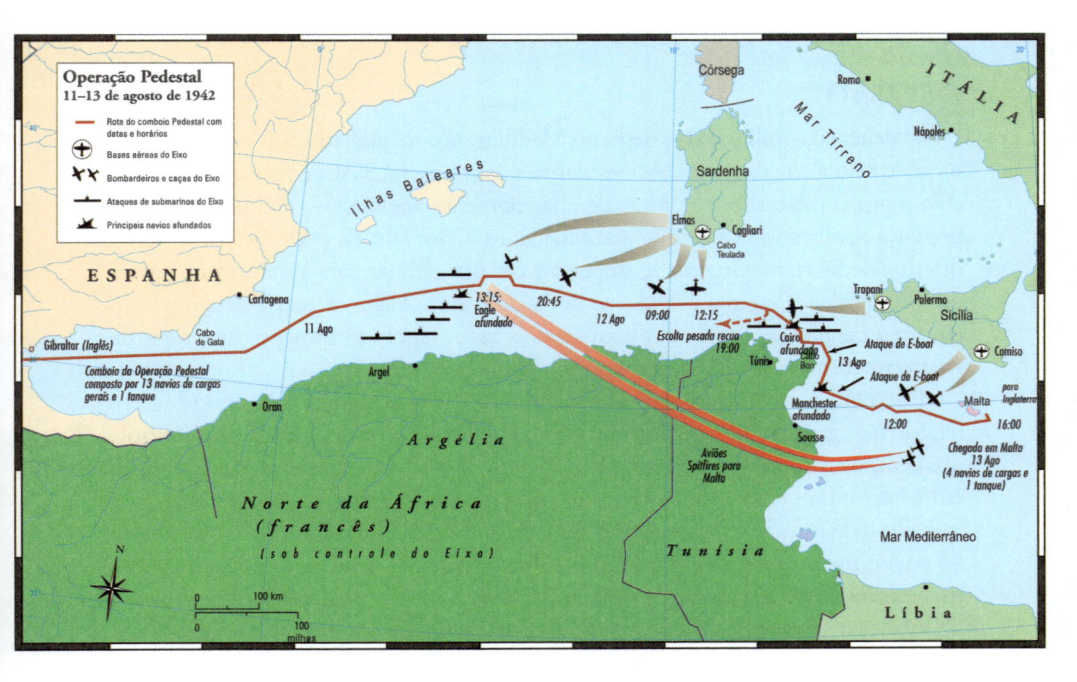

outros dois, incluindo o poderoso **Littorio**, além de dois cruzadores. O bem-sucedido ataque ajudou a equilibrar a balança de poder no Mediterrâneo e forçou a marinha italiana a se deslocar para bases mais distantes na costa oeste — e deixou os italianos reticentes sobre testar o poder inglês.

O declínio da sorte italiana no norte da África e a intervenção inglesa na Grécia arrancaram a marinha italiana de sua letargia. Inicialmente relutantes em atacar navios ingleses na e ao redor da Grécia, a entrada dos alemães no conflito ajudou as forças italianas a entrarem em ação. Em 27 de março, uma considerável força naval italiana se formou na costa da Sicília — incluindo um couraçado, o **Vittorio Veneto**, oito cruzadores e nove destróieres — esperando destruir as embarcações inglesas no norte de Creta.

No entanto, devido a uma falha no sistema de inteligência, os ingleses sabiam das intenções italianas e iniciaram uma ofensiva do mar de Alexandria no mesmo dia, com uma força de três couraçados e um porta-aviões, além de uma série de cruzadores e destróieres. Na manhã seguinte, em uma ação conhecida como a Batalha do Cabo Matapan, um ataque de bombardeiros torpedos pegou a força italiana desprevenida, danificando o **Vittorio Veneto** e incapacitando o cruzador pesado **Pola**. Enquanto parte da esquadra de Iachino voltava para casa com o **Vittorio Veneto**, alguns ficaram para trás com o atingido **Pola**. Em uma batalha noturna, os navios de superfície ingleses atacaram o restante das forças italianas, afundando três cruzadores pesados e dois destróieres.

A vitória foi importante e deixou e esquadra italiana em postura defensiva e incapaz de interromper a evacuação inglesa da Grécia e de Creta.

DECISÃO

O delicado equilíbrio da guerra no Mediterrâneo foi alterado pela entrada alemã na guerra do norte da África. Aviões alemães com base na Sicília e no norte da África colocaram pressão sobre as rotas de abastecimento inglesas — e anunciaram sua presença danificando severamente o **Illustrious**. Com falta de poder aéreo, a Esquadra do Mediterrâneo inglesa se dispersou em um esforço para garantir que navios importantes chegassem a Malta e ao norte da África. Assim, a guerra se configurou em uma batalha de comboios, com os dois lados tentando proteger suas rotas de abastecimento e interditar as rotas do inimigo.

Em 1942, a atividade alemã no Mediterrâneo atingiu o auge, colocando Malta e o esforço de guerra inglês no norte da África em perigo. Com a Luftwaffe no controle dos céus, os comboios britânicos na área eram severamente atacados, e a guarnição em Malta estava com falta de todos os tipos de suprimentos. Em um esforço para impedir o desastre, em 10 de agosto de 1942, os ingleses iniciaram um comboio de 14 navios mercadores que iriam de Gibraltar a Malta — protegidos por uma poderosa escolta de três porta-aviões, dois couraçados, quatro cruzadores e 14 destróieres.

Aviões e submarinos do Eixo atacaram severamente o comboio — afundando nove navios comerciantes, o porta-aviões **Eagle**, três cruzadores e um destróier. Apesar do custo alto, o número de navios a terminar a jornada, incluindo o único tanque de combustível, foi suficiente para evitar a crise em Malta.

No final, a batalha no Mediterrâneo foi decidida pelo destino da batalha no Norte da África. Com a Alemanha envolvida na guerra na Rússia, no fim de 1942 os ingleses — contando com o apoio de rotas de abastecimento fora do Mediterrâneo — conseguiram esmagar a força de Rommel em El Alamein.

A retirada alemã para a Tunísia no leste, além dos pousos Aliados no oeste da África, significou a conquista de várias bases aéreas, e o equilíbrio da guerra aérea no Mediterrâneo se voltou contra a Luftwaffe. Reconquistando o comando do ar, os Aliados atacaram várias linhas de abastecimento do Eixo na Tunísia, ajudando a forçar sua rendição. Com a Luftwaffe derrotada, os poucos navios de superfície italianos que restavam não tinham condições de impedir que aviões Aliados pousassem na Sicília — a guerra no Mediterrâneo tinha chegado ao fim.

RETIRADA DO EIXO E INVASÃO ALIADA

Desgastada, derrotada e praticamete sem suprimentos, a Panzerarmee Afrika de Rommel seguiu para o oeste, com o 8º Exército de Montgomery em seu encalço. Com uma força de apenas 4.000 homens, 24 armas 88 mm, 40 unidades de artilharia e 11 tanques em condições de servir, Rommel tinha motivos para temer a destruição por completo.

De tempos em tempos, Rommel realizava paradas em pontos defensivos estratégicos para permitir que seus exaustos soldados descansassem; no entanto, ao primeiro sinal de movimento inglês, o Panzerarmee Afrika escapava mais uma vez, deixando uma força para trás para cobrir seus rastros. Montgomery avançava com cautela, perdendo a chance de flanquear Rommel em Mersa Brega.

Sob constante pressão, Rommel evacuou sucessivas linhas de defesa na Líbia, abandonando o importante porto de Trípoli em 23 de janeiro. Em 1º de fevereiro, ele alcançou a segurança da Linha de Mareth na Tunísia. No final de uma longa linha de abastecimento, Montgomery esperava fora de Trípoli para se reabastecer.

A decisão alemã de se retirar para a Tunísia era largamente forçada por uma nova ação no oeste da África. Pressionados a abrir um segundo fronte pelos soviéticos, mas ainda não prontos para invadir a Europa, os Aliados decidiram realizar a Operação Tocha, a invasão do norte da África. Entre muitos generais seniores, os Aliados escolheram o general Dwight Eisenhower para ser o comandante geral. Esperando que Rommel cometesse um erro, muitos estrategistas Aliados defendiam avanços até Bone, perto da Tunísia. No fim, o plano foi rejeitado por ser arriscado demais, e a maioria dos pousos Aliados era realizada em Casablanca, Oran e Algiers nas colônias africanas da Vichy francesa.

Com mais de 100.000 homens na área, a Vichy francesa, se resolvesse resistir, era capaz de atrasar significativamente os planos Aliados. Após negociações clandestinas com Vichy, em 8 de novembro uma esquadra maciça de mais de 600 navios chegou em vários pontos. A resistêncide Vichy foi pontual, mas um embate pesado se iniciou perto de Oran. Em 11 de novembro, o comandante de Vichy, almirante Darlan, fez

TOCHA

Em 8 de novembro de 1942, uma força anglo-americana, comandada pelo general Dwight Eisenhower, iniciou a Operação Tocha. Mais de 600 navios, alguns navegando direto dos EUA, carregavam cerca de 70.000 homens para ataques em Casablanca, Oran e Algiers, nas colônias na África do norte da Vichy francesa. Embora muitos tenham resistido a princípio, em 11 de novembro, o comandante de Vichy, almirante Darlan, convenceu a maior parte de suas forças a se unir aos Aliados. As tropas inglesas e americanas conseguiram, assim, se dirigir rapidamente para a Tunísia, encurralando as forças do Eixo.

Operação Tocha
8 de novembro de 1942
- Zona de pouso de pára-quedistas Aliados
- Pousos e ataques Aliados
- Pousos alemães
- Linha defensiva alemã

um acordo com Eisenhower, e suas forças se uniram aos Aliados. O tratamento especial dado a Darlan indignou o líder das forças livres francesas, Charles de Gaulle, mas permitiu que as forças Aliadas avançassem para a Tunísia.

Quando Rommel chegou na Linha de Mareth, a situação de comando do Eixo estava confusa. Sob o comando geral nominal italiano, Rommel liderou o Panzerarmee Afrika, enquanto a maior parte dos novos reforços da Tunísia estava na 5ª Divisão Panzer, comandada pelo general Jurgen von Arnim. Enquanto Montgomery esperava fora de Trípoli, Rommel e Arnim viram a chance de atacar as forças norte-americanas na Tunísia ocidental. Rommel propôs um ataque na base de abastecimento norte-americana em Tebessa, na Argélia, enquanto Arnim queria atacar mais ao norte, na Tunísia, em Beja. No fim, os dois ataques foram realizados, deixando os atacantes em severa desvantagem numérica em relação aos defensores Aliados.

Em 14 de fevereiro de 1943, membros da 21ª Divisão Panzer iniciaram o embate, massacrando tropas inexperientes da II Corporação dos EUA em Sidi Bou Zid e permitindo que a 21ª Divisão Panzer alcançasse Sbeitla em apenas três dias. Mais ao sul, Rommel tinha removido forças de defesa da Linha de Mareth e se deslocado para o norte, avançando por Feriana na direção do estrangulamento de Kasserine.

Certo de que uma grande vitória o aguardava, Rommel desdenhou a vontade de Arnim para que a 21ª Divisão Panzer continuasse para o norte, se afastando da vulnerável Tebessa. Frustrado, Rommel liderou os Afrika Korps e a 10ª Divisão Panzer contra as defesas americanas da Passagem de Kasserine, que caiu depois de um embate de dois dias. Atrasada, a liderança do Eixo percebeu que a recusa de Arnim de apoiar Rommel tinha sido grave, colocando Rommel no comando de todas as forças do Eixo na Tunísia. A 10ª Divisão Panzer se deslocou para Thala enquanto Rommel rumava com a Afrika Korps para Tebessa.

Abalados, mas não desmoralizados, ingleses e norte-americanos se apressaram para reforçar o cenário e lideraram um ataque aéreo contra os alemães. As forças

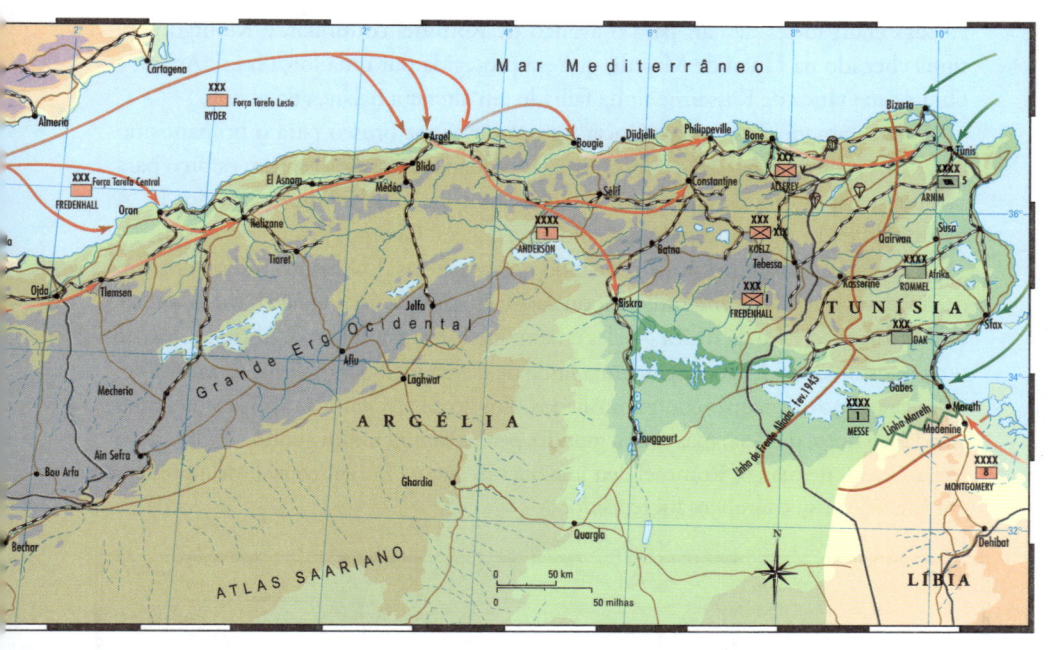

TUNÍSIA

Depois de El Alamein, a Panzerarmee Afrika estava enfraquecida demais para oferecer resistência real ao vitorioso 8º Exército e poderia apenas tentar atrasá-lo em linhas de defesas naturais. A situação era tão ruim que Rommel teve que abandonar 10.000 toneladas de suprimentos vitais em 13 de novembro, quando suas forças deixaram Tobruk. Correndo pela estrada na costa, as forças do Eixo conseguiram evitar ser capturadas em Mersa Brega, montando uma linha de defesa perto de Burerat e depois perto do importante porto de Trípoli. A cada parada, Montgomery tentava flanquear manobras para o sul — levando a um recuo maior do Eixo. Por fim, em 1º de fevereiro, os homens exaustos de Rommel alcançaram a segurança da Linha Mareth, na Tunísia.

Aliadas eram fortes demais para o avanço de Rommel continuar, e Montgomery tinha chegado na Linha de Mareth, que era protegida por uma força fraca. Assim, a obra-prima tática de Kasserine tinha falhado em alterar a balança da guerra.

Para os americanos, a experiência foi um despertar brusco para o brilhantismo tático dos militares alemães e a força de suas unidades armadas. Em um esforço para sacudir sua estrutura de comando, Eisenhower colocou a II Corporação dos EUA nas mãos de um novo e ousado comandante: general George Patton.

Nessa altura, Rommel tinha concluído que as defesas do Eixo na Tunísia estavam destinadas a perder. No entanto, o bloqueio Aliado significava que não havia como retirar as forças do Eixo da África — elas teriam que continuar lutando. Abrindo mão de uma oportunidade de recuar para uma linha de defesa melhor em Tunis, Rommel decidiu lançar novos ataques contra os Aliados. Em 26 de fevereiro, Arnim atacou linhas Aliadas ao norte de Beja, mas sofreu grandes perdas sem nenhum ganho, tendo que se retirar. Em 6 de março, Rommel deu início a um ataque frontal contra Montgomery em Medenine, que também foi repelido.

KASSERINE

Rommel viu a oportunidade de resposta contra os americanos na Tunísia e propôs que suas forças se unissem ao 5º Exército de Arnim na direção da maior base de abastecimento dos EUA na Argélia. Arnim, no entanto, não apoiou o plano, atacando e conquistando Sidi Bou Zid em 14 de fevereiro. Rommel queria continuar na direção da Passagem de Kasserine, mas Arnim preferiu dirigir uma quantidade considerável de forças ao norte, para Sbiba. Frustrado, Rommel avançou para Kasserine mesmo assim e, em 19 de fevereiro, teve uma brilhante vitória contra as forças superiores norte-americanas. O ataque foi fraco demais e não atingiu todos seus objetivos, no entanto, com Rommel obrigado a enviar tropas de volta para a Linha Mareth para impedir o avanço de Montgomery.
Depois de Kasserine, o comando de todas as tropas do Eixo na Tunísia finalmente foi dado a Rommel. Mas era tarde demais, pois a superioridade das forças Aliadas em homens e materiais se tornou insuperável. Os alemães tentaram mais dois ataques, um ao norte liderado por Arnim e outro diretamente contra as defesas de Montgomery em Medenine, perto da Linha Mareth.
Os Aliados lançaram uma ofensiva de duas frentes para emboscar as forças do Eixo na Linha Mareth, com a II Corporação dos EUA avançando de Feriana na direção da costa enquanto Montgomery tentava flanquear a linha em si. O resultado foi que os defensores alemães recuaram para Wadi Akarit, mas acabaram sendo derrotados e finalmente retrocederam para Enfidaville.

A QUEDA DA TUNÍSIA

Com o ânimo e a saúde abalados, em 9 de março de 1943 Rommel deixou o norte da África para se recuperar na Alemanha, deixando o vacilante exército alemão nas mãos de Arnim. Em 17 de março de 1943, a II Corporação dos EUA, sob a liderança de Patton, atacou ao leste de Feriana, ameaçando a defesa da Linha de Mareth. Três dias depois, Montgomery realizou um custoso ataque frontal na linha alemã — que tinha como objetivo manter os inimigos no lugar. Mais ao sul, membros do 8º Exército avançavam para cercar o flanco na Linha de Mareth, e em 27 de fevereiro eles alcançaram El Hamma.

A ação, no entanto, foi lenta demais, e a maioria dos alemães escapou para o norte por uma nova linha de defesa em Wadi Akarit. Sofrendo ataques

O FINAL NA ÁFRICA

Os defensores do Eixo em Túnis eram muitos em número, mas o sucesso do bloqueio Aliado causou falta de suprimentos de todos os tipos. Sem apoio aéreo e com desvantagem numérica de seis para um em terra e de 15 para um em armamento, o esforço alemão e italiano na África do Norte estava perto do fim. Montgomery abriu a ação com um ataque para desviar as atenções nas poderosas defesas alemãs perto de Enfidaville, seguido por um ataque do 1º Exército da Inglaterra de das Forças Livres francesas no centro do sistema defensivo alemão. Mais ao norte, a II Corporação dos EUA atacou em Bizerta.

Em maio de 1943, as linhas de frente alemãs tinham sido reduzidas e as forças do Eixo estavam sem suprimentos. Em 6 de maio, as forças inglesas lançaram a Operação Vulcão com ataques aéreos e de artilharia que acabaram com os últimos armamentos da Alemanha na área. Finalmente, em uma situação desesperada, o restante da antigamente ponderosa Afrika Korps se desintegrou, deixando a rota para Tunis e Bizerta aberta, e as duas cidades caíram sem batalhas. Ao norte da península da Tunísia, forças Aliadas acabaram com o que restava da resistência alemã. Em um desastre que se igualava apenas à Batalha de Stalingrado na União Soviética (ocorrida apenas alguns meses antes), cerca de 150.000 homens do Eixo caíram diante dos Aliados.

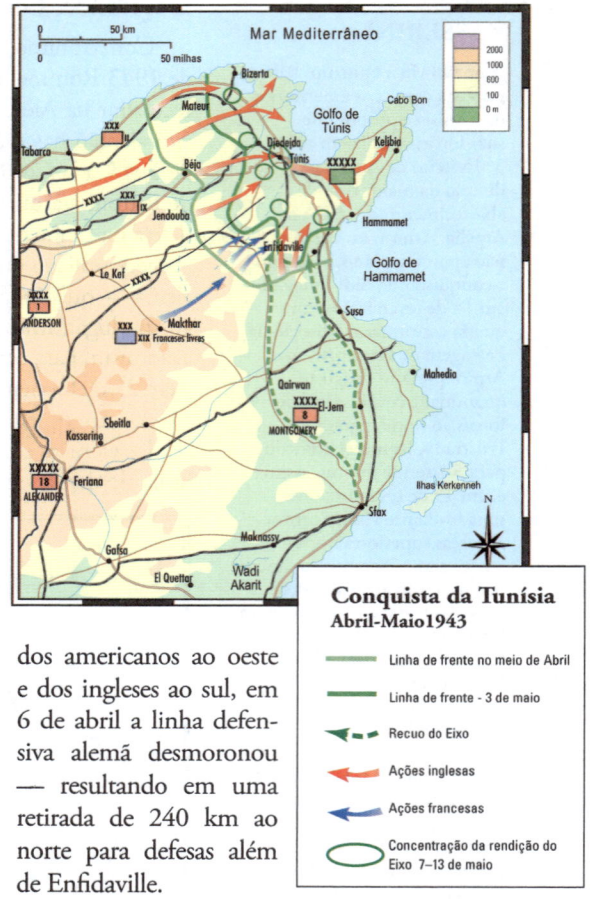

dos americanos ao oeste e dos ingleses ao sul, em 6 de abril a linha defensiva alemã desmoronou — resultando em uma retirada de 240 km ao norte para defesas além de Enfidaville.

Os Aliados lentamente reuniram uma maciça força ao redor das cercadas defesas do Eixo. No total, os Aliados agora tinham uma vantagem de seis homens para um, 15 armas para uma e poder aéreo quase incontestável nos céus do campo de batalha.

O ataque em Túnis começou com um avanço do 8º Exército perto de Enfidaville para desviar as atenções. Os ataques principais, no entanto, vieram do norte. O 1º Exército britânico atacou o centro das defesas alemãs, enquanto a II Corporação dos EUA, agora sob comando do general Omar Bradley, atacou ao norte.

Constante pressão e apoio da artilharia resultaram na II Corporação se aproximando da cidade de Bizerta, a cerca de 120 km de Túnis, enquanto o general Arnim expandiu os restos de seus preciosos recursos na tentativa de anular os dois avanços simultâneos. O general Alexander, comandando o I Exército inglês, suspendeu o ataque em Enfidaville, adicionando duas unidades armadas ao 1º Exército no centro.

O 1º Exército iniciou seu climático ataque final, chamado de Operação Vulcão, em 6 de maio de 1943, no Vale de Medjerda. Maciços ataques aéreos e de artilharia precederam o avanço inglês, destruindo o que sobrara da blindagem alemã. A resistência alemã, consequentemente, entrou em colapso. As colunas inglesas se moveram sem encontrar resistência, enquanto os americanos dominaram Bizerta sem precisar lutar. A guerra no norte da África tinha chegado ao fim, conforme 150.000 soldados do Eixo se renderam em um desastre conhecido como 'Tunisgrado'.

A derrota foi um golpe para a moral das forças do Eixo. O mestre da estratégia Rommel teve um desempenho admirável em batalha diante da contenção de forças que enfrentava — ele constantemente bombardeava o Alto Comando Alemão com pedidos por mais homens. Hitler ignorou seus pedidos por apoio quando o momento da vitória era oportuno, mas ironicamente mandou reforços em massa para a área quando a rendição após a derrota era certa.

A INVASÃO DA SICÍLIA

Os Aliados resolveram, em seguida, iniciar a Operação Husky: a invasão da Sicília. Com Eisenhower no comando geral, o general inglês Alexander fazia o papel de comandante de campo na operação. Seu plano pedia que o 8º Exército de Montgomery pousasse perto de Siracusa e fosse para o norte, na direção de Messina. Patton e seu 7º Exército se mobilizariam para a costa sul da Sicília e protegeriam o flanco para o avanço de Montgomery. Mussolini esperava defender a Sicília apenas com tropas italianas, mas na época da invasão duas Divisões Panzer estavam disponíveis — sob o comando do Marechal de campo Albert Kesselring.

Em 10 de julho de 1943, os Aliados atacaram, surpreendendo os defensores do Eixo, com várias divisões italianas sendo destruídas. Ciente do problema, Kesselring recuou a maior parte de suas forças para a área ao redor do Monte Etna, na tentativa de promover uma rota de fuga aberta para Messina e eventualmente para a própria Itália.

Assim, o caminho ficou livre para os Aliados avançarem. Montgomery fez uma parada para se reagrupar antes de ser interrompido perto do Monte Etna pelas tropas de elite de Kesselring. Mais para o oeste, o 7º Exército de Patton passou pela fraca resistência italiana e, em 22 de julho, capturou Palermo na costa norte da Sicília.

Agora os dois exércitos Aliados seguiam para Messina, com a batalha se tornando uma espécie de corrida para capturar a cidade portuária. O ritmo de Patton, no entanto, diminuiu quando ele enfrentou defesas alemãs. Deixando as forças retardatárias para trás, em 11 de agosto os alemães começaram sua retirada pelo Estreito de Messina. Embora os Aliados tenham tentado vários pousos anfíbios para impedir a retirada dos alemães — e considerando que, diante da fraca resistência, em 17 de agosto Patton venceu a corrida para Messina — as forças de Kesselring conseguiram fugir.

A INVASÃO DA ITÁLIA

A queda da Sicília teve enormes repercussões. Em 24 de julho, o rei Vitório Emanuel III demitiu Mussolini, levando-o para a prisão, e nomeou o Marechal Pietro Badoglio como novo chefe do governo italiano. Badoglio rapidamente começou a buscar a paz com os Aliados.

Esperando traição, os alemães enviaram forças adicionais para a Itália para enfrentar a iminente invasão Aliada. Além disso, forças especiais alemãs resgataram Mussolini de sua prisão no topo de uma montanha. Hitler instalou Mussolini como um governador títere do novo Estado fascista no norte da Itália. Durante esse tempo, Badoglio andava na corda bamba — esperando realizar um acordo secreto para se unir aos Aliados, enquanto tentava evitar a fúria de Hitler. Controversamente, os Aliados abriram mão de suas exigências para rendição incondicional, e a Itália deixou o Eixo e se juntou aos Aliados em 3 de setembro de 1943.

No mesmo dia, o 8° Exército de Montgomery cruzou o Estreito de Messina e pousou na ponta da bota italiana sem resistência. Seis dias depois, mais membros das

Abaixo: habitantes locais observam os tanques ingleses Valentine entrarem em Túnis. A rendição, na África do Norte, das forças do Eixo — recentemente reforçadas por Hitler — representou um significativo impulso para a moral dos Aliados. O mundo esperava para ver o próximo local que os Aliados escolheriam para desembarcar no continente europeu. O presidente Roosevelt e seus conselheiros queriam a França, enquanto Churchill queria libertar a Grécia e os Bálcãs.

forças de Montgomery pousaram em Táranto, novamente sem oposição. A principal força Aliada, no entanto, pousou em Salerno, sul de Nápoles, e se deparou com um severo desafio. Lá, o 5º Exército Anglo-Americano, sob comando do general Mark Clark, pousou em uma praia cercada por montanhas que oferecia aos alemães fortes posições defensivas. A 29ª Divisão alemã iniciou um contra-ataque poderoso. Acuada até quase o mar, a força de Clark se manteve em uma desesperada linha defensiva com tropas de baixo escalão. Finalmente, após seis dias de um embate amargo, ao 5º Exército de Clark se uniu o de Montgomery, avançando do sul.

Lentamente, as forças alemãs começaram a ceder, lutando num último esforço por entre os desfiladeiros rochosos das montanhas dos Apeninos. O 10º Exército Alemão, liderado por Heinrich Vietinghoff, usou uma série de posições de recuo e lutou com grande habilidade, diminuindo o avanço Aliado para um ritmo rastejante. Ao mesmo tempo, os alemães se ocupavam da preparação da Linha Gustav, ancorada no ponto de estrangulamento no Monte Cassino. Forças Aliadas aos poucos encontraram essas formidáveis defesas, e o ataque terrestre fez uma pausa, com apenas o 5º Exército tendo sofrido 90.000 baixas para a luta e o tempo ruim.

A LINHA GUSTAV

Ao fim de 1943, uma grande mudança de comando aconteceu nas forças Aliadas na Itália. Em preparação para a invasão da Normandia, Eisenhower e Montgomery deixaram o cenário, ficando Alexander no comando das forças Aliadas no país, enquanto o general Oliver Leese assumiu o comando do 8º Exército. As defesas alemãs ao longo da Linha Gustav eram intimidantes, incluindo barreiras de armas, bunkers de concreto, arame farpado e campos minados, tudo isso guardado por 15 divisões alemãs como parte do 10º Exército. Contra a praticamente impenetrável defesa, Alexander escolheu uma ofensiva de duas frentes, envolvendo um ataque do 5º Exército de Mark Clark pelo Vale Liri até o Monte Cassino, o eixo do sistema defensivo alemão. Embora Clark não tenha conseguido romper as defesas, ele conseguiu manter os alemães presos no lugar. Em 22 de janeiro de 1944, a segunda fase da ofensiva Aliada começou, e um desembarque em Anzio, atrás da linha Gustav, pegou os alemães desprevenidos. Na Operação Shingle, a VI Corporação Norte-Americana do 5º Exército, sob comando do general John Lucas, pousou em Anzio, encontrando oposição muito leve. O plano previa que a VI Corporação se deslocasse pelas Montanhas Albano, cerca de 30 km adentro, para flanquear as defesas da Linha Gustav, causando sua retirada.

Convencido, no entanto, de que Kesselring reagiria rapidamente, Clark permitiu que Lucas parasse para organizar sua força defensiva antes de adentrar o terreno. A considerável pausa deu aos alemães a oportunidade de reagir. Reunindo nove divisões, contra apenas três divisões localizadas em Anzio, os alemães pararam o cauteloso avanço em Anzio, cercando os desafortunados soldados na praia. A chance para um rápido golpe contra a Linha Gustav tinha sido perdida.

OPERAÇÃO HUSKY

Em 10 de julho de 1943, os Aliados iniciaram a Operação Husky, a invasão da Sicília, com o 7º Exército de Patton pousando na área de Licata, no sul da Sicília, e o 8º Exército de Montgomery indo para perto de Siracusa.

Com as forças italianas se dissolvendo, o comandante do Eixo na área, Kesselring, percebeu que a defesa da Sicília era impossível. Montgomery, indo para o norte na direção de Messina, forçou Kesselring a concentrar suas poucas divisões alemãs no terreno acidentado do Monte Etna, em um esforço para preservar sua única rota de fuga. Ao sul, Patton, que apenas deveria dar proteção para o flanco de Montgomery, encontrou pouca resistência dos italianos.

Por isso, ele seguiu para o norte e, em 22 de julho, conquistou Palermo. Desdenhando o avanço lento de Montgomery, Patton se voltou para o oeste, na direção de Messina. No entanto, ele logo encontrou sucessivas linhas de defesa alemãs, que atrasaram seu até então rápido avanço.

Com a corda no pescoço, Kesselring recebeu a atrasada permissão para evacuar as forças do Eixo na Sicília e, evitando por pouco os vários ataques Aliados em seu flanco, em 16 de agosto ele conseguiu escapar — apenas um dia antes de Patton vencer sua corrida pessoal contra Montgomery e conquistar a cidade de Messina.

Com a falha do avanço Aliado em Anzio, Alexander teve mais uma vez que apelar para métodos mais diretos. Posteriores tentativas de cruzar os rios Liri e Rapido na direção de Cassino foram retumbantes fracassos. Em fevereiro, acreditando que os alemães estavam usando os monastérios históricos em Monte Cassino como pontos de vantagem, ele ordenou 200 bombardeios para destruir as construções. No entanto, os alemães — que não estavam nos monastérios — passaram a ocupar e fortificar essas ruínas, tornando sua posição de defesa ainda mais forte do que antes, e expulsaram um ataque indiano da posição. Em 20 de fevereiro, o ataque falhou. Em março, Alexander tentou usar poder aéreo em seu favor, já que 500 aviões bombardeiros estavam em Cassino sem ser usados. Forças Aliadas esperavam avançar nas ruínas antes que os alemães pudessem reagir, mas foram repelidas, com grandes índices de perdas.

Com fracassos repetidos na Linha Gustav, e a iminente invasão da Normandia, o Comando Supremo dos Aliados começou a questionar a luta sangrenta na Itália. No entanto, Alexander advogou a seu favor, recebendo permissão para uma última defensiva chamada "Operação Diadema". Primeiramente, bombardeiros Aliados atacaram as linhas de abastecimento alemãs na Operação Estrangulamento. Depois, 20 divisões Aliadas com grande poder de fogo atacaram sete determinadas, mas em clara desvantagem, divisões alemãs.

O bem-sucedido ataque foi uma ação verdadeiramente Aliada. Forças livres francesas, sob o comando do general Alphonse Juin, atacaram pelo terreno mais irregular de todo o sistema ofensivo alemão, ao oeste do rio Liri. Os alemães consideravam o terreno impenetrável e não deram muita atenção para sua defesa; no entanto, os franceses insistiram e conquistaram a primeira infiltração na Linha Gustav. Com as posições comprometidas, os alemães começaram a se retirar, embora continuassem a lutar uma amarga última batalha. Uma unidade inglesa conquistou a cidade de Cassino, enquanto forças polonesas, em 18 de maio, finalmente alcançaram o cume da montanha tortuosa para conquistar os mosteiros — ou o que havia sobrado deles depois da pesada batalha.

RETIRADA E LIBERTAÇÃO DE ROMA

Os Aliados tinham conquistado mais uma dura vitória, mas mais uma vez ela vinha acompanhada por um fracasso. Tendo reforçado severamente a praia em Anzio, Alexander ordenou que Clark se dirigisse para Valmontone. Conquistar o importante ponto de entroncamento impediria a retirada alemã da Linha Gustav e destruiria o restante do 10° Exército enquanto os alemães se esforçavam para ir para o norte.

Clark, no entanto, tinha ideias diferentes — ele queria que seus soldados norte-americanos tivessem a honra de libertar a cidade de Roma, a apenas 53 km para o norte. Assim, Clark enviou a maior parte de suas forças para o norte, enquanto um pequeno contingente avançou para Valmontone. A investida fraca de Clark para o leste permitiu que os alemães escapassem. Kesselring ordenou que Roma fosse declarada uma cidade aberta para impedir sua destruição e, em 4 de junho, as forças de Clark adentraram, dominando a capital italiana, mas ao custo de uma importante oportunidade perdida.

Mais uma vez, o 10° Exército de Vietinghoff recuou para o norte, lutando de maneira habilidosa para atrasar as ações no terreno instável. No centro das ações dos alemães, as forças Aliadas avançaram lentamente, dominando cidades italianas importantes no caminho, como Livorno e Florença, mas sem conseguir alcançar e destruir as tropas alemãs.

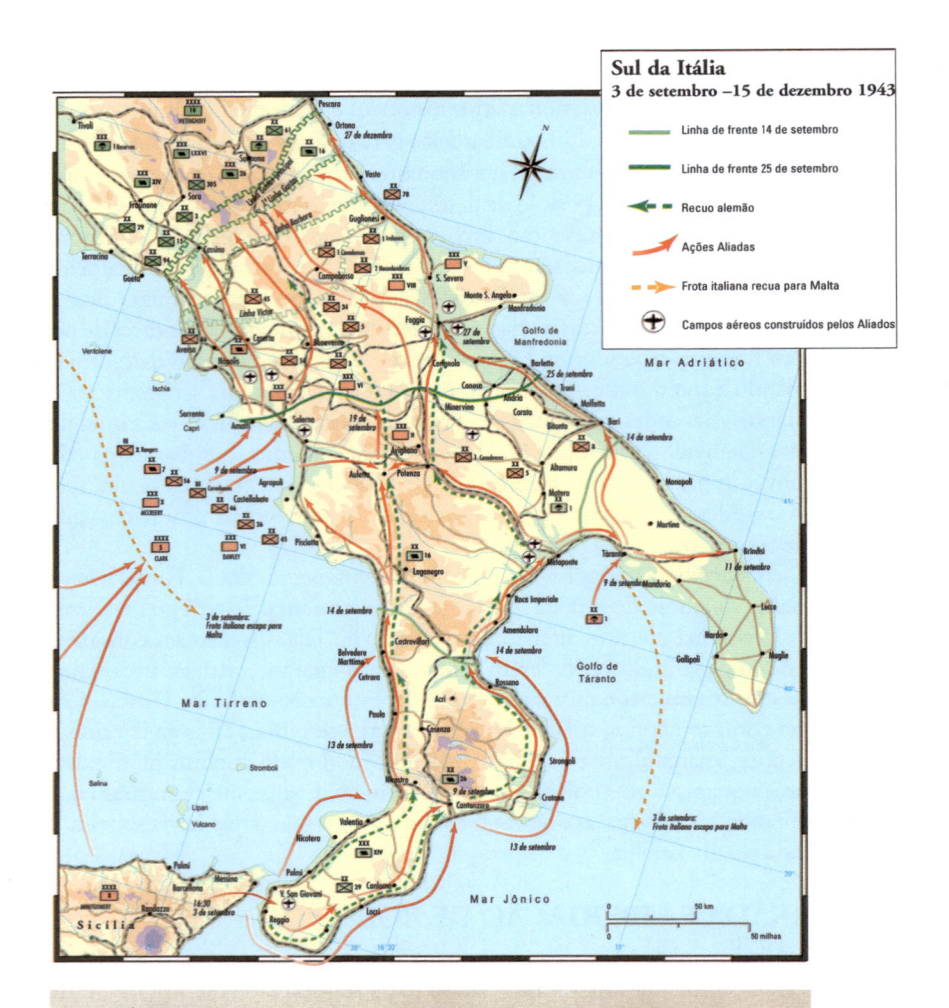

VITÓRIA ALIADA

Embora os alemães pretendessem fazer a Linha Gótica durar o inverno todo, a velocidade do avanço Aliado em setembro forçou uma ruptura na poderosa posição defensiva. Surpresos, mas ainda como uma força efetiva de luta, os alemães recuaram no acidentado terreno e se firmaram no sul de Bolonha no início do inverno.

Os Aliados atacaram de novo em 9 de abril de 1945. Ao leste, o 8º Exército, que perseguia os alemães desde El Alamein, se aproximou de Bolonha, enquanto os americanos atacavam as defesas alemãs ao oeste. Em desvantagem numérica e com falta de suprimentos, Vietinghoff pediu permissão para retirar suas forças para trás da linha defensiva natural do rio Pó. Alheio à realidade, Hitler recusou — forçando Vietinghoff a agir sozinho.

No entanto, era tarde demais para qualquer ação militar. O 10º Exército alemão tinha sido destruído, e Vietinghoff só pôde pedir pelos termos de rendição. Em 2 de maio de 1945, os alemães se renderam incondicionalmente perto de Verona — e a guerra na Itália chegou ao fim.

Algumas forças norte-americanas foram para o norte para se unir a seus colegas avançado pelo sul da Áustria, encontrando com eles na Passagem de Brenner nos últimos dias da própria guerra.

A ITÁLIA INVADIDA

Em 3 de setembro de 1943, o 8º Exército de Montgomery cruzou o Estreito de Messina, encontrando pouca resistência das forças do Eixo. Seis dias depois, membros adicionais do 8º Exército pousaram em Taranto — com resultados similares.

Em 9 de setembro, unidades do 5º Exército do general Mark Clark iniciaram a Operação Avalanche, a chegada na península italiana em Salerno. Muitos membros da estrutura de comando dos EUA tinham defendido a ideia de ir para o norte, na cidade crítica de Nápoles, mas foram vencidos devido ao fato de Salerno estar ao alcance da base aérea Aliada na Sicília. Uma cadeia de montanhas ao redor de Salerno, no entanto, dava cobertura para a 29º Divisão Panzergrenadier, que atacou o 5º Exército, por pouco não causando o fracasso de toda a operação. Apenas seis dias depois da amarga batalha, e com a chegada de reforços da 82ª Divisão Aérea Americana, o 10º exército alemão recuou para o norte para uma série de posições de retenção nos vales das montanhas dos Apeninos.

Em uma batalha rememorativa da I Guerra Mundial, forças Aliadas avançaram para o norte contra a resistência alemã até atingirem a Linha Gustav — uma posição defensiva tão poderosa que os alemães planejavam nela deter os exércitos Aliados indefinidamente.

Parando primeiro na Linha Viterbo, ao norte de Roma, e depois na Linha Albert, perto de Perugia, os alemães forçaram novamente os Aliados em batalhas difíceis em terreno desfavorável. Enquanto isso, reforços alemães esperavam no fronte oriental, formando a próxima grande posição de bloqueio alemã, a Linha Gótica. Os alemães tinham conseguido recuar 240 km para o norte das montanhas dos Apeninos.

O SHOW SECUNDÁRIO DE ALEXANDER

Com a invasão da Normandia, a campanha na Itália se tornou uma espécie de show secundário. Alexander perdeu mais e mais forças para a luta ocorrendo no oeste. Esse fato frustrou Alexander, que esperava romper a Linha Gótica e conquistar o que restava da Itália em 1944. Ele tinha expectativas de que suas forças pudessem avançar pelos

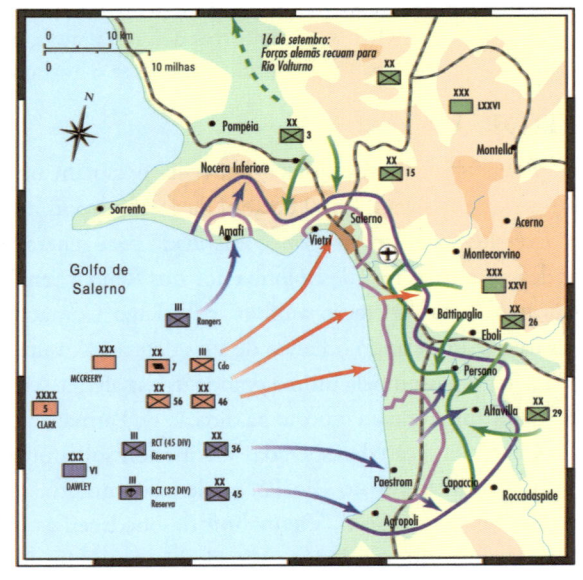

Planos Operacionais
1942–43

① Operação Avalanche (5º Exército dos EUA)
② Operação Baytown (8º Exército Inglês)
③ Operação Slapstick (8º Exército Inglês)
④ Outras ações planejadas

ANZIO

Em janeiro de 1944, forças Aliadas atacaram pelos vales Liri na direção de Monte Cassino — ponto central da rede defensiva alemã, conhecida como Linha Gustav — na tentativa de desviar a atenção dos pousos iminentes em Anzio. Os desembarques, que aconteceram em 22 de janeiro, surpreenderam os oficiais alemães. Com o aval do general Mark Clark, no entanto, as forças recém-chegadas não aproveitaram sua vantagem, decidindo reforçar as defesas. Tendo perdido a chance de conquistar uma grande vitória, as forças Aliadas tiveram que se concentrar em ataques diretos contra a poderosa Linha Gustav de defesa.

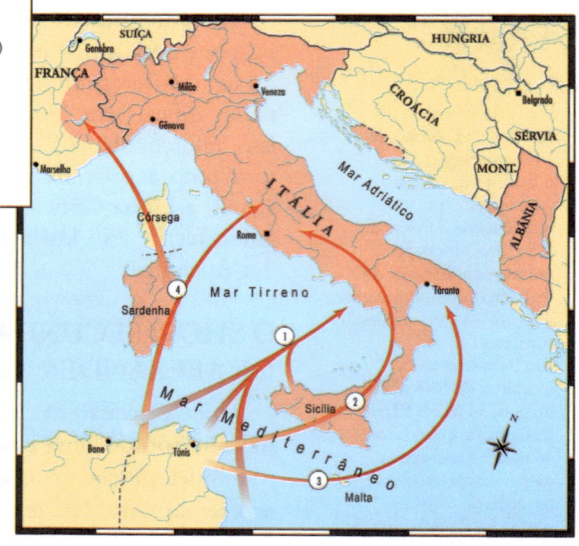

Alpes até Viena. Embora suas esperanças fossem altamente equivocadas, mesmo com as forças reduzidas — agora representando mais de 25 nações Aliadas — Alexander pôde orquestrar o rompimento da Linha Gótica no norte de Florença. Apesar de surpreendido pela rapidez e avanço da ação dos Aliados, o 10º Exército lutou teimosamente em terreno instável, limitando a invasão Aliada. Finalmente, a combinação de fortes defesas alemãs, exaustão e início do inverno serviu para deter o avanço Aliado.

VITÓRIA

Em 1945, as forças Aliadas na Itália possuíam uma impressionante vantagem numérica e material. Em 9 de abril de 1945, depois de uma trégua de três meses, o 8º Exército britânico — agora comandado pelo general Richard McReery — atacou as defesas alemãs fora de Bolonha nos rios Reno e Senio. Além disso, forças inglesas lançaram uma "operação anfíbio" pelo Lago Comacchio, pegando os alemães de surpresa e ameaçando o flanco de suas defesas. Em um espaço de apenas 10 dias, o 8º Exército passou pela última grande defesa alemã. Mais para o oeste, o 5º Exército de Clark rumava para o norte na direção de Parma.

Com a situação desesperada, Vietinghoff solicitou a retirada de suas forças para a posição defensiva no Rio Pó. Hitler, no entanto, recusou. Percebendo a natureza crítica da situação, Vietinghoff desobedeceu as ordens de Hitler — mas era tarde demais. Ciente da intenção alemã, o exército Aliado se deslocou para o Pó,

CASSINO

A posição alemã na Linha Gustav contou com a hipótese de os Aliados tentarem avançar pelo vale Liri. Monte Cassino, rodeada por mosteiros medievais históricos, formava o eixo da rede defensiva. Em janeiro, parcialmente para desviar as atenções de Anzio, as forças de Clark atacaram pelo Liri — mas encontraram as fortes defesas alemãs. Convencidos de que os alemães estavam usando os mosteiros como postos de observação, os Aliados organizaram em fevereiro um ataque de 200 bombardeiros, que destruiu a estrutura histórica. Mas o ataque pela terra fracassou.

Em meados de maio de 1944, os Aliados reuniram 20 divisões para um ataque grandioso e conseguiram expulsar os alemães de seus bastiões de defesa.

alcançando o rio antes dos alemães e finalmente cercando-os.

A vitória estava completa, e a defesa alemã na Itália, esmagada. Percebendo que a guerra na Itália tinha acabado, Vietinghoff negociou com os Aliados e, em 2 de maio de 1945, concordou com a rendição incondicional.

Conforme a situação desmoronava, Mussolini — o uma vez poderoso ditador que agora servia apenas como marionete de Hitler em um Estado fascista fictício — fugiu para o exílio na Suíça. Cansados da guerra e enojados com a dominação alemã em seu país, os partidários italianos partiram em perseguição pelos Alpes. Em 28 de abril, um grupo de partidários capturou Mussolini e sua amante, Clara Petacci, matando ambos a tiros.

A guerra estava acabada, mas a pergunta continuava: a guerra na Itália tinha valido o esforço e o sacrifício? Obviamente Churchill estava enganado na noção de que a Itália representava o ponto fraco do Eixo na Europa. Não tinha havido como escapar da Itália, e a guerra lá tinha apenas

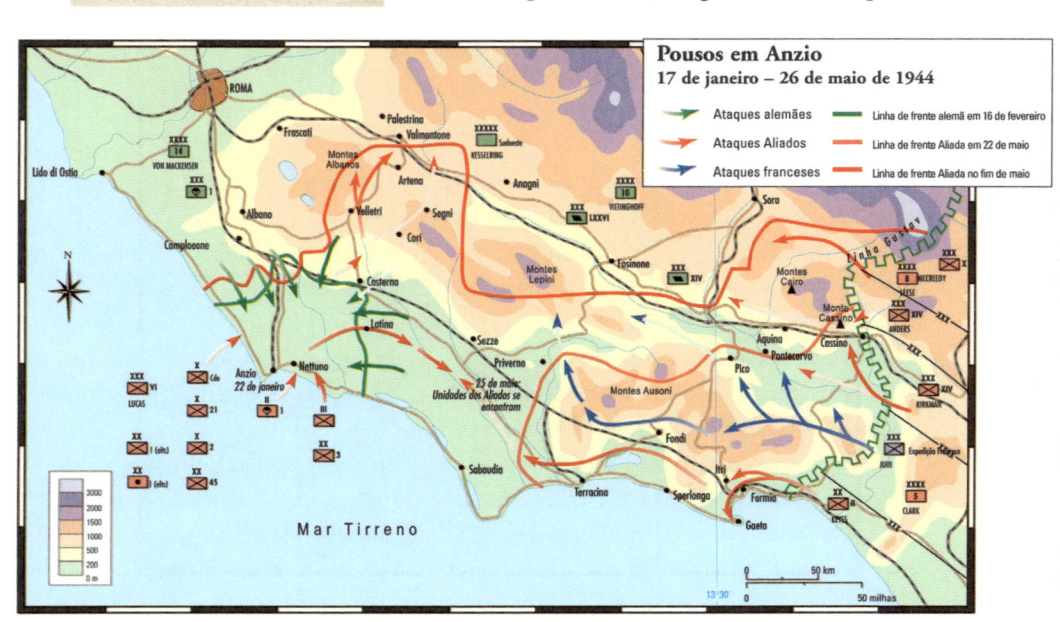

NORTE DA ÁFRICA E ITÁLIA

INDO PARA O NORTE

Depois da queda da Linha Gustav, Clark poderia ter encurralado os alemães se avançasse para o leste de Anzio. Em vez disso, ele preferiu ir ao norte, para Roma. Declarada uma cidade aberta por Kesselring, em 4 de junho a capital italiana caiu sem nenhuma batalha. Era uma grande propaganda da vitória, mas permitiu que o 10º Exército de Vietinghoff escapasse. Os alemães permaneceram nas posições defensivas contra os Aliados na Linha Viterbo e na Linha Albert. Durante a épica retirada de 240 km, reforços alemães estavam chegando da frente oriental, e a próxima grande posição defensiva, ao norte de Florença, chamada Linha Gótica, estava preparada.

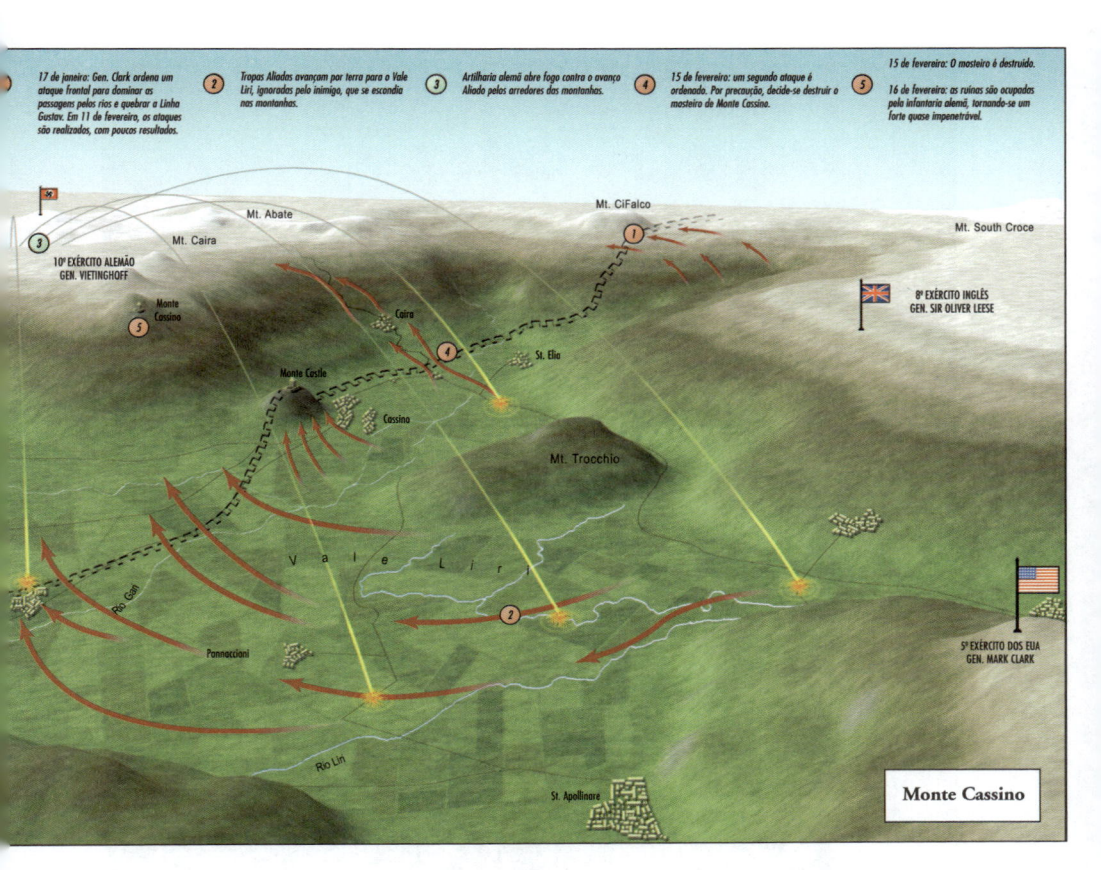

1 17 de janeiro: Gen. Clark ordena um ataque frontal para dominar as passagens pelos rios e quebrar a Linha Gustav. Em 11 de fevereiro, os ataques são realizados, com poucos resultados.

2 Tropas Aliadas avançam por terra para o Vale Liri, ignoradas pelo inimigo, que se escondia nas montanhas.

3 Artilharia alemã abre fogo contra o avanço Aliado pelos arredores das montanhas.

4 15 de fevereiro: um segundo ataque é ordenado. Por precaução, decide-se destruir o mosteiro de Monte Cassino.

5 15 de fevereiro: O mosteiro é destruído. 16 de fevereiro: as ruínas são ocupadas pela infantaria alemã, tornando-se um forte quase impenetrável.

um efeito marginal na estratégia geral alemã. Alguns historiadores defendem que o esforço Aliado na Itália serviu para desviar valiosos recursos alemães da frente ocidental. No entanto, a que custo? A invasão da Sicília — ou talvez uma ação apenas no sul da Itália — teria absorvido considerável número de forças alemãs a um custo muito menor para os Aliados. A ação dos Aliados para o norte tinha permitido que uma força alemã menor fizesse esplêndido uso do país fechado e de terreno acidentado. No fim das contas, os recursos Aliados na Itália teriam sido mais bem utilizados em outro lugar.

Acima: soldados do Wehrmacht (nome dado ao conjunto das forças armadas da Alemanha durante o Terceiro Reich) durante a primeira queda de neve de 1941. Hitler e sua equipe de generais tinham expectativas de que a campanha na União Soviética estivesse completa antes da chegada do inverno; no entanto, o início tardio da invasão, devido aos acontecimentos nos Bálcãs em abril de 1941, fez com que o exército alemão não conseguisse alcançar Moscou a tempo. Como consequência, muitos soldados alemães, mal-equipados para as condições de tempo severas, sofreram ulcerações provocadas pelo frio extremo do inverno russo. Uma ação especial para reunir roupas de inverno teve que ser lançada na Alemanha para abastecer as tropas vulneráveis.

A Frente Oriental

Aniquilar a União Soviética e o comunismo era há muito uma das ambições de Hitler. Embora brevemente envolvido no embate nos Bálcãs, em 22 de junho de 1941 ele enviou um exército vasto e poderoso para conquistar mais terras para a Alemanha. Infelizmente para os nazistas alemães, os russos não foram aniquilados e, em meros quatro anos, as forças soviéticas ocupariam a capital do Reich.

A guerra na Europa Oriental será para sempre associada às batalhas amargas e ao assombroso número de mortes registrado no combate entre Alemanha e União Soviética, iniciado pelo ataque de Hitler à Rússia em junho de 1941. A primeira luta a fazer parte deste cenário, no entanto, se deu cerca de seis meses antes da Operação Barba Ruiva, (também conhecida como Barba Roxa, ou, ainda, Barbarossa) com a invasão italiana na Grécia, que marcou o início da guerra nos Bálcãs.

Os acordos de paz depois da I Guerra Mundial cederam a Transilvânia à Romênia, apesar de haver dois milhões de membros da etnia Magiar (os Sicules) vivendo na região. O governo em Budapeste sabia que os Sicules desejavam permanecer parte da Hungria e, no verão de 1940, iniciou esforços para persuadir os romenos a retornar a província para seu país. A diplomacia se mostrou inviável, e tudo indicava que as duas nações entrariam em guerra. Isso não interessava a Hitler, que não queria ver suas rotas vitais de abastecimento de petróleo na Romênia ameaçadas pelo conflito.

As potências do Eixo se ofereceram como mediadoras e chegaram a um acordo: a Romênia deteria a porção oeste da Transilvânia, enquanto a área ocupada pelos Sicules voltaria para o controle húngaro. Mas isso significava que três milhões de cidadãos romenos ficariam sob o controle da Hungria. A indignação na Romênia fez com que o primeiro-ministro, general Ion Antonescu, orquestrasse a abdicação do rei Carol II, substituído pelo filho, príncipe Michael. Antonescu então pediu ajuda militar para a Alemanha. Hitler ficou mais do que feliz em enviar suas tropas, que chegaram em outubro de 1940.

Por si só, esse episódio não foi suficiente para começar a guerra. A primeira fase do conflito nos Bálcãs começou como resultado do excesso de confiança de Mussolini: irritado por Hitler não ter lhe contado sobre a ocupação da Romênia, ele decidiu mostrar sua importância invadindo a Grécia. Não pela primeira vez na guerra, seus generais ficaram horrorizados — assim como Hitler quando soube do plano. Ele viajou à Itália para conversar com Mussolini e convencê-lo a desistir, mas, quando chegou, em 28 de outubro, encontrou um triunfante Duce, que contou que suas tropas tinham cruzado a fronteira da Grécia naquela manhã.

Os Bálcãs
6–20 de abril de 19[41]

Legend:
- Ataques alemães
- Linha de frente alemã
- Linha fortificada Alia[da]

Circled references:
1. Linha de frente greco-italiana
2. Linha de frente alemã, 16 de abril
3. Linha de frente alemã, 23 de abril

A conquista da Grécia e de Creta
6–28 de abril de 1941

- Ataques alemães
- Evacuação Aliada
- Linha de frente alemã
- Linha fortificada Aliada

1. Linha de frente alemã, 16 de abril
2. Linha de frente alemã, 20 de abril
3. Linha de frente alemã, 23 de abril

IUGOSLÁVIA E GRÉCIA

As tropas alemãs para a invasão da Iugoslávia se agruparam na Romênia, Bulgária e Alemanha. Uma grande força se dirigiu para a fronteira do país na manhã de 6 de abril de 1941. Simultaneamente, a Luftwaffe iniciou um pesado ataque aéreo a Belgrado, no qual cerca de 17.000 civis foram mortos.

Em uma semana, forças alemãs cobriram mais de 300 milhas (480 km), alcançando a cidade de Belgrado em 13 de abril. Sarajevo caiu dois dias depois, e a Iugoslávia se rendeu em 17 de abril, embora seu exército ainda continuasse a lutar em guerrilha contra os invasores.

O ataque à Grécia foi planejado para coincidir com o da Iugoslávia. Às 5h15min de 6 de abril de 1941, forças alemãs entraram na Grécia. Os gregos resistiram vigorosamente, mas conseguiram apenas atrasar o avanço alemão, não pará-lo. Em 11 de abril, os alemães alcançaram a força anglo-grega sob comando do general-de-campo Sir Henry Maitland Wilson.

Os ingleses tinham apenas 100 tanques contra mais de 500 panzers (tanques alemães) e foram forçados a recuar. As tropas britânicas foram evacuadas para Creta, e a Grécia se rendeu em 21 de abril. Um ataque aéreo contra Creta foi lançado em 25 de abril. As tropas de paraquedistas alemães tiveram terríveis taxas de mortalidade, mas a Alemanha logo conseguiu uma posição segura. Em 27 de abril, a evacuação dos ingleses da ilha começou.

Para a tristeza de Mussolini, suas tropas se saíram mal — um contra-ataque grego forçou os italianos a recuarem para a Albânia e até o final do ano praticamente não haveria mais sinais da invasão italiana; pior ainda para o Eixo, pois forças inglesas pousaram em Creta e Lemnos, e a Força Aérea Real (Royal Air Force — RAF) britânica foi enviada ao Peloponeso para fornecer apoio aéreo. Isso se mostrou uma distração irritante para Hitler, que não desejava abrir uma frente nos Bálcãs enquanto planejava a conquista da União Soviética.

Embora um pacto de não-agressão tivesse sido realizado entre Hitler e Stalin, não havia como esconder que ele era, na definição de Churchill, um "ato não-natural" entre duas ideologias amargamente opostas. Mesmo quando a Inglaterra aparentava estar nas portas da derrota, os pensamentos de Hitler estavam focados bem longe do Reino Unido — em 31 de julho de 1940, ele dissera aos seus generais que pretendia esmagar a Rússia. Da mesma forma, não há dúvidas de que Stalin sabia que teria, em algum ponto, que lutar contra a Alemanha nazista. O acordo irreal foi honrado até junho de 1941, quando o grande plano de Hitler foi colocado em ação. Na época, Hitler estava no auge do poder; quando ele declarou que a Rússia estaria completamente derrotada na chegada do outono, seu sucesso até então não dava motivos para duvidar.

Dessa forma, pode-se dizer que a guerra na Frente Oriental foi originada pelos egos sem limites de dois ditadores. Uma mistura de excesso de confiança, ilusão e vaidade traçou o caminho que levaria à destruição de seus regimes políticos.

OS BÁLCÃS

O desempenho fraco dos italianos nos Bálcãs convenceu Hitler da necessidade de ajudar seu aliado, ou o Eixo seria envergonhado pela derrota de Mussolini. Hitler ordenou que seus generais planejassem a invasão da Grécia para março de 1941. O plano era complicado pelo fato de a Iugoslávia estar no meio do caminho da invasão; no entanto, o governo de Belgrado estava bastante ciente de que três de seus vizinhos reclamavam partes de seu território e, por isso, antagonizar com os alemães poderia fazer com que Hitler se dispusesse a ajudar a desmembrar o país. O regente, príncipe Paul, se uniu ao Pacto Tripartido, aliando-se à Alemanha — fato que provocou um golpe anti-Alemanha dois dias depois.

O novo governo anti-Alemanha sabia da ameaça que enfrentava e se esforçou para conseguir apoio de Moscou como protetor em potencial contra uma ofensiva nazista. As negociações geraram um tratado de amizade entre a Iugoslávia e a União Soviética, assinado em 5 de abril. Mas o acordo foi inútil. O tratado não garantia assistência militar diante de ataques contra o país e, praticamente antes da tinta do documento secar, as forças alemãs iniciaram sua invasão.

Em 6 de abril de 1941, o ataque alemão à Iugoslávia começou com bombardeios contra Belgrado, ao mesmo tempo que o exército alemão passava pela fronteira. Os defensores não conseguiram oferecer resistência ao peso do ataque alemão e rapidamente recuaram. Em 17 de abril, a situação era inevitável, e o exército iugoslavo se rendeu.

Abaixo: um tanque StuG III autopropulsado com canhão de assalto na acrópoles de Atenas. A intervenção nos Bálcãs para ajudar Mussolini foi um inconveniente para os planos de Hitler na União Soviética, mas provou mais uma vez a suposta invencibilidade da máquina de guerra da Alemanha e da guerra-relâmpago. O alto preço da conquista de Creta, no entanto, convenceu Hitler de que tropas de paraquedistas não tinham espaço na guerra moderna, e ele proibiu seu uso futuro.

Enquanto os iugoslavos estavam sob ataque, as primeiras unidades alemãs entraram na Grécia. Forças inglesas e gregas lutaram com determinação, mas não conseguiram segurar o inimigo. Em 19 de abril, foi decidida a evacuação das forças inglesas e, dois dias depois, o exército grego se rendeu. Os alemães seguiram para Creta para impedir que a RAF detivesse uma base de onde pudesse atacar os campos aéreos da Romênia. A invasão aérea da ilha começou em 25 de abril e, depois de dois dias de luta pesada, os ingleses iniciaram a evacuação. Com a remoção da ameaça nos Bálcãs, o cenário estava montado para a Alemanha atacar a Rússia.

132 SEGUNDA GUERRA MUNDIAL

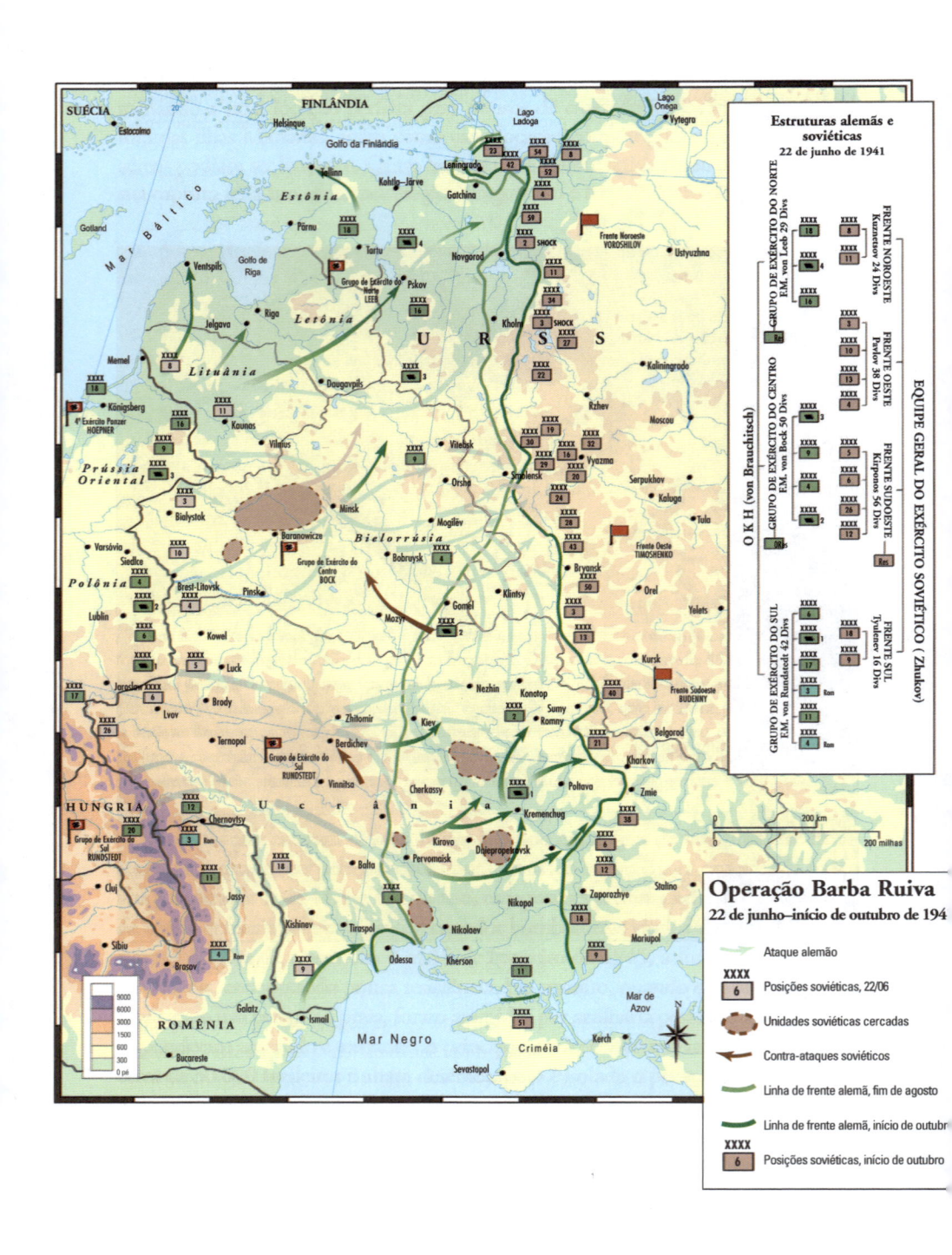

OPERAÇÃO BARBA RUIVA

O desejo de Hitler de atacar a União Soviética foi finalmente realizado em 22 de junho de 1941. A invasão foi uma operação grandiosa. Dois exércitos fortes, com mais de três milhões de soldados cada, se enfrentariam, com uma área de operações potencial de vasta escala. Apesar disso, os alemães tinham algumas vantagens. A primeira era o famoso elemento-surpresa: quando o ataque começou, levou algum tempo até que Stalin acreditasse que o pacto de não-agressão tinha sido rompido, dificultando a reação rápida que as forças russas desejavam. Além disso, a "renovação" que Stalin realizara no Exército Vermelho durante os anos anteriores à Operação Barba Ruiva fez com que ele perdesse muitos de seus melhores líderes; vários comandantes de alto escalão eram pouco qualificados — fato que ficaria escancarado no desempenho de suas tropas. Por fim, as tropas alemãs tinham muito mais experiência que seus oponentes.

Isso não era suficiente, no entanto, para garantir a vitória. O Alto Comando Alemão (Oberkommando der Wehrmacht — OKW)

Acima: filas sem fim de prisioneiros russos vistas de uma aeronave de observação alemã Storch. A quantidade de prisioneiros feita pelos alemães durante a Operação Barba Ruiva foi tão grande que eles não sabiam o que fazer com todos eles, e alguns prisioneiros conseguiram escapar, formando bandos guerrilheiros que se mostraram uma pedra no caminho alemão. Muitos prisioneiros foram usados como trabalhadores escravos nos projetos industriais da Alemanha.

BARBA RUIVA

Os planos alemães para a Operação Barba Ruiva envolviam três grupos de Exército (de Norte, Sul e Centro), com a maior potência das forças concentradas nos Grupos de Exército de Norte e Centro.

O Grupo do Exército de Centro, que detinha cerca da metade do armamento alemão, deveria destruir as forças soviéticas na Bielorrússia antes de ir assistir o Grupo de Exército do Norte, a caminho de Leningrado. Enquanto isso, o Grupo de Exército do Sul lidaria com as forças soviéticas na Ucrânia, atacando da Romênia na direção do rio Dnieper. Uma vez que a destruição do exército soviético estivesse completa, a fase dois da operação traria um ataque a Moscou.

A invasão começou com ataques aéreos contra alvos-chave da União Soviética, como locais de armazenagem de suprimentos e campos aéreos. A princípio, tudo correu bem; no entanto, a resistência soviética continuou. Enquanto os exércitos avançavam, os generais de Hitler começaram a pressioná-lo para permitir que eles se focassem em conquistar Moscou, usando as forças armadas para tanto.

Eles não conseguiram persuadir Hitler, que insistiu que as forças armadas continuassem a dar apoio para os Grupos de Exército do Norte e do Sul, mesmo que o terreno ao norte não fosse apropriado para operações armadas.

No início de setembro de 1941, o Grupo de Exército do Norte alcançou o Lago Lagoda, isolando Leningrado. Ao mesmo tempo, O Grupo de Exército do Sul tinha conseguido dominar Kiev. Só então Hitler autorizou o ataque a Moscou.

sabia que os russos podiam, se tivessem a chance, simplesmente se espalhar pelo vasto interior do país e esperar o pesado inverno chegar para ajudá-los. Para impedir isso, estava claro que um avanço rápido seria necessário na garantia da vitória. Havia uma considerável diferença de opiniões entre Hitler e o Alto Comando sobre como proceder para atingir o sucesso. Enquanto o OKW via a investida rápida contra Moscou como a solução óbvia, Hitler preferia destruir as forças soviéticas nos Países Bálticos e conseguir uma vitória simbólica com a tomada de Leningrado, o berço da revolução bolchevique. Apesar dos protestos, Hitler não mudaria de opinião, e o principal esforço da invasão seria direcionado a Leningrado: apenas depois que o sucesso fosse atingido lá o Führer permitiria que o foco do ataque se voltasse para Moscou.

Quando a Operação Barba Ruiva começou, parecia que a confiança de Hitler era bem fundamentada. As forças soviéticas sofreram perdas enormes, e o avanço foi rápido. No entanto, apesar do progresso fácil nos dias iniciais, em meados de julho os alemães já enfrentavam problemas para abastecer as tropas mais avançadas — e ainda havia muitos grupos de forças soviéticas a serem derrotados em toda a linha de frente. Além dos problemas de abastecimento, os alemães registravam níveis preocupantes de mortalidade — no fim de agosto de 1941, dez por cento dos membros do Exército de Campo estavam mortos, feridos ou desaparecidos, e a baixa taxa de substituição fazia com que o exército estivesse com 200.000 homens abaixo de sua força. Em setembro, estava claro que os soviéticos tinham aprendido muito com a completa catástrofe de junho e julho e que derrotá-los seria uma tarefa mais difícil do que Hitler imaginara.

OPERAÇÃO TUFÃO

Em 6 de setembro de 1941, Hitler emitiu a Diretiva nº 35, tornando Moscou o próximo objetivo. A maior parte das forças panzer (tanques alemães) se concentraria no Grupo de

OPERAÇÃO TUFÃO

Ainda que o fracasso em segurar Smolensk tenha sido um golpe para os russos, a rigorosa defesa da cidade atrasou o avanço alemão para Moscou. Isso deu tempo para os russos evacuarem suas indústrias principais e trabalhadores da área, enviando-os para longe, ao leste, a salvo da zona de guerra.

Depois de recusar fazer de Moscou sua prioridade, Hitler deu ordens, em 2 de outubro de 1941, para a tomada da capital russa. A intensidade da batalha aumentou conforme os alemães se aproximavam da capital, pois os dois lados sabiam da importância do fator tempo para seus planos.

Para os alemães, era imperativo conquistar Moscou antes que o inverno chegasse, enquanto os russos precisavam se certificar que o governo fosse evacuado antes de os alemães conseguirem tomar a capital, ao mesmo tempo em que aguardavam a chegada de novas tropas da Sibéria.

Dois ataques alemães contra Moscou falharam, e a chegada precoce do inverno fez com que a vantagem de continuar o ataque praticamente desaparecesse. Hitler deu instruções para uma suspensão temporária das operações em 8 de dezembro, o que marcou o fim da Barba Ruiva.

Os alemães conseguiram causar enormes perdas aos russos, mas não conquistaram seus principais objetivos e tampouco levaram os soviéticos à beira da derrota. Tornou-se claro que uma vitória rápida da Alemanha já não era mais possível.

Operação Tufão
setembro–dezembro de 1941

- → Avanços alemães
- ← Contra-ataques soviéticos
- — Linha de frente alemã, 30/09
- — Linha de frente alemã, 15/11
- — Linha de frente alemã, 5/12
- ⊓⊔ Linhas defensivas soviéticas
- ⬭ Tropas soviéticas cercadas

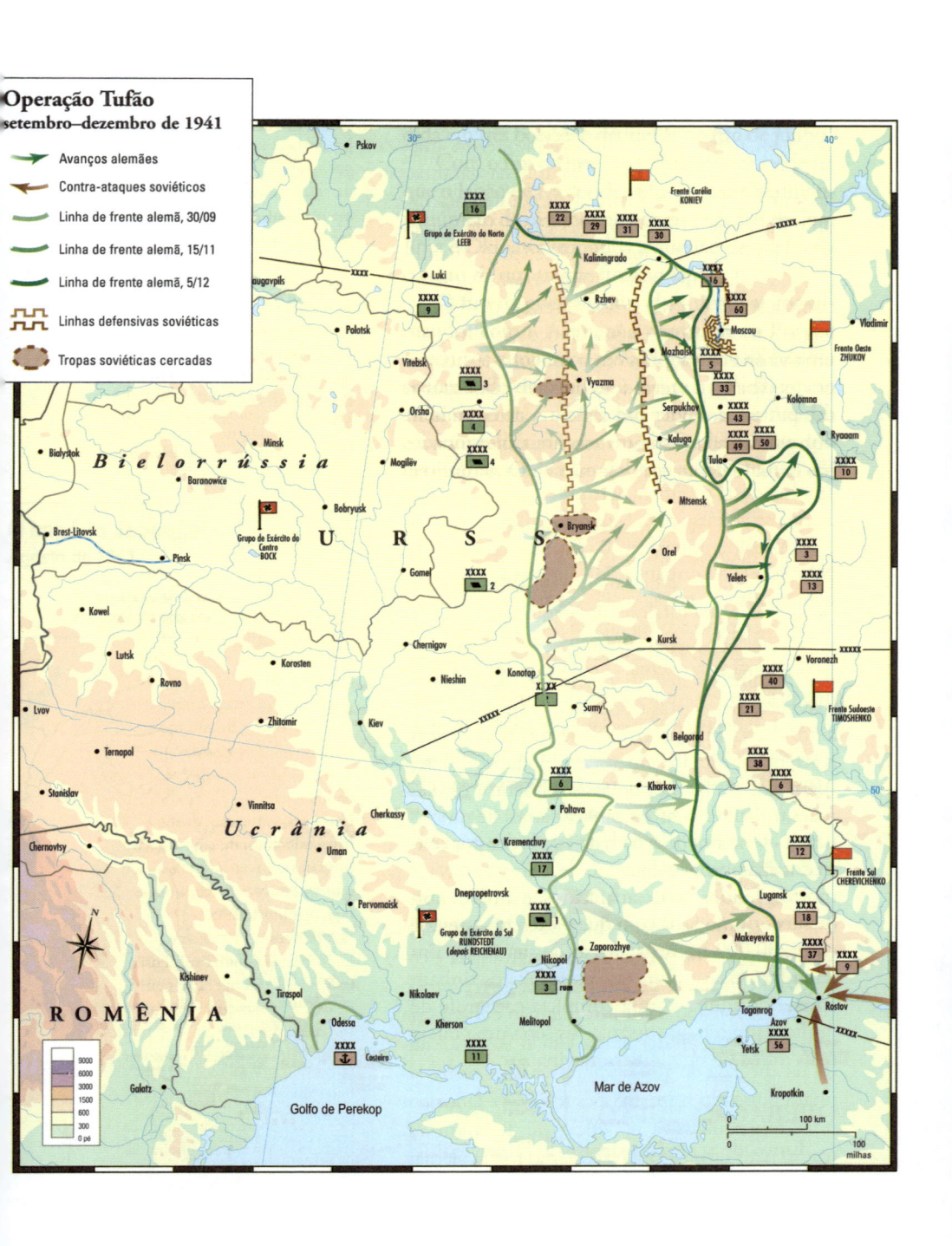

A FRENTE ORIENTAL 135

Exército de Centro, mas levaria o resto do mês para que elas se reagrupassem. O conceito por trás da Operação Tufão era conhecido. As forças armadas penetrariam profundamente nas linhas inimigas, circulando as forças soviéticas, que seriam então destruídas pelas unidades de infantaria. Parecia bastante simples, mas as condições na Rússia eram problemáticas. As chuvas de outono tinham tornado a rede de estradas russas inacessível, o que, por sua vez, impossibilitava uma ação rápida das forças armadas — e mesmo o sistema de transportes a cavalo do qual o exército alemão dependia era dificultado. Haveria uma breve oportunidade de ação entre o fim das chuvas e o início do inverno, mas isso não ajudava muito os alemães: o plano de ataque se baseava na suposição de que os russos teriam apenas 60 divisões de exército naquela altura, quando na verdade eles tinham 212 (ainda que menos de 100 pudessem ser consideradas totalmente operantes).

Além das vantagens conseguidas pelos soviéticos graças ao clima, a convicção de Stalin de que o Japão era muito mais propenso a atacar os EUA do que a União Soviética lhe deu confiança o suficiente para remover algumas de suas divisões mais experientes do Extremo Oriente. O Marechal Georgy Zhukov, que havia sido exonerado do posto por Stalin e exilado no leste, recebeu o comando de batalha para Moscou.

Nos primeiros dias da Operação Tufão, os alemães tiveram considerável sucesso. No entanto, a resistência russa permaneceu determinada e começou a contra-atacar. No início de novembro, o OKW foi forçado a admitir que não conseguiria tomar Moscou ou derrotar a União Soviética antes da chegada de 1942. Para piorar, os russos tinham poupado nove divisões reservas e lançaram uma contra-ofensiva no início de dezembro. A reação mais razoável foi o recuo das forças alemãs; Hitler, no entanto, ficou indignado e demitiu os três comandantes do Grupo de Exército, além de afastar vários outros.

CONTRA-GOLPE

O contra-ataque soviético no início de 1942 fez uso de táticas de infiltração em vez de ataques maciços contra os pontos fortes alemães. Unidades de esqui de soviéticas e grupos de cossacos desviaram da rede de estradas quase impenetráveis, movendo-se por dentro do país para flanquear os alemães, que foram compelidos a recuar sob o risco de serem atravessados pelos russos.

Os alemães não eram ajudados pelas condições do clima de frio apavorante, que impediam os aviões da Luftwaffe de voar, impossibilitando o apoio aéreo para o avanço. Para preocupação dos alemães, a Aviação Frontal Soviética conseguiu reunir uma força de 350 aeronaves — todas cuidadosamente mantidas em hangares, protegidas dos estragos do frio —, que realizou vários ataques contra campos aéreos alemães, destruindo cerca de 1400 aviões, segundo estimativas. Foi a primeira vez que o Exército Vermelho contou com o apoio aéreo na guerra, o que ajudou no avanço.

Esses não eram os únicos infortúnios alemães, pois a divisão panzer começou a encontrar um número cada vez maior de tanques T-34. O T-34 era um oponente que se diferenciava de qualquer outra arma inimiga enfrentada até então pelos alemães, pois ele se igualava aos seus melhores tanques. Embora os T-34 ainda não estivessem disponíveis em grandes números, os sinais eram claros: a superioridade de armamentos da Alemanha, que prevalecia desde a guerra-relâmpago de 1939, estava sob séria ameaça.

Batalha por Moscou
janeiro–junho de 1942

- Avanços alemães
- Contra-ataques soviéticos
- Linha de frente alemã, junho
- Linha de frente alemã, fim de maio
- Linhas defensivas soviéticas
- Guerrilheiros soviéticos operando por trás das linhas inimigas

A FRENTE ORIENTAL

O Cáucaso
junho–novembro de 1942
Ataques alemães
Recuos alemães
Linha de frente alemã
Recuo russo
Campo de petróleo
6000
3000
1500
600
300
0 pé
Orel
Yeletz
Tambov
Kursk
Voronezh
Svoboda
Saratov
Belgorod
Pavlovsk
Kharkov
Kamishin
Izyum
Ucrânia
Lugansk
Stalingrado
Baskunchak
Casaquistão
Mariopol
Rostov
Nova Cherhassk
Yetsk
Mar de Asov
Elista
Ulan Erge
Astrakhan
Kerch
Taman
Kropotkin
Krasnovar
Armavir
Stavropol
Novorossilsk
Mailkop
Tuapse
Georgiyevsk
Kisliar
Mar Cáspio
Piatigorsk
Mozdok
Sochi
Grozny
Ordzhonikidze
Sukhum
Makhach Kala
Montes Cáucasos
Mar Negro
Poti
Kutais
Tiflis
Geórgia
Batumi
TURQUIA
Azerbaijão
Frente de Voronezh
GALIKOV
Frente Sudoeste
VATUTIN
Frente do Don
ROKOSSOVSKY
Frente de Stalingrado
YEREMENKO
Frente do Cáucaso Norte
BUDENNY
Frente Trans Cáucaso
TYYULENEV
Grupo de Exército do Sul
BOCK
WEICHS
PAULUS
HOTH
RUOFF
LIST
KLEIST
Húngaros
Guardas
Italianos
Rom
Linhas de frente alemãs:
1 Junho de 1942
2 23 de julho de 1942
3 Novembro de 1942
100 km
100 milhas
N

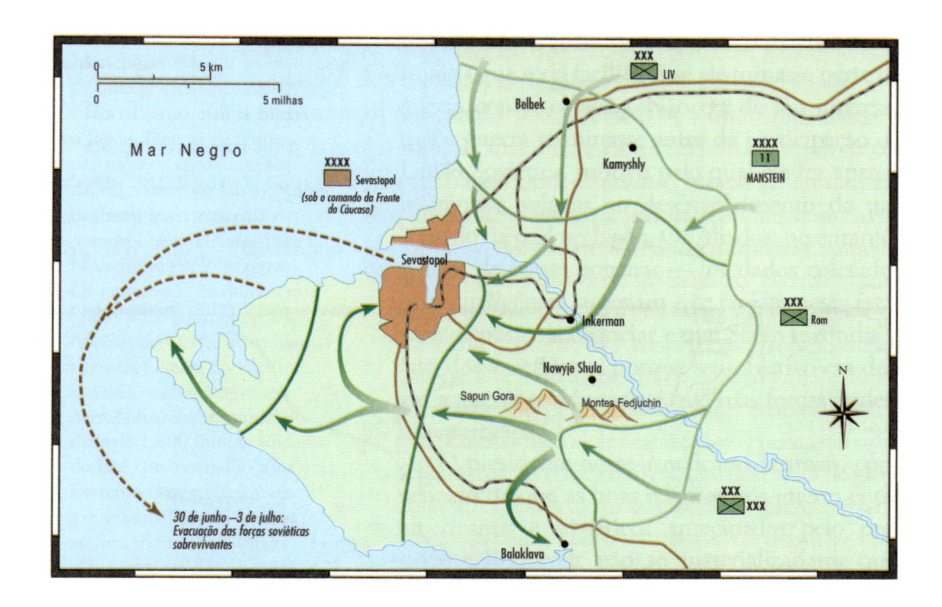

O SUL

O primeiro ataque alemão a Sevastopol, em 30 de outubro de 1941, fracassou, e a tentativa não foi renovada até 17 de dezembro. Os esforços alemães foram complicados por pousos de aviões-anfíbios russos ao leste da Crimeia, que só foram expulsos em fevereiro de 1942. Os alemães começaram a eliminar sistematicamente os defensores do porto — uma evacuação às pressas permitiu que alguns dos russos sobreviventes escapassem.

O cerco a Sevastopol estava chegando ao fim, e uma ofensiva alemã no Cáucaso estava programada para 18 de maio de 1942. Esse plano foi frustrado quando um ataque soviético para a retomada de Kharkov teve início seis dias antes da data de início dos alemães. Mesmo estando desprevenidos, os alemães improvisaram uma resposta eficiente antes de começar a ofensiva.

Três unidades soviéticas foram completamente destruídas, mas os alemães não conseguiram tomar Voronezh, o que fez Hitler demitir o general Bock e dividir seu comando em Grupos A e B. Hitler então ordenou a conquista dos portos do Mar Negro e dos campos de petróleo dos Cáucasos, sem avaliar que os soviéticos tinham se retirado para posições defensivas mais fortes.

Os objetivos de Hitler não se foram alcançados, ainda que suas forças tenham conseguido conquistar bastante terreno e ameaçar as cidades litorâneas do Mar Negro. De certo modo, esse foi o ponto alto da sorte alemã, já que a batalha logo tomaria uma dramática mudança de rumo para o pior.

Sem conseguir acompanhar o cronograma planejado para o ataque, os alemães procuraram revigorar a Operação Tufão em 4 de dezembro de 1941, sem saber que os russos definiam os toques finais de seu plano de contra-ataque.

No dia seguinte, forças soviéticas começaram a se deslocar na Frente de Kalinin, enquanto as últimas preparações eram feitas nas frentes oeste e sul para iniciar as ações em 6 de dezembro. O ataque em Kalinin foi uma total surpresa. Apesar do deslocamento de um considerável número de tropas e de toda a preparação associada a uma grande ofensiva, a inteligência alemã não notou nenhum dos sinais. Os alemães estavam completamente despreparados, e o caos reinou por algum tempo.

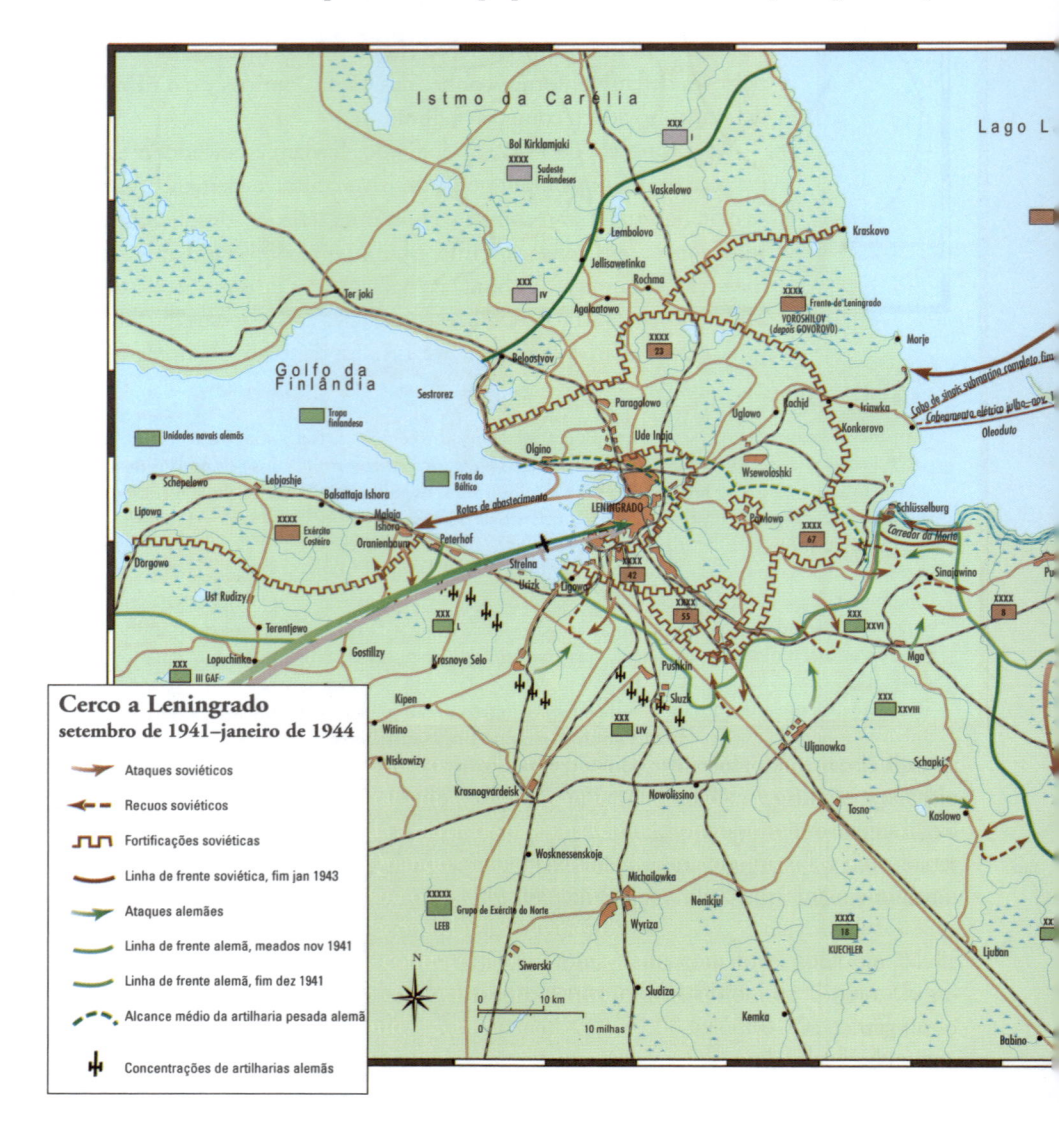

O general Zhukov usou o Primeiro Exército de Choque e as 10ª e 20ª Divisões para atacar nos arredores de Moscou, e as frentes alemãs ao norte e sul da cidade caíram. Apesar disso, não houve um recuo geral alemão.

Os ataques nas frentes oeste e sul não tiveram o mesmo elemento-surpresa que o da Frente de Kalinin, o que no final não fez muita diferença. As unidades alemãs foram pegas desprevenidas, e pela primeira vez no embate da Frente Oriental a iniciativa de batalha passou para os soviéticos. Stalin tinha esperanças de que a contra-ofensiva rendesse resultados decisivos, mas a estimativa era otimista demais em relação ao que suas tropas poderiam atingir naquele ponto da guerra. Assim, o contra-ataque russo continuava; no entanto, o Exército Vermelho não conseguiu explorar o impulso que ele representava. Os alemães montaram posições defensivas fortes, conhecidas como "ouriços", e o ritmo do avanço soviético começou a diminuir.

Na primavera de 1942, os dois lados haviam estancado. A esperança de Stalin para um golpe decisivo contra a Alemanha não se materializou, mas o combate criou uma série de complicações. Indo contra seus generais, Hitler proibiu o recuo geral diante do massacre do inimigo. Embora não haja dúvidas de que a recusa de Hitler em considerar a opinião de militares profissionais lhe custou caro mais tarde na guerra, esse caso foi diferente. As unidades

LENINGRADO

As forças alemãs isolaram a cidade de Leningrado no meio de setembro. A cidade foi salva pelo fato de que pelo menos alguns suprimentos podiam ser enviados usando o lago Lagoda, especialmente quando a água congelou o suficiente para permitir a passagem dos comboios de estrada, o que fez com que os alemães bombardeassem o lago para tentar quebrar o gelo em sua superfície.

A queda de Tikhvin em 9 de novembro forçou os soviéticos a ações desesperadas para manter a cidade abastecida. Uma estrada começou a ser entalhada no meio da floresta para manter um caminho aberto até as margens do lago.

Milhares de trabalhadores morreram no esforço para completar a estrada — e, em uma ironia amarga, as tropas russas retomaram Tikhvin três dias depois que ela ficou pronta. Apesar desse sucesso, a Operação Sinyavino (agosto-outubro de 1941) não conseguiu retomar Leningrado, fracasso que se repetiu na Operação Lyuban (janeiro-abril de 1942).

Outra tentativa de romper o bloqueio (além da Operação Sinyavino) foi realizada em agosto de 1942, também fracassando. Por fim, o 67º Exército e o 2º Exército de Choque conseguiram forçar um corredor estreito até a cidade em 18 de janeiro de 1943. Em uma semana, uma nova estrada e uma linha de trem haviam sido construídas, levando suprimentos para Leningrado.

Os alemães continuaram a sitiar a cidade, mas não conseguiram bloquear o corredor: no fim de 1943, veio a recompensa para mostrar que o enorme sacrifício dos cidadãos de Leningrado não tinha sido em vão.

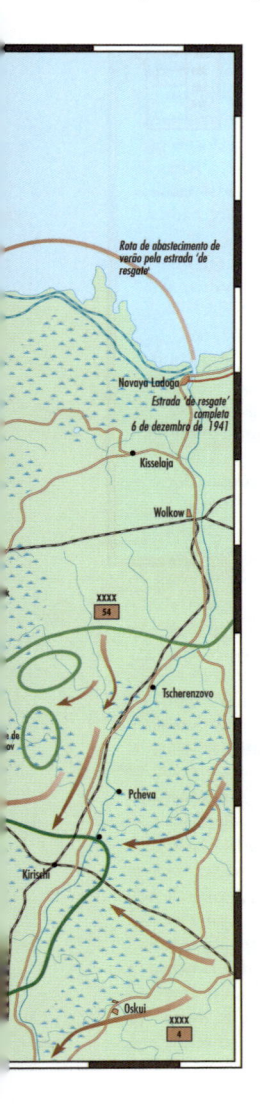

alemãs estavam entre retroceder ou serem aniquiladas, mas a decisão de não recuar foi acertada. É possível que, se houvesse uma retirada, o caos que dominou o recuo das forças de Napoleão em 1812 se repetisse. Dessa forma, os alemães permaneceram numa posição favorável. Isso apenas serviu para convencer Hitler de que ele podia descartar as opiniões de seus generais, o que gerou um padrão de comportamento desastroso, em que ele ignoraria totalmente a realidade militar para tentar atingir objetivos grandiosos muito além dos meios à sua disposição.

O fracasso em tomar Moscou não desincentivou Hitler a ponto de acabar com sua confiança nos planos alemães. Em vez disso, ele voltou sua atenção para o Cáucaso e para o sul da Rússia, vendo os ganhos potenciais de uma vitória na região. Várias considerações influenciaram a decisão de Hitler. A maior parte do abastecimento de petróleo soviético vinha da região e, se ela fosse tomada, o Exército Vermelho entraria em crise. Além disso, Hitler também se beneficiaria, pois as instalações de petróleo abasteceriam suas próprias tropas e ele não se preocuparia mais com a hipótese de ficar sem combustível. Esses fatores, que ignoravam a hipótese de os russos destruírem as instalações de petróleo para mantê-las fora do alcance dos nazistas, foram suficientes para persuadir Hitler a planejar a operação de 1942.

Os planos para a primeira fase da ação pediam que o Rio Volga fosse obstruído acima de Stalingrado, impedindo que o abastecimento de petróleo chegasse aos russos. A ação seria seguida por um ataque contra os campos de petróleo do Cáucaso, avançando sobre o Monte Cáucaso para atingir o objetivo.

Enquanto esses planos eram traçados, o cerco a Sevastopol chegava a um final sangrento. Mesmo antes do fim da Operação Tufão, as forças alemãs conseguiram conquistar a península da Crimeia, com exceção da cidade, que foi cercada. Um ataque inicial foi repelido e só no meio de dezembro o esforço para tomar Sevastopol foi

A INDÚSTRIA SOVIÉTICA

A mera escala da indústria de guerra soviética é difícil de imaginar. Quase ao mesmo tempo em que a guerra começou, em junho de 1941, o Comitê de Defesa do Estado Soviético ordenou uma rápida transferência das indústrias de base para a parte oriental da União Soviética, evacuando-as para os Montes Urais, Sibéria e Ásia Central. Em seis meses, 1.532 fábricas foram desmanteladas e enviadas para o leste em suas novas locações. Em meados de 1942, apenas cerca de 300 dessas instalações ainda não tinham começado a produzir.

Essas ações fizeram com que a União Soviética produzisse 238.000.000 toneladas de munição em 1942, em comparação com 63.000.000 toneladas em 1940 — e isso apesar da interrupção de quando as fábricas se mudaram. Entre 1943 e 1945, a União Soviética produziu mais de 80.000 aeronaves, 73.000 veículos de guerra e 324.000 peças de artilharia. Fábricas como a de Cheliabinisk eram colossais — a instalação tinha 64 linhas de montagem. Havia algumas deficiências nesse esforço gigantesco — mais de dois terços dos motores de transporte em serviço soviético em 1945 vinham dos Aliados do Ocidente, por exemplo. A Inglaterra e os EUA também forneciam um considerável número de aeronaves e outros itens. No entanto, essa contribuição era minimizada pela produção local: 14.795 aeronaves chegaram à União Soviética dos Estados Unidos durante a guerra, um número que representava cerca de quatro meses da produção soviética.

renovado. A luta continuou e, no início de junho, os alemães estavam prontos para o ataque final.

Começando em 6 e 7 de julho de 1942, o ataque levou 27 dias. A guarnição de 106.000 soldados, marinheiros e oficiais soviéticos lutou desesperadamente, até que se tornou evidente que não podiam mais segurar os alemães. Stalin ordenou a evacuação, que teve início em 30 de junho. Os soldados que ficaram na guarnição deram cobertura ao processo, frequentemente lutando até a morte. Em 4 de julho, os alemães clamaram vitória, e o porto ficou em suas mãos.

A ofensiva principal encontrou dificuldades quando os russos iniciaram um ataque próprio, mas continuou a progredir bem, alcançando o rio Don em julho de 1942. O avanço do Grupo de Exército A foi tranquilo, mas terminou por causa de uma grande ironia: depois de ocupar o campo de petróleo de Maykop, os alemães ficaram sem combustível e não puderam chegar ao principal objetivo. O foco da atenção então se voltou para Leningrado.

LENINGRADO

Como berço da revolução russa, Leningrado era especial tanto para os planos alemães quanto para os soviéticos, pois sua possessão era particularmente simbólica. Esse fato certamente influenciou na tomada de decisão de Hitler, que fez da conquista da cidade um dos pontos-chave da Operação Barba Ruiva, mesmo com os protes-

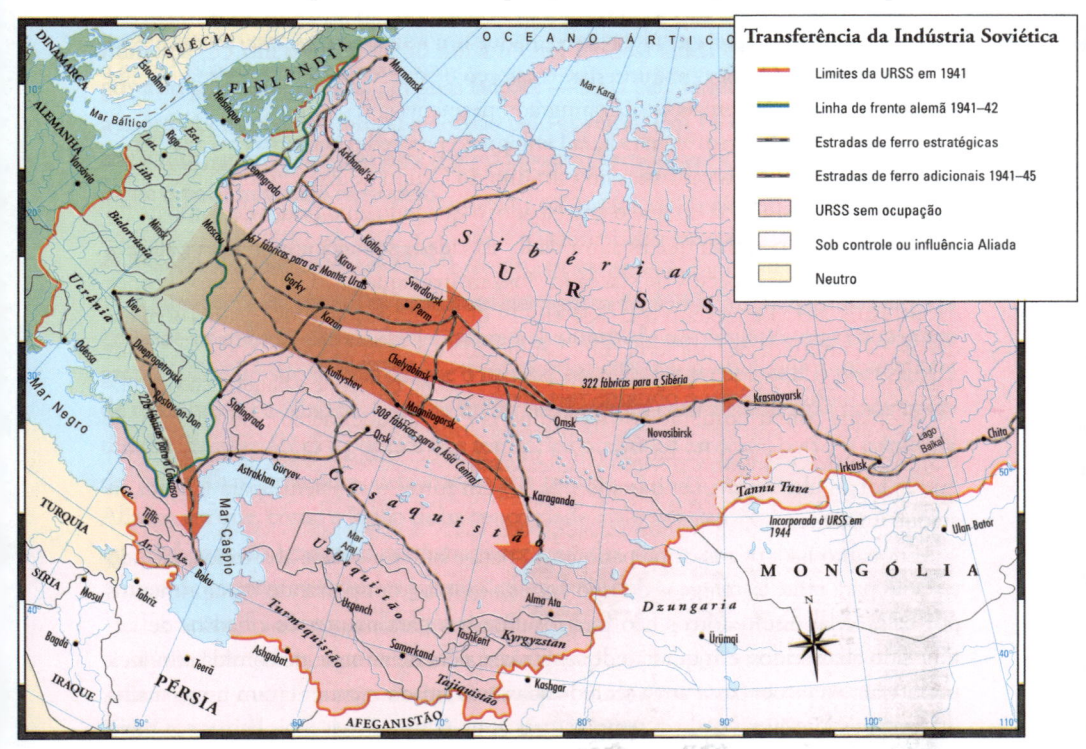

Acima: infantaria alemã em casacos de inverno se move com cautela com apoio de um tanque. A falta de rodovias pavimentadas na União Soviética causou muitos problemas aos alemães, pois os veículos quebravam com frequência e precisavam de mais manutenção do que o normal. Era cada vez mais difícil levar abastecimentos para a linha de frente, especialmente enquanto o exército avançava para o interior do país. A chuva e o calor do verão geravam enormes quantidades de lama e poeira, respectivamente.

tos de seus generais, que consideravam o ataque um atraso ao objetivo de conquistar Moscou. Quando Hitler permitiu que o esforço de guerra se voltasse para a capital soviética já era tarde demais — e Leningrado permanecia resistindo.

Inicialmente, o avanço alemão para Leningrado progrediu bem, mas foi mais lento do que o previsto. As forças russas no caminho do Grupo de Exército do Norte apresentaram mais resistência do que o antecipado, o que reduziu o poder de combate do avanço alemão e permitiu que as autoridades da cidade se preparassem para a defesa, mesmo que alguns aspectos de sua tática fossem inadequados. Os primeiros grupos da artilharia alemã chegaram à cidade em 1º de setembro de 1941 e, uma semana depois, as comunicações por terra entre Leningrado e o resto da União Soviética foram cortadas. O cerco à cidade estava completo em 15 de setembro, e a batalha começou.

A cidade sofreu bombardeios da artilharia e de ataques aéreos; no entanto, as exigências da Operação Barba Ruiva e a mudança de foco de Moscou fizeram com que as forças alemãs em Leningrado não fossem fortes o suficiente para lançar um ataque imediato.

Enquanto isso, os russos preparavam-se para manter a cidade abastecida, usando estradas para ir até as margens do lago Lagoda e então transportando os suprimentos por balsa. Mas esses esforços não foram suficientes para manter os cidadãos de Leningrado abastecidos; em questão de semanas, a falta de estoque de comida atingiu a população. As rações passaram a ser reduzidas, e os cidadãos enfrentavam uma batalha diária para sobreviver, vendo as temperaturas atingirem os níveis mais baixos em meio século. A situação piorava, e o Instituto Científico de Leningrado desenvolveu uma farinha artificial a partir de cascas e restos, adicionando uma variedade de substâncias, como serragem, ao "pão" produzido. Apenas um décimo das calorias diárias necessárias era fornecido pela comida disponível, e as pessoas começaram a morrer aos milhares. A situação ficou ainda mais grave em 9 de novembro, quando os alemães tomaram Tikhvin, de onde partiam os comboios de abastecimento para o lago Lagoda. A cidade foi reconquistada um mês depois e, nessa altura, o lago já tinha congelado o suficiente

STALINGRADO

A luta em e nos arredores de Stalingrado de setembro de 1942 a fevereiro de 1943 foi uma das batalhas mais ferozes da guerra. Os ataques alemães se exauriram em meados de outubro. Em novembro, as forças soviéticas cercaram a cidade e lentamente começaram a avançar. Tentativas de fuga e de reabastecimento aéreo não conseguiram impedir a derrota alemã.

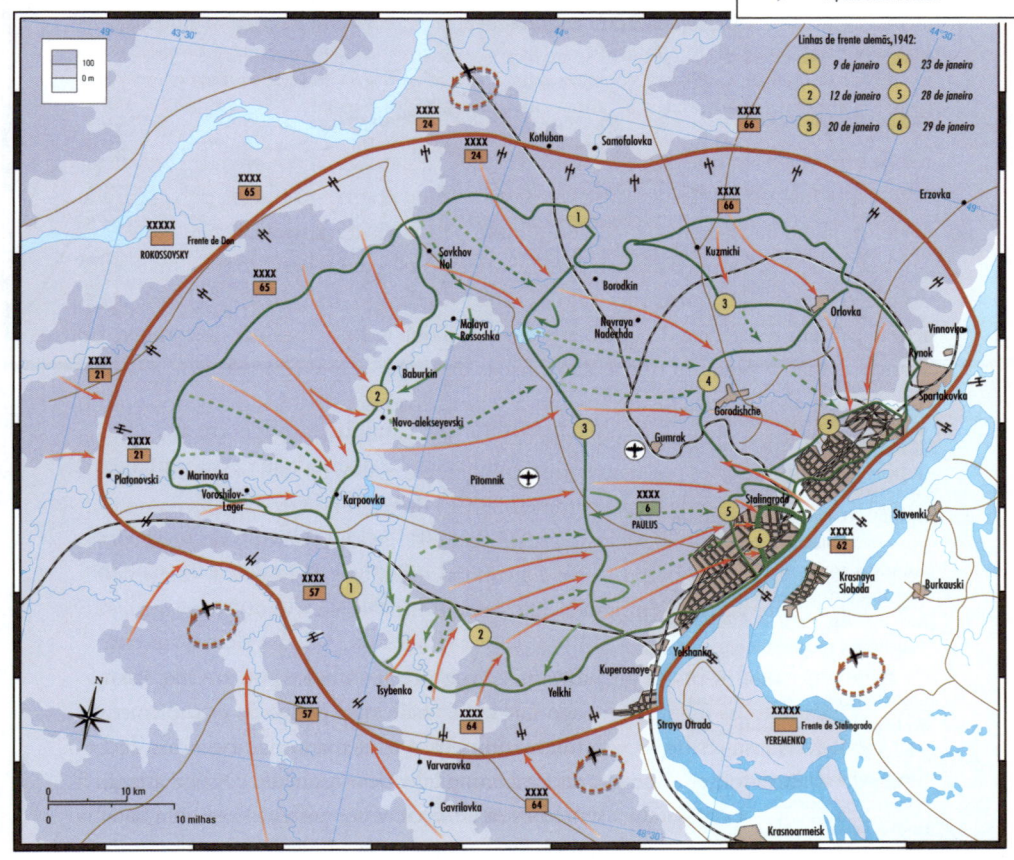

A batalha por Stalingrado
setembro 1942 – fevereiro 1943

- Ataques russos
- Contra-ataques alemães
- Recuos alemães
- Linha de frente alemã
- Limite da artilharia russa
- Apoio aéreo russo

Linhas de frente alemãs, 1942:
1. 9 de janeiro
2. 12 de janeiro
3. 20 de janeiro
4. 23 de janeiro
5. 28 de janeiro
6. 29 de janeiro

A FRENTE ORIENTAL 145

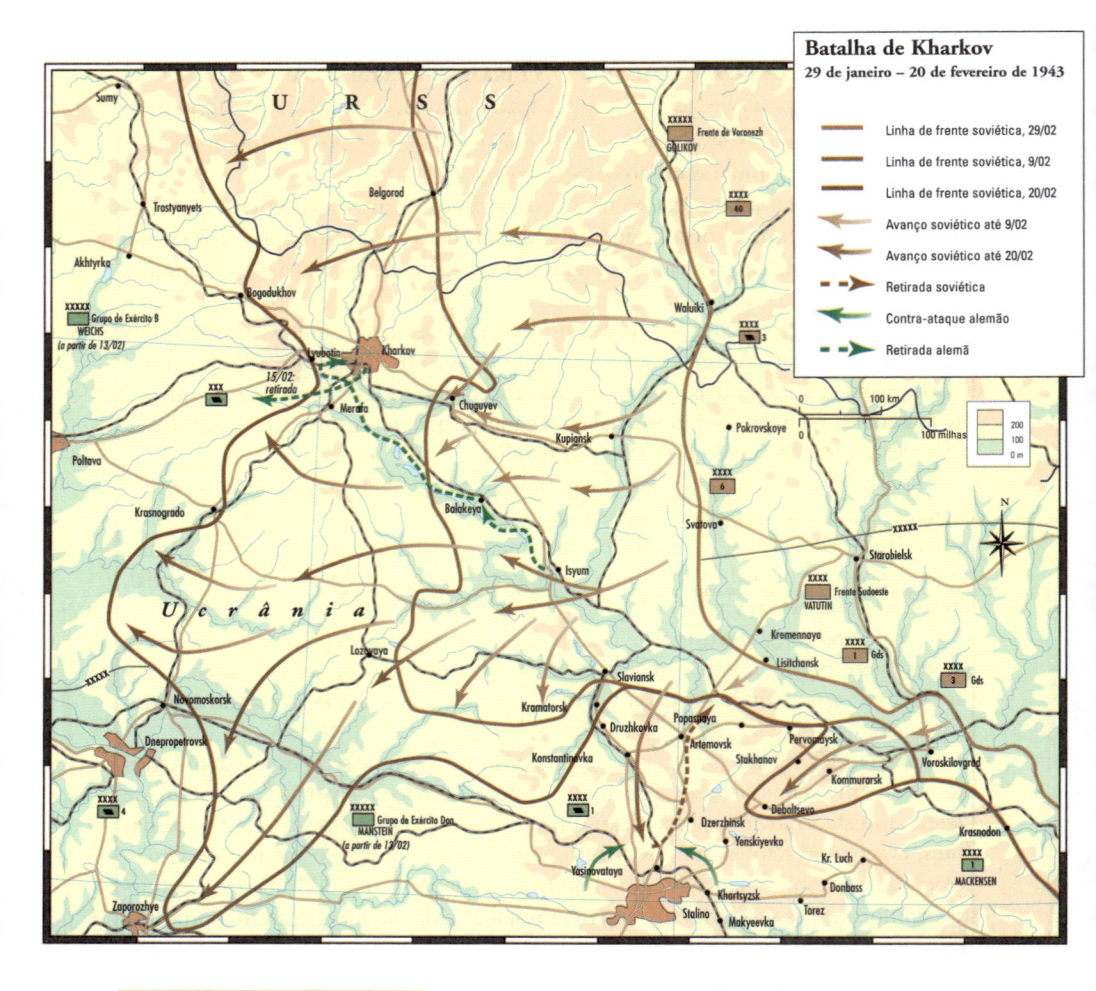

KHARKOV

Ansiosos para explorar o bom momento, os russos lançaram um novo ataque, tendo Kharkov como objetivo. Eles tiveram sucesso logo de cara e retomaram a cidade, mas novas tropas alemãs chegaram para o combate, e o bom momento dos russos acabou. O clima ruim e a falta de abastecimento forçaram a frente sudoeste a recuar para posição defensiva no norte de Kursk.

para permitir que caminhões dirigissem por cima dele; mesmo assim, a quantidade de suprimentos fornecida ainda era insuficiente.

As tentativas de quebrar o bloqueio em 1941 e 1942 falharam, mas uma nova tentativa em janeiro de 1943 foi bem-sucedida. Um corredor estreito entre o lago Lagoda e as posições alemãs foi estabelecido, pelo qual os comboios podiam atravessar, ainda que em considerável perigo de cruzar com a artilharia inimiga. Os alemães mantiveram o bloqueio a Leningrado pelo resto de 1943, e apenas em 1944 os esforços russos para romper completamente o cerco tiveram resultados.

A TRANSFERÊNCIA DA INDÚSTRIA SOVIÉTICA

Um dos maiores feitos de Stalin como líder soviético foi avançar a industrialização em massa de seu país, embora esse sucesso tenha ficado para sempre maculado pelo enorme custo humano necessário para atingi-lo.

Os líderes comunistas sabiam que uma das causas primárias do fracasso da Rússia na I Guerra Mundial tinha sido a falta de um parque industrial para fornecer o armamento de guerra necessário para lutar em um conflito moderno. Outras nações europeias haviam temido a magnitude do exército russo durante o século XIX, mas, conforme a I Guerra Mundial se desenrolou, ficou evidente que as tropas russas eram mal-equipadas. A intervenção Aliada na Rússia em 1918-19 e a clara ameaça à sobrevivência do regime bolchevique convenceram os líderes soviéticos de que era preciso criar uma vasta rede industrial para garantir que, no futuro, o exército tivesse o equipamento apropriado no campo de batalha.

O programa de industrialização foi grandioso e cuidadosamente pensado. A proclamada cidade de Magnitogorsk serviu como exemplo da escala do processo de industrialização. Em 1928, a cidade tinha meros 25 habitantes; quatro anos mais tarde, depois que o local foi escolhido como ponto para uma nova cidade industrial, havia 250.000 pessoas vivendo lá.

A maior parte da indústria de base pesada da União Soviética localizava-se em lugares longínquos, no leste dos Montes Urais, na Sibéria ou na Ásia Central, com a vantagem de estar bem longe do alcance dos ataques aéreos alemães quando a guerra teve início.

Com a indústria leve era diferente, pois grande parte desse setor estava dentro dos limites de um exército invasor. Assim que a guerra começou, em 1941, o Comitê de Defesa do Estado soviético organizou um êxodo em massa de indústrias e trabalhadores, evacuando setores inteiros das fronteiras ocidentais para o interior da União Soviética. Embora tenha havido uma interrupção natural na produção dessas indústrias conforme elas se mudavam, uma vez restabelecidas elas começaram a produzir armamentos de guerra em grandes quantidades. A força de trabalho era sustentada pela convocação de mulheres, crianças e idosos para substituir os homens em idade de se juntar ao exército — já em 1941, apenas poucos meses depois da invasão alemã, 70% da força industrial de Moscou eram de mulheres.

Uma vez que as indústrias foram realocadas com sucesso, a taxa de produção aumentou dramaticamente. Embora os russos tivessem acesso a apenas um terço do aço e do carvão disponíveis para a Alemanha em 1942, suas fábricas produziam duas vezes mais material de guerra. Uma das principais vantagens da indústria russa estava no fato de que muitas fábricas tinham capacidade de produção dupla: a maior parte da jornada de trabalho era destinada a materiais necessários para a agricultura e outros aspectos da produção industrial, com o resto do tempo voltado ao material de guerra, como tanques ou rifles. Quando a guerra teve início, as fábricas simplesmente reverteram a proporção de cada produto — uma fábrica de trator, por exemplo, produzia tanto tratores quanto tanques na época de paz, na proporção de 80 para 20 a favor dos tratores. Com a guerra, a taxa foi invertida, com 80% da produção destinando-se aos veículos de batalha.

Frente Oriental
Início de março de 1943

VITÓRIA ALEMÃ

No início de março de 1943, a guerra na Frente Oriental apresentava um novo aspecto. Embora os alemães ainda detivessem grande parte do território soviético, suas tropas tinham passado por um massacre terrível e sofrido perdas maciças durante o inverno, culminando no desastre em Stalingrado. Por outro lado, embora os russos também tivessem sofrido grandes perdas, eles ainda estavam acrescentando novas e bem-equipadas divisões ao campo de batalha, e o Exército Vermelho no geral tinha passado a lutar melhor, como resultado das reformas no comando e das lições aprendidas nas batalhas anteriores.

A eficiência crescente das forças soviéticas demonstrada em Stalingrado e nas ofensivas que se seguiram levou à reconquista de Kharkov. O Grupo de Exército Don estava sob séria ameaça das forças russas ao redor da cidade, e a solução do Marechal-de-campo Manstein foi um ousado contra-ataque alemão. Ele reuniu um exército de 24 divisões reconstituídas e realizou o ataque em 20 de fevereiro de 1943, forçando os russos a recuarem até o rio Donets.

Kharkov voltou para o domínio dos alemães e isso concluiu as campanhas de inverno de 1942-43, com os dois lados exaustos. No entanto, mesmo que o contra-ataque de Manstein tenha resgatado a posição alemã no sudeste da Rússia, não se podia esquecer o fato de que três exércitos alemães tinham sido completamente destruídos na luta, além de outros três exércitos do Eixo.

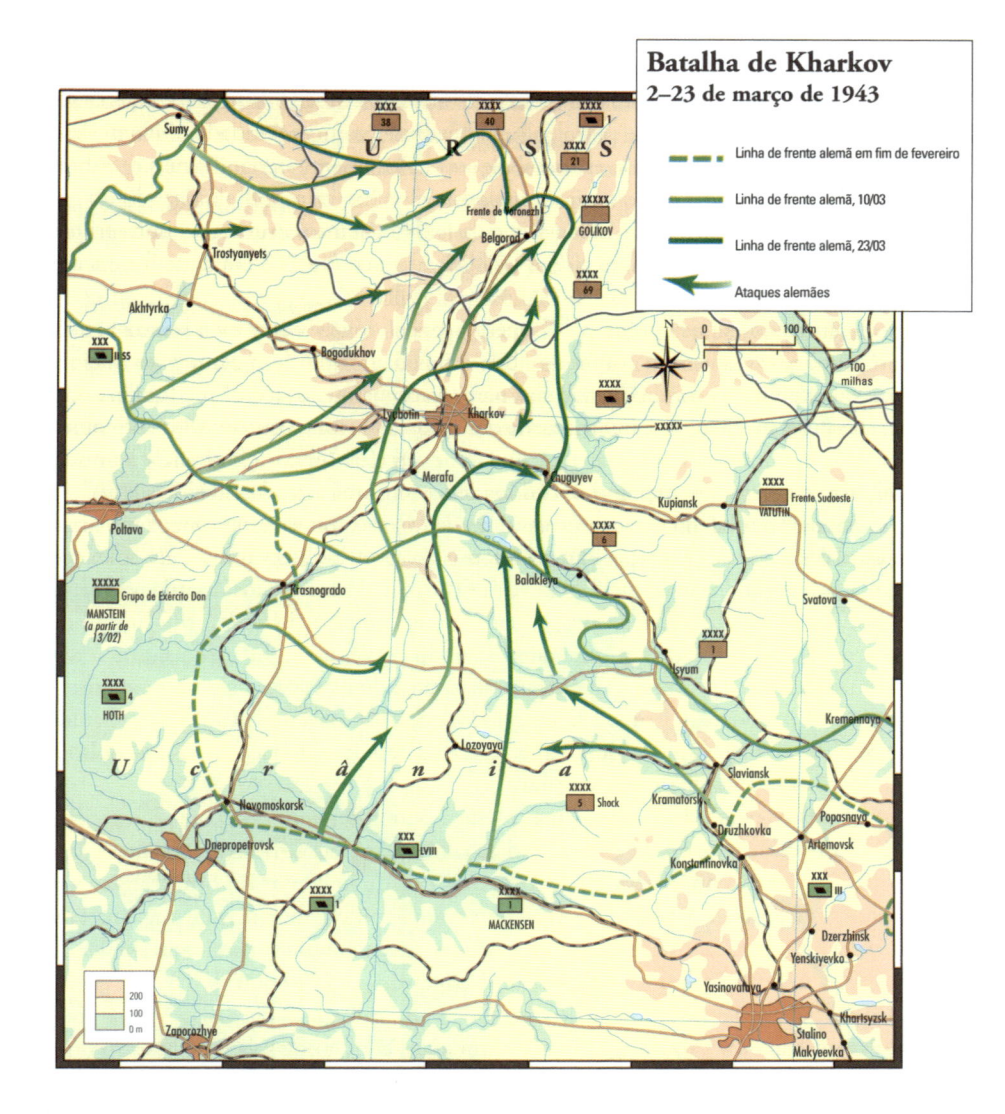

STALINGRADO E KHARKOV

Assim como Leningrado, Stalingrado tinha um significado simbólico particular na luta da Frente Oriental. Hitler considerava que sua conquista seria um golpe forte contra o regime soviético, ao mesmo tempo em que traria imensos benefícios de propaganda para os nazistas. Stalingrado não era o objetivo principal dos planos de campanha de Hitler em 1942, que focavam na destruição das forças russas no rio Don e no subsequente avanço pelos campos de petróleo do Cáucaso. Como parte desses planos, Stalingrado deveria ser neutralizada ou tomada, privando, assim, o Exército Vermelho de sua produção industrial e de rotas de transporte. Quando o Exército Vermelho começou a contra-ofensiva em Voronezh em meados de julho,

Hitler aproveitou para mudar a ênfase de sua campanha: Stalingrado deveria ser atacada, com os campos de petróleo permanecendo como prioridade também. Isso representava uma divisão de esforços, algo potencialmente perigoso; mas o Führer não deu ouvido às objeções e determinou que o 6º Exército, sob o comando do general Friederich Von Paulus, tomasse a cidade. No entanto, Paulus não tinha tropas o suficiente para cercar Stalingrado e foi obrigado a conduzir um ataque frontal em terreno urbano.

Stalingrado era defendida pelo Tenente-general Vasily Chuikov e seu 62º Exército. Chuikov assumiu o comando apenas três dias antes de o ataque ter início e buscou explorar as condições urbanas para dificultar que os alemães coordenassem sua força aérea, infantaria e forças armadas. A batalha começou em 14 de setembro de 1942 e se arrastou por semanas de luta feroz. Os alemães fizeram algum progresso, mas não conseguiram expulsar os obstinados defensores.

Enquanto a batalha se desenrolava, o Alto Comando soviético preparava uma contra-ofensiva. A Operação Urano fez uso de mais de 1,05 milhão de soldados russos, procurando cercar Stalingrado de norte a sul. A ofensiva foi lançada pelo setor norte em 19 de novembro, acompanhada no dia seguinte pelo setor sul. Em 23 de novembro, as duas forças se juntaram, isolando os alemães. Hitler se recusou a dar permissão para suas tropas se renderem, mas, quando os esforços alemães para romper o cerco à cidade falharam, ficou evidente que a situação estava perdida. Paulus se rendeu em 31 de janeiro de 1943 e, dois dias depois, as forças alemãs nos bolsões norte da cidade também se entregaram.

Os russos estavam ansiosos para explorar o bom momento e deram início a várias operações que coincidiram com a rendição em Stalingrado. A Frente Voronezh atacou em sequência no sul, em 29 de janeiro de 1943, e forçou um enorme buraco nas linhas alemãs. As circunstâncias se sobrepuseram às ordens de Hitler de que Kharkov deveria ser mantida a todo custo: as unidades russas entraram na cidade em 15 de fevereiro e, pelas 24 horas seguintes, uma batalha amarga tomou as ruas. As tropas alemãs lutaram para conseguir deixar a cidade e, ao final do dia 16, os russos controlavam Kharkov novamente. Eles continuaram com a ofensiva e ficou claro que, se algo não fosse feito imediatamente, o Grupo de Exército Don, comandado pelo Marechal-de-campo Erich von Manstein, seria isolado e destruído.

FRENTE ORIENTAL, MARÇO DE 1943

O sucesso russo em Stalingrado marcou uma reviravolta na guerra no Oriente, embora tenha levado algum tempo para o impacto da vitória ser totalmente explorado. Depois do avanço russo em Kharkov, os alemães tomaram consciência do calibre de seu oponente. Os russos tinham perdido milhões de soldados e uma considerável parte de seu território, mas ainda eram capazes não apenas de partir para a ação ofensiva, como também começavam a causar danos sérios aos alemães. Stalingrado tinha sido um desastre, e a perda de Kharkov deixou o Grupo de Exército Don sob o risco de extermínio. O Grupo de Exército A tinha escapado por pouco da destruição

Abaixo: uma unidade soviética antitanque dá apoio para o avanço do Exército Vermelho. Em 1943, as forças russas não eram mais inexperientes ou fáceis de derrotar como antes, e os alemães já não detinham mais a superioridade aérea, que tinha permitido que eles derrotassem todas as forças defensivas até então. Embora o Exército Vermelho ainda não conseguisse tomar a iniciativa, os recursos da União Soviética e o apoio dos Aliados do Ocidente garantiriam que seus soldados apenas melhorassem sua força de luta.

e foi forçado a deixar o Cáucaso, além da península Taman e da área litorânea de Novorissiisk, por conta da ação da Frente Sul soviética.

Enquanto os alemães enfrentavam sérios problemas, os russos colocavam em prática algumas das lições aprendidas a duras penas nos 18 meses anteriores. As mudanças mais importantes aconteceram no nível do alto comando. Stalin entendeu que seu julgamento militar não era tão bom quanto o de seus generais e passou a permitir que eles exercessem suas próprias iniciativas. Ainda que sua aprovação final ainda fosse necessária para as operações mais significativas, o Alto Comando soviético deixou de ser apenas a equipe que colocava em ação os planos de Stalin.

A nomeação do general Georgy Zhukov como vice de Stalin e do coronel-general Aleksander Vasilevsky como Chefe de Equipe foi seguida pela reorganização da estrutura de comando do Exército Vermelho. A interferência política nos níveis tático e operacional foi extinta, e o comando total foi garantido apenas aos oficiais militares, não mais a comissários políticos. Assim, no início de 1943, o Exército Vermelho não era ainda uma obra concluída, mas caminhava na direção de se tornar uma força eficiente e imponente no Oriente.

NOVA OFENSIVA ALEMÃ

A grande saliência que tinha se desenvolvido para além de Kursk era um ponto óbvio para a ofensiva alemã, pois era vulnerável ao tipo de movimento duplo que caracterizou os sucessos da Operação Barba Ruiva. O bom trabalho de inteligência russa fez com que, em abril de 1943, Zhukov tivesse certeza de que o próximo ataque alemão seria na área de Kursk, o que permitiu que ele começasse as preparações. Tropas foram trazidas de outras frentes para defender a saliência, enquanto traçaram-se planos para uma enorme contra-ofensiva de resposta de toda a parte sudeste da frente.

No início de julho, os alemães tinham concentrado quase 3.000 tanques e armas ao redor da saliência. Enquanto essas forças se reuniam, os soviéticos prepararam sete incrivelmente fortes linhas de defesa entre abril e julho, com as divisões de reserva posicionadas do lado oposto das maiores concentrações alemãs para impedir que elas tivessem vantagem. Os russos também montaram uma linha de defesa atrás da saliência. Quase um milhão de homens e 3.300 tanques esperavam os alemães, com outros 380.000 homens e 600 tanques na reserva — e essas eram apenas as defesas táticas. A linha operacional atrás da saliência tinha 500.000 homens e outros 1.500 tanques. A ofensiva decisiva de Hitler estava preste a começar com suas tropas em séria desvantagem numérica, contra oponentes bem protegidos em linhas de defesas fortes e com maciças reservas.

A RETOMADA DE KHARKOV

Ainda havia alguns obstáculos diante dos russos, especialmente na forma dos habilidosos comandantes alemães. Talvez o exemplo mais claro disso tenha vindo de Manstein, que procurou resgatar o Grupo de Exército Don de sua posição. Manstein calculou que os esforços soviéticos durante janeiro e fevereiro de 1943 tinham sobrecarregado as linhas de abastecimento e reduzido a densidade das defesas russas e, assim, buscando reforçar a posição de seu grupo de exército, decidiu lançar um contra-ataque. Essa era uma linha de ação potencialmente perigosa, mas Manstein acreditava que as deficiências nas forças do Exército Vermelho devido às operações recentes garantiriam seu sucesso.

Em 20 de fevereiro, ele lançou a primeira fase do contra-ataque, avançando sobre o 6º Exército russo. Durante os dias seguintes, o avanço continuou, com os russos sem conseguir responder à altura. Kharkov foi retomada em 14 de março; no entanto, os russos contaram com reforços e conseguiram estabilizar sua linha de frente antes que uma ruptura mais significativa acontecesse. A batalha deixou os dois lados exaustos. A chegada do degelo da primavera trouxe uma pausa à campanha de guerra, enquanto soviéticos e nazistas procuravam se reagrupar.

FRENTE ORIENTAL

O fim da contra-ofensiva de Manstein deixou uma saliência significativa nas linhas russas, centralizadas na cidade de Kursk. Para Hitler, isso oferecia uma oportunidade de destruir as duas frentes soviéticas (Central e de Voronezh) na área. Hitler estava convencido de que o sucesso seria certo se suas forças estivessem equipadas com números suficientes dos novos tanques Tiger e Panther e as armas autopropulsadas que saíam das linhas de produção.

A validade dessa ideia era duvidosa, mas um problema mais sério estava no fato de que as fábricas alemãs não conseguiam atender à demanda por novos armamentos. Isso levou Hitler a adiar o plano de ofensiva até que os equipamentos estivessem disponíveis — dando tempo para que os soviéticos se recuperassem da batalha do inverno e reforçassem suas forças. Além disso, a habilidade da inteligência soviética estava se aperfeiçoando, e os atrasos no início da operação deram aos russos uma chance excelente de descobrir detalhes do plano.

Do lado alemão, os generais de Hitler não estavam nada impressionados com a ideia de lançar uma nova ofensiva. Eles questionaram se haveria mesmo recursos disponíveis para a ação e discordaram com a decisão de adiar o plano para esperar novos equipamentos, apontando que o atraso daria tempo para que os russos se fortalecessem, com consequências potencialmente desastrosas. Não pela primeira vez, Hitler se recusou a ouvir os comandantes militares e seguiu em frente.

O general Heinz Guderian, inspetor geral das forças Panzer, era completamente contrário à ideia de qualquer nova ofensiva à Rússia. Ele argumentou que a posição alemã no norte da África estava em apuros e logo entraria em colapso, enquanto a

KURSK

Para destruir a saliência de Kursk, os alemães lançaram ataques quase simultâneos de norte a sul. Ao norte, o 9º Exército, do general Walter Model, encontrou forte resistência e só avançou cerca de 16 km no primeiro dia. Ao sul, o avanço foi de 19 km. O flanco sul manteve o ritmo de avanço até alcançar Prokhorovka. A enorme batalha de tanques que se desenrolou lá a partir de 11 de julho foi decisiva.

Embora os alemães tivessem destruído mais de 400 tanques soviéticos, essas perdas foram suportadas com facilidade; a perda alemã de 100 veículos armados era muito mais séria. O fracasso das unidades alemãs em seguir em frente marcou a primeira vez em que uma ofensiva alemã não conseguiu penetrar nas defesas russas.

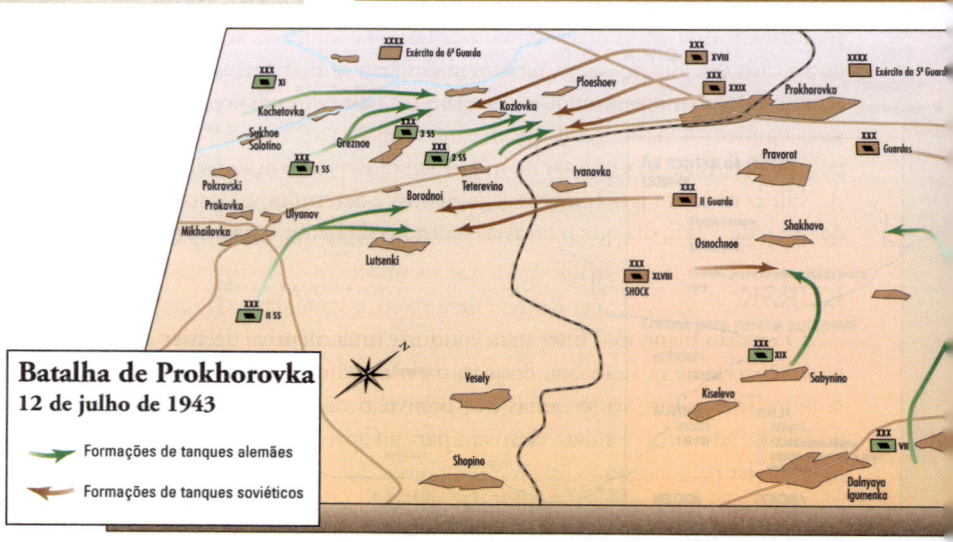

Operação Zitadelle
5–13 de julho de 1944

- Ataques alemães
- Contra-ataques soviéticos
- Linhas defensivas soviéticas

Batalha de Prokhorovka
12 de julho de 1943

- Formações de tanques alemães
- Formações de tanques soviéticos

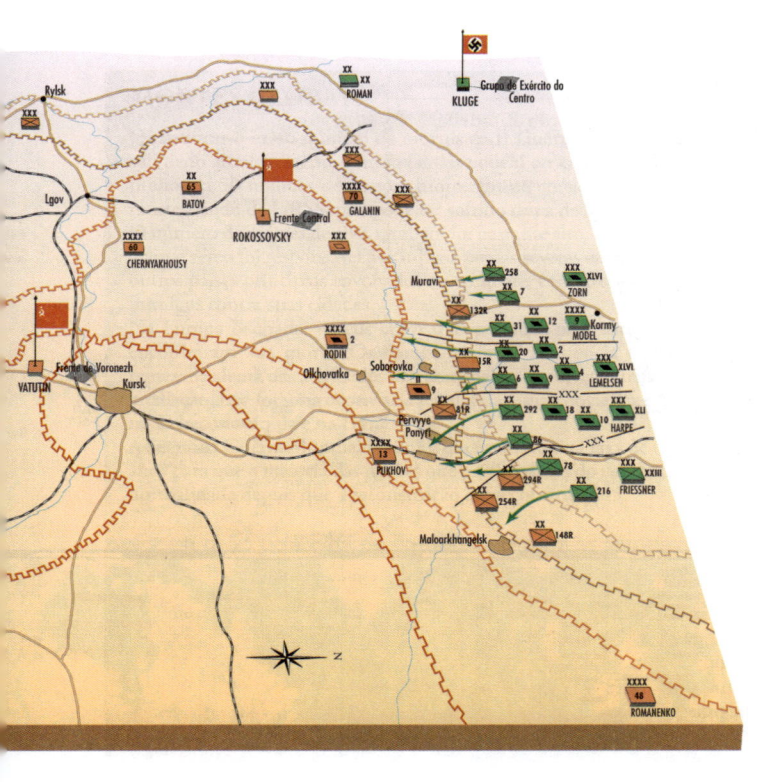

probabilidade de uma invasão da Europa liderada por forças anglo-americanas aumentava a cada dia. Em vez de gastar armamento em outra batalha no Oriente, Guderian acreditava que os novos tanques deveriam ser mantidos para combater as forças invasoras na Alemanha. Ele pedia que as tropas alemãs na União Soviética adotassem uma postura defensiva, sem apostar de modo algum em outra ação ofensiva.

Hitler também ignorou seus argumentos e determinou a data da ofensiva para 5 de julho de 1943, dia que marcaria o começo da maior batalha armada da história.

KURSK

O ousado plano de Hitler para conduzir uma ofensiva decisiva contra os russos na saliência de Kursk atrasou enquanto ele esperava que um número suficiente de tanques Tiger e Panther se tornasse disponível para suas forças armadas. Por fim, o 5 de julho que marcava a data de início para a Operação Citadel (o codinome para a ação em Kursk) chegou.

O Grupo de Exército do Sul tinha realizado várias operações preparatórias em 4 de julho para garantir as posições de início para Citadel, com o ataque começando às 05h30min da manhã seguinte. Três divisões Panzer e cinco divisões de infantaria do Grupo de Exército do Norte lideraram o ataque e conseguiram ganhar cerca de 10 km; no entanto, o progresso se devia apenas ao fato de que os russos tinham recuado seu segundo cinturão defensivo.

Acima: soldados da tropa de assalto finlandesa aguardam a ordem para atacar. O conflito entre finlandeses e russos começou na Guerra de Inverno de 1939–40. Os finlandeses viram a invasão alemã como uma oportunidade de ganhar território; no entanto, a mudança na sorte alemã levou a Finlândia a pedir pela paz em 1944.

Depois de conquistar um pouco mais de terreno no segundo dia, os alemães estagnaram, sofrendo pesadas perdas. O Grupo de Exército do Sul inicialmente teve problemas por conta do clima, que fazia cruzar riachos e rios ser extremamente difícil. Ainda assim, a primeira linha de defesa russa foi rompida e, ao cair da noite de 5 de julho, os alemães tinham conseguido avançar cerca de 11 km. Em 11 de julho, o 2o Corpo de Exército SS Panzer alcançou Prokhorovka, uma pequena vila, notável nessa altura apenas por sua junção ferroviária e nada mais. Isso estava prestes a mudar, pois Prokhorovka se tornaria o palco da maior batalha de tanques da história.

Em 10 de julho, o general Vatutin, comandante da Frente Voronezh, fez uma avaliação das intenções alemãs e concluiu que eles buscariam atacar por Prokhorovka, numa tentativa de romper as defesas russas. Vatutin rapidamente desviou o Tenente-general Pavel Rotmistrov e seu 5º Exército de Tanques de Guarda para reforçar as posições de defesa da área. Assim que atingiu sua posição, o 5º Exército recebeu ordens de Vatutin para lançar um contra-ataque. O resultado foi uma enorme batalha em 12 de julho, da qual participaram mais de mil tanques. Depois de 36 horas de luta, os alemães tiveram que parar. Embora tivessem destruído mais tanques do que perdido, eles não detinham mais a vantagem da iniciativa. Todos os planos de renovar a ofensiva foram cancelados pelos acontecimentos em outros pontos da guerra.

Em 10 de julho, uma força de invasão anglo-americana pousou na Sicília. Hitler concluiu — de modo certo — que uma invasão à Itália viria em seguida, com resultados potenciais preocupantes. A moral do Alto Comando italiano estava em declínio significante nos últimos meses, e Hitler suspeitava que uma invasão Aliada ao país levaria os italianos a se render. Assim, o Führer decidiu que precisava reforçar suas unidades no Ocidente, à custa da Operação Citadel. Hitler cancelou o ataque e deu ordens para a transferência de várias unidades para Frente Ocidental. Em alguns casos, como o II Corpo de Exército SS Panzer, a transferência foi atrasada pela necessidade de se desvencilhar da batalha contra as forças soviéticas antes de poder obedecer.

Como resultado das ordens de Hitler, a única opção disponível para as forças alemãs nos arredores de Kursk era continuar a lutar para recuar até as posições de onde tinham saído em 5 de julho — e o pior medo dos generais de Hitler na região tinha se realizado.

AVANÇO PARA O DNIEPER

Enquanto o elemento norte do ataque alemão a Kursk parava diante da feroz resistência russa, a Frente Ocidental Soviética (do general Sokolovsky) lançava a Operação Kutuzov, um ataque contra o 2º Exército Panzer. As forças alemãs, envolvidas na sua própria ofensiva, foram pegas de surpresa pela Operação Kutuzov. Os alemães foram rapidamente vencidos, com as unidades russas ameaçando cortar as linhas de comunicação do 9º Exército de Model. Kutuzov foi seguida por uma ofensiva na direção de Orël pela Frente de Bryansk, do general Popov. Orël detinha a estrada principal e a junção ferroviária da região, e a perspectiva de perder a cidade era preocupante para os alemães. Orël caiu depois de uma semana, e os russos continuaram a forçar o avanço; em meados de agosto, as posições alemãs ao norte se tornaram

Avanço soviético para Dnieper
5 de julho –1 de dezembro de 1943
Linha de frente soviética, 5/07
Deslocamentos soviéticos até 1/09
Linha de frente soviética, 1/09
Deslocamentos soviéticos até 1/10
Linha de frente soviética, 1/10
Deslocamentos soviéticos até 1/12
Linha de frente soviética, 1/12
Contra-ataques alemães
Linha defensiva Panther–Wotan
Mar Báltico
Golfo da Finlândia
Tallinn
Frente de Leningrado
GOVOROV
Leningrado
Pärnu
Golfo de Riga
Grupo de Exército do Norte
KUECHLER
Frente de Volkhov
MERETSKOV
Novgorod
Pskov
Frente Noroeste
POPOV
Riga
Kholm
U R S S
Kalinin
Rzhev
MOSCOU
Polotsk
Frente Carélia
PURKAEV
Vilnius
Vitebsk
Vyazma
Grupo de Exército do Centro
KLUGE
Smolensk
Orsha
Minsk
Frente Oeste
SOKOLOVSKY
Tula
Mogilev
Roslavl
Bielorrússia
Bobruysk
Bryansk
Orel
Pinsk
Gomel
Frente Bielorrussa
ROKOSSOVSKY
Eletz
Kursk
Lutsk
Chernigov
Frente de Voronezh
VATUTIN
Konotop
Nieshin
Sumy
Romny
Zhitomir
Kiev
Belgorod
Berdichev
Kanev
Kharkov
Frente de Steppe
KONIEV
Vinnitsa
Cherkassy
Poltava
Frente Sudoeste
MALINOVSKY
Grupo de Exército do Sul
MANSTEIN
Uman
Kremenchug
Kirovo
Pervomaisk
Dnepropetrovsk
Balta
Zaporozhe
Frente Sul
TOLBUKHIN
Ucrânia
Nikopol
Kishinev
Tiraspol
Nikolayaev
Taganrog
Rostov
Mariupol
Azov
Grupo de Exército A
KLEIST
Odessa
Kherson
Melitopol
Mar de Azov
Galatz
Ismail
Golfo de Karkinitski
Grupo de Exército A
KLEIST
Frente Cáucaso
PETROV
ROMÊNIA
Criméia
Kerch
Simferopol
Feodosiya
Sevastopol
Novorossiisk
Constanta
FROTA DO MAR NEGRO
VLADIMIROVSKY
Mar Negro
1500
1000
500
200
100
0 m
0
100 km
0
100
milhas

> **AVANÇO SOVIÉTICO**
>
> Os eventos que seguiram a batalha de Kursk foram um grande golpe para as forças alemãs na Frente Oriental. Suas perdas podiam ser suportadas; no entanto, sem uma brecha no furioso ataque russo estava evidente que os nazistas estavam sob o sério risco de simplesmente não conseguirem mais trazer soldados para a linha de batalha com agilidade o suficiente para conter os ataques.
>
> Essa situação foi amplamente ilustrada pela Operação Rumyantsev. As duas frentes soviéticas envolvidas tinham sofrido enormes perdas no conflito em Kursk e parecia inconcebível que conseguissem se reagrupar e se preparar para novas ações. Os comandantes alemães imaginaram que, no mínimo, as duas forças permaneceriam inativas até o fim de agosto de 1943. Na verdade, as duas frentes receberam reforços rapidamente e, quando o combate foi reiniciado no início de agosto, os alemães se viram em desvantagem numérica de 3 para 1, enfrentando quase 700.000 russos. A combinação habilidosa de exércitos armados e tanques de batalha fazia com que os russos conseguissem abrir caminho pelas linhas alemãs com relativa facilidade. Os comandantes alemães eram profissionais competentes, mas as condições que enfrentavam eram impossíveis. Alguns contra-ataques conseguiram atrasar o avanço russo para o rio Dnieper, mas não chegaram nem perto de impedi-lo. Os soldados soviéticos agora cercavam as margens do rio, esperando para dar o próximo passo.

insustentáveis e tiveram que ser abandonadas. Os alemães recuaram para preparar posições defensivas a 120 km a oeste.

Enquanto as operações ao norte se desenrolavam, os russos não ignoraram as posições do inimigo ao sul. A Frente Steppe, do general Knoen, e a Frente Voronezh, do general Vatutin, lançaram sua própria ofensiva (Operação Polkovodets Rumyantsev), com o objetivo de destruir as posições alemãs ao sul da saliência antes de seguir para retomar Belgrado e Kharkov.

Quando Rumyantsev começou, em 3 de agosto, os alemães foram mais uma vez pegos de surpresa. Eles tinham corretamente concluído que as frentes de Steppe e Voronezh sofreram grandes perdas durante o embate em Kursk, mas subestimaram a capacidade russa de trazer reforços para a linha de batalha e, dessa forma, não se prepararam para um ataque inimigo.

Rumyantsev teve sucesso rápido: Belgrado caiu ao fim do segundo dia, permitindo o avanço na direção de Bogodukhov e Kharkov. O contra-ataque alemão se mostrou improdutivo, e Kharkov mudou de mãos pela quarta — e última — vez em 21 de agosto de 1943. Conforme a Operação Rumyantsev prosseguia, a frente central do general Rokossovsky lançou uma ofensiva própria em Kursk, agindo como um elo entre as ofensivas do norte e do sul. Ao mesmo tempo, as frentes do sul e sudeste começaram um ataque contra o Grupo de Exército do Sul.

Em meados de setembro, a ofensiva já tinha levado o Grupo de Exército do Sul alemão a recuar até o rio Dnieper. A posição nas margens do rio foi garantida pelo avanço soviético de 23 de setembro, com a força principal atravessando o rio por uma passagem frontal de Gomel a Zaporozhye. A ação continuou e, em 25 de outubro, o avanço soviético já tinha isolado as forças alemãs na Crimeia. Outro contra-ataque alemão parou o avanço das forças soviéticas nos arredores do centro de abastecimento alemão em Krivoi Rog, mas

Libertação da Ucrânia e da Criméia
janeiro–maio de 1944

isso não foi suficiente para impedir que os russos seguissem para Kiev. A ofensiva lá começou em 3 de novembro, e a cidade voltou ao domínio soviético em 48 horas.

O natal se aproximava, e os alemães agora detinham apenas pequenas porções da margem ocidental do rio Dnieper, esperando se segurar até que a ofensiva soviética se esgotasse em si mesma. As evidências de que os russos iriam diminuir o ritmo, no entanto, eram apenas para enganar os alemães: eles não tinham intenção nenhuma de diminuir o passo pelo restante de 1943 agora que detinham a iniciativa da batalha.

LIBERTAÇÃO DA UCRÂNIA E DA CRIMEIA

Contrariando as expectativas alemãs de que as ofensivas de 1943 terminariam em dezembro devido ao cansaço das forças soviéticas, os russos fizeram planos para começar a retomar a Ucrânia ocidental antes do fim do ano. Logo na manhã do dia 24 de dezembro de 1943, a 1ª Frente Ucraniana lançou um potente bombardeio contra as posições do Grupo de Exército do Sul a oeste de Kiev. Em seguida, divisões de ataque entraram em batalha e lidaram rapidamente com a oposição. No fim do dia, as unidades russas tinham avançado mais de 32 km, com os alemães em total desordem. A posição alemã, no entanto, foi salva quando a chuva começou a cair no dia do natal. O dilúvio transformou a área em um lamaçal, tornando extremamente difícil para as forças soviéticas manterem seu ritmo inicial. Ainda assim, o ataque continuou. As forças alemãs foram obrigadas a recuar, e a ligação por ferrovias entre o Grupo de Exército do Centro e o Grupo de Exército do Sul foi cortada em 5 de janeiro de 1944.

Como resultado da ofensiva, um buraco de 240 km de largura e 80 km de profundidade foi forçado na frente alemã antes do avanço começar a diminuir. A perda de ritmo foi temporária, pois a 2ª Frente Ucraniana lançou uma ofensiva própria, atingindo a periferia de Kirovgrad. Depois

---

A UCRÂNIA

Enquanto a ofensiva pós-Kursk diminuía de ritmo na 1ª Frente Ucraniana, de Vatutin, um novo ataque começava na 2ª Frente Ucraniana, de Koniev. Em 7 de janeiro de 1944, os soldados tinham rompido o cerco do Grupo de Exército A e estavam nos arredores de Kirovgrad. As duas frentes ucranianas pararam para se reagrupar e, na madrugada do dia 24 de janeiro de 1944, uma barragem de artilharia marcou o início do ataque. As tropas de Vatutin atacaram do sudeste, rompendo a primeira linha de defesa inimiga. O 6º Exército de Tanques de Guarda foi enviado pela brecha para avançar em Zvenigorodka na maior velocidade possível. A cidade caiu mais tarde ainda naquele dia, encurralando as forças alemãs no bolsão de Korsun-Shevchenkovsky. As ordens de Hitler para se manter no bolsão eram impossíveis de seguir, e ele autorizou a tentativa de fuga. Embora os alemães tenham conseguido escapar, o desastre de perder milhares de homens para as correntezas do rio Gniloi Tikitsch demonstrava o caos que a campanha nazista na Ucrânia tinha se tornado. Na Crimeia não seria diferente. A ofensiva de Tolbukhin durou cerca de um mês. Em 16 de abril de 1944, as forças alemãs já tinham sido obrigadas a recuar até Sevastopol. A cidade foi atacada em 6 de maio, e a evacuação teve início. Os russos tomaram Sevastopol em 10 de maio. Antes da ofensiva, o 17º Exército alemão tinha cerca de 150.000 soldados, mas pouco mais de 40.000 homens conseguiram sair da Crimeia.

de duas semanas de preparação, a 1ª e a 2ª Frentes Ucranianas atacaram, encurralando 50.000 alemães na saliência de Korsun-Shevchenkovsky.

Hitler inicialmente se recusou permitir qualquer esforço de fuga, ordenando uma contra-ofensiva. No início os alemães conseguiram algum sucesso, mas o clima quente e as chuvas fora de estação tornaram o terreno um pântano, e o exército alemão ficou literalmente atolado. Ordens permitindo a retirada do bolsão Korsun-Shevchenkovsky foram dadas, mas, depois de um começo organizado, a ação se tornou uma debandada, e o comando de controle deixou de ser ouvido. Milhares de alemães morreram tentando atravessar o rio Gniloi Tikitsch, que estava completamente cheio por conta das tempestades causadas pelo tempo quente. Apesar disso, cerca de 30.000 dos 50.000 soldados alemães encurralados escaparam, mas eles não tinham condições de voltar à linha de frente de batalha em um futuro próximo. A raiva inicial de Stalin com a fuga de tantos alemães foi aliviada quando ele notou os paralelos com a vitória de Alexander Nevsky contra os Cavaleiros Teutônicos em 1242. A oportunidade de propaganda foi explorada à exaustão, e Koniev foi promovido Marechal da União Soviética.

O bom momento soviético não enfraqueceu e, em 4 de março, Koniev e Vatutin lançaram um novo ataque, que levou os alemães a recuarem para além do rio Dniestr, tomando Chernovtsy, a última conexão ferroviária entre as forças alemãs na Polônia e no sul da União Soviética. Seguiu-se, então, uma ofensiva pela 3ª Frente

Abaixo: uma bomba soviética cai perto de um tanque alemão cruzando terreno coberto pela neve. Em 1943, os alemães colocaram em batalha dois novos tanques, o Tiger e o Panther, para combater o excelente tanque T-34 russo. Embora o Tiger e Panther estivessem mais do que à altura do T-34, os alemães não conseguiam produzi-los em quantidade suficiente para causar impacto contra o enorme número de tanques disponíveis para o Exército Vermelho.

Ucraniana de Malinkovsky e pela 4ª Frente Ucraniana de Tolbukhin. Malinkovsky retomou Odessa; já o ataque de Tolbukhin na Crimeia começou em 8 de abril. Depois de meses de luta, o restante do 17º Exército alemão foi evacuado da península por mar, e a Crimeia foi libertada.

LENINGRADO E A FRENTE CARÉLIA

Em janeiro de 1944, os alemães estavam envolvidos nos desastres no sul da União Soviética, e a atenção do Grupo de Exército do Norte estava focada na grande probabilidade de uma ofensiva soviética na Bielorrússia. Isso fez com que eles não percebessem as preparações para uma ação destinada a expulsar as forças alemãs dos arredores de Leningrado. A Frente Leningrado, do general Govorov, e a Frente Volkhov, do general Meretsov, se uniram para a ofensiva na área de Novgorod-Luga, com início em 14 de janeiro. Depois de uma hora de bombardeios, um ataque em massa da infantaria se voltou contra a primeira linha alemã. O ataque foi rápido, e durante os dias seguintes o 18º Exército alemão foi destruído.

Apesar desse sucesso, houve várias falhas no ataque russo. Muitos dos comandantes envolvidos na ofensiva tinham passado boa parte da guerra — se não toda — na área de Leningrado, sem ter tido a oportunidade de participar das (e aprender com as) ofensivas nas outras partes da União Soviética. Por isso, a fase inicial da operação foi marcada por erros táticos, como o uso de infantaria sem apoio e a falta de coordenação entre divisões diferentes. Govorov ficou particularmente frustrado com essas falhas, pois suas forças pareciam incapazes de perseguir os alemães com a agilidade que ele desejava.

Mesmo os russos não sendo tão eficientes nessa área como nos outras, os alemães sofreram muitas perdas. As tropas se mantiveram organizadas e foram forçadas a recuar enquanto cidade após cidade caía diante dos soviéticos; mais uma vez, a lentidão da perseguição russa permitiu que eles evitassem o desastre. No entanto, apesar de decepcionados, os russos atingiram seu objetivo. Em 30 de janeiro, as forças alemãs tinham sido obrigadas a recuar entre 80 km e 100 km e desocupado a linha ferroviária ligando Moscou e Leningrado. Apenas em agosto todas as unidades alemãs foram expulsas da região de Leningrado, mas a batalha já estava vencida no fim de janeiro, e o cerco tinha terminado.

Restava ainda remover as forças finlandesas do território que ocupavam desde 1941. A Frente Volkhov, comandada pelo general Meretskov, foi enviada em fevereiro de 1944, enquanto as operações ao redor de Leningrado se desenvolviam, e recebeu o comando da Frente Carélia. Em 10 de junho, Meretskov lançou a ofensiva Svir-Petrozavodsk, e a Frente de Leningrado atacou o Istmo de Carélia, perto de Vyborg. As operações duraram até 9 de agosto, quando os finlandeses foram forçados a recuar para a linha que marcava a fronteira soviético-finlandesa em 1939. Cientes de que não havia mais nada a fazer, os finlandeses procuraram a paz, e o armistício foi assinado em 4 de setembro de 1944.

Leningrado e Frente Carélia
janeiro–outubro de 1944

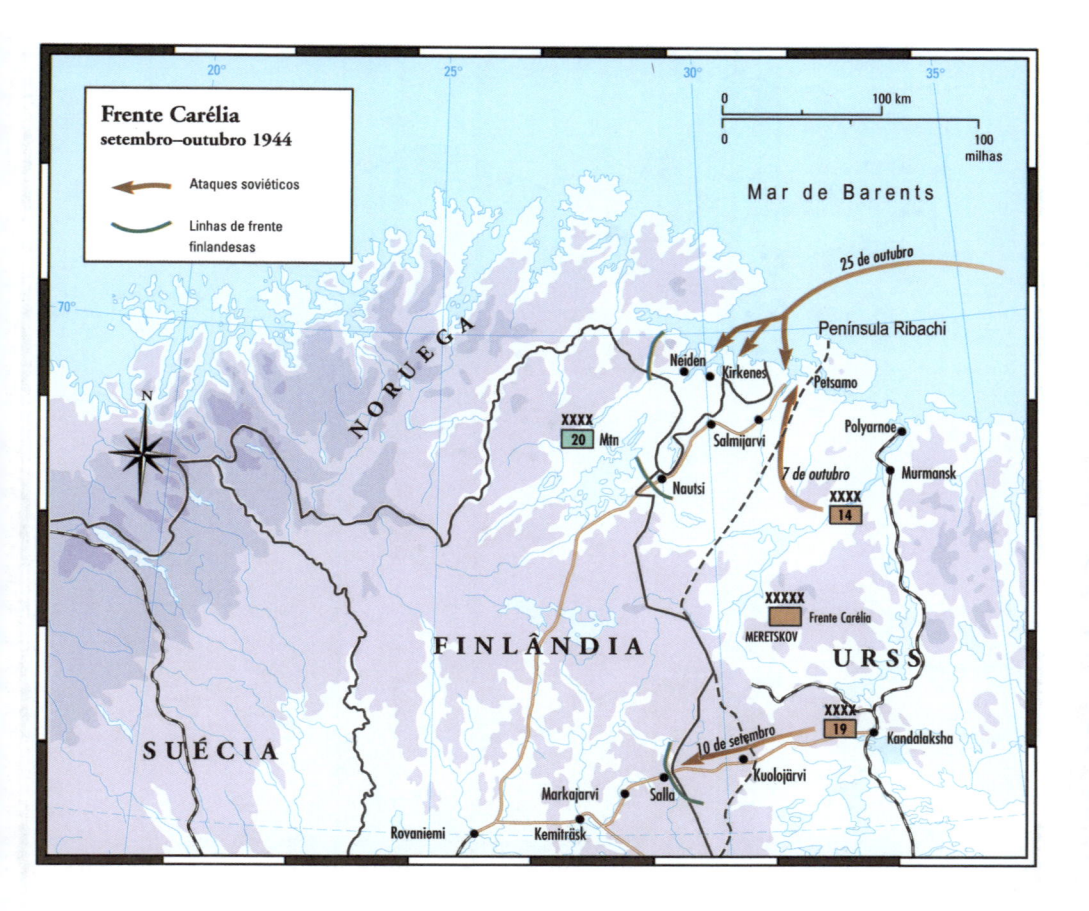

O NORTE

No início de 1944, o cerco a Leningrado já durava 15 meses e rompê-lo era o objetivo da liderança soviética. Os russos tinham conseguido abrir um corredor até a cidade em 1943, mas ele estava localizado ao alcance do fogo da artilharia alemã. Assim, em conjunto com as ofensivas que libertaram a Ucrânia e a Crimeia, um novo esforço foi feito para expulsar os alemães da frente de Leningrado.

A ofensiva, que começou em 14 de janeiro de 1944, não acompanhou as ações que ocorriam no sul em termos de velocidade e sucesso, pois os comandantes não estavam familiarizados com os novos métodos táticos empregados pelos outros generais soviéticos. Por isso, a perseguição aos alemães foi lenta e mal-coordenada, e o exército conseguiu evitar o cerco russo.

Ainda assim, em 30 de janeiro, o cerco a Leningrado foi rompido — mas as últimas unidades alemãs só seriam expulsas da região no verão.

As operações no Istmo de Carélia acabaram com o conflito envolvendo a Finlândia: em desvantagem numérica contra unidades soviéticas muito mais competentes do que as que tinham participado da Guerra de Inverno, não foi surpresa quando os finlandeses foram obrigados a recuar, enquanto os russos retomavam o território que era deles até 1941. Um armistício logo se seguiu, e as forças russas se concentraram em expulsar completamente os alemães da União Soviética.

1941

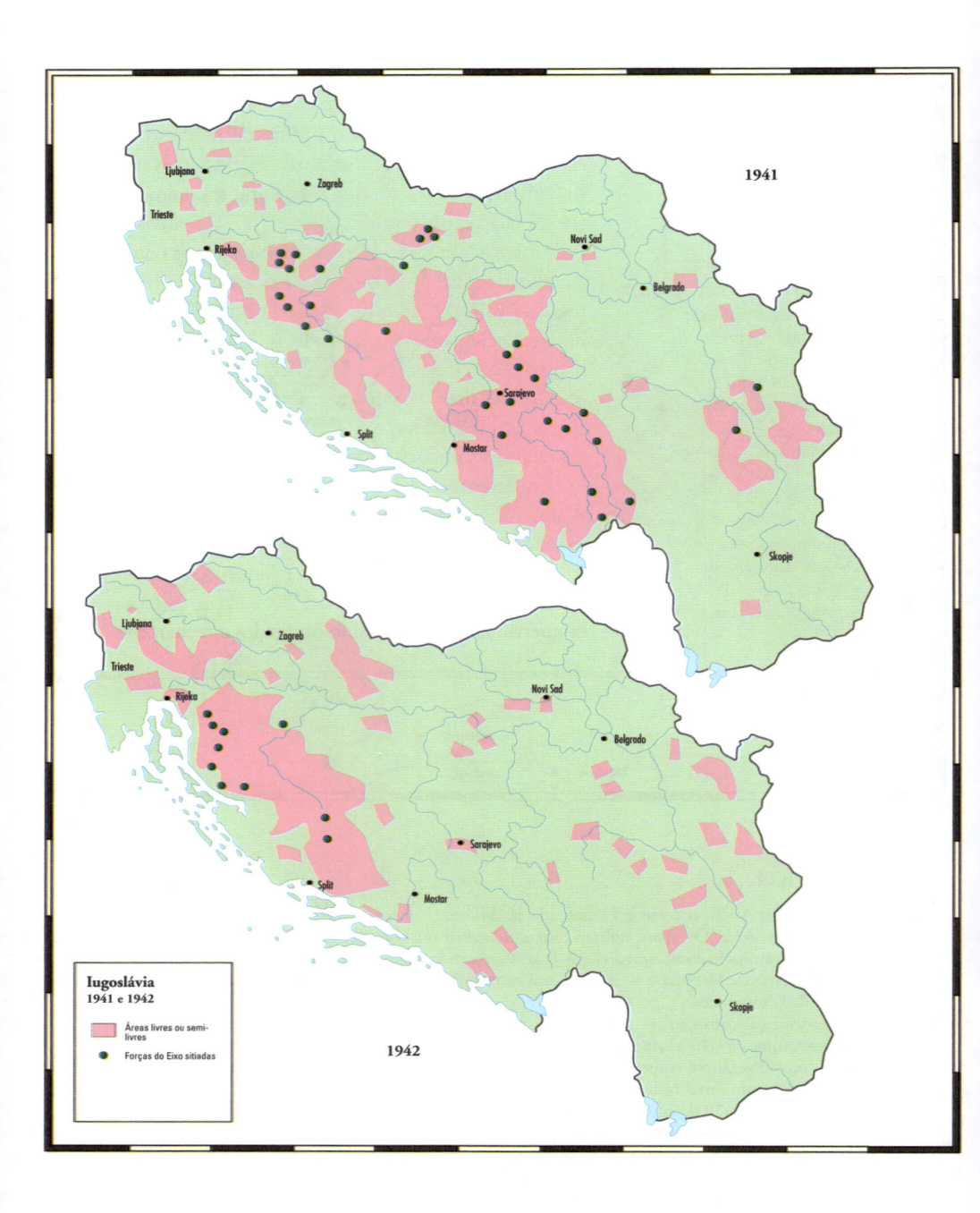

1942

Iugoslávia
1941 e 1942

- Áreas livres ou semi-livres
- Forças do Eixo sitiadas

> **GUERRILHEIROS**
>
> As atividades de guerrilha na Iugoslávia causaram imensas dificuldades para os alemães. Sob a liderança de Josip Broz ('Tito'), o movimento guerrilheiro se mostrou eficiente, e muitos de seus membros tinham experiência militar. Em poucos meses, o movimento já tinha reunido 70.000 participantes. Como os alemães não conseguiam controlar toda a Iugoslávia, os guerrilheiros tomaram grandes partes do país, com algumas guarnições alemãs vivendo num estado de cerco.

IUGOSLÁVIA

Os alemães aceitaram o pedido de rendição do exército iugoslavo em 17 de abril de 1941, mas não tinham expectativas de que o país iria se acalmar e aceitar sua ocupação. Um líder comunista ativista, Josip Broz — conhecido por seus partidários como 'Camarada Tito' — começou a organizar a resistência. Em 4 de julho de 1941, Tito publicou um manifesto largamente circulado que convocava os habitantes de Iugoslávia a se erguer contra os invasores. Em três dias, o chamado tinha se estendido até a Sérvia; em três semanas, todas as regiões da Iugoslávia estavam tomadas por protestos.

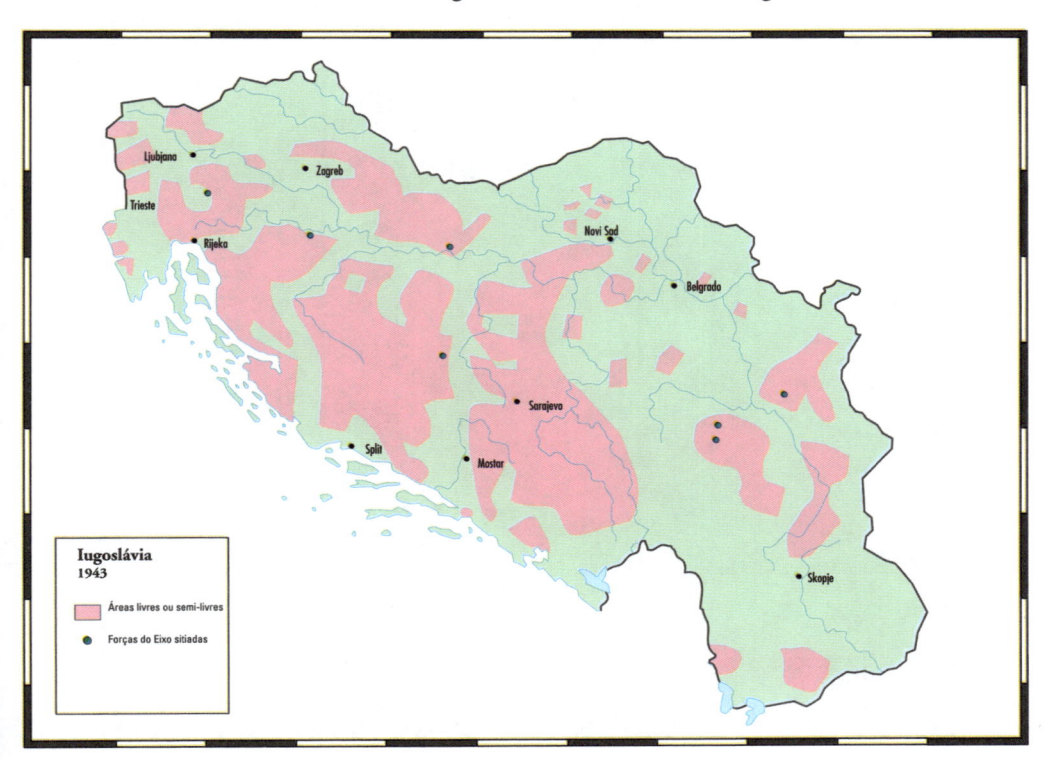

Em setembro de 1941, dois terços da sérvia estavam sob o controle de guerrilheiros. A situação levou os alemães a realizarem operações ofensivas de larga escala em toda a Iugoslávia. A primeira ofensiva alemã começou em meados de 1941 e, embora os guerrilheiros tenham sido obrigados a recuar, eles não estavam destruídos quando a ofensiva acabou, no início de 1942. A resposta alemã para isso foi lançar outro ataque quase imediatamente, e dessa vez os guerrilheiros recuaram mais ainda. A segunda ofensiva se fundiu em uma terceira ação (entre abril e junho de 1942), na qual os alemães tentaram trazer as forças de Tito para o campo aberto, onde seria mais fácil derrotá-las — mas a estratégia falhou.

A determinação de Hitler em destruir os guerrilheiros levou a uma quarta ofensiva no início de 1943. Os guerrilheiros tiveram perdas graves, mas destruíram forças italianas no processo. Uma quinta ofensiva alemã se seguiu imediatamente, com resultados similares — os guerrilheiros foram forçados a recuar, mas não foram destruídos. Pouco depois do fim dessa ofensiva, os guerrilheiros tiraram proveito da rendição italiana e tomaram a Dalmácia, a Croácia e a Eslovênia, absorvendo alguns soldados do exército italiano no processo.

Abaixo: um soldado com metralhadora observa por atividade soviética. Embora o Wehrmacht tenha perdido a iniciativa na Frente Oriental depois da batalha de Kursk, as forças alemãs permaneciam um oponente perigoso e mais do que capaz de organizar um contra-ataque bem-sucedido. Mas esses sucessos eram apenas locais — a guerra tinha claramente virado a favor dos Aliados.

No final de 1943, havia cerca de 300.000 guerrilheiros à solta, controlando mais de 60% da Iugoslávia. Mais duas ofensivas alemãs foram lançadas em 1944, na esperança de finalmente derrotar os guerrilheiros e liberar os exaustos soldados da Frente Oriental. A sétima ofensiva foi marcada por um ataque aéreo à sede de Tito, mas ele conseguiu escapar. Essa seria a última ação ofensiva alemã na Iugoslávia. A guerra estava se virando contra os alemães, e não demoraria para que os guerrilheiros obrigassem a libertação de seu país.

OPERAÇÃO BAGRATION

Mesmo antes do fim da bem-sucedida ofensiva de primavera dos russos, o Alto Comando soviético realizou uma extensiva análise de suas opções para um ataque futuro ao Terceiro Reich. A análise rejeitou uma operação nos Bálcãs pelo perigo de estender demais as linhas de abastecimento soviéticas em um terreno difícil. Outras opções foram debatidas, até que finalmente ficou acertado que o ataque deveria acontecer em junho contra as forças alemãs na Bielorrússia, com o objetivo inicial de retomar a cidade de Minsk. Essa ofensiva, que recebeu o codinome de Operação Bagration — em homenagem a um famoso comandante do século XIX que lutou contra Napoleão —, seria formada por um ataque principal contra as forças do Grupo de Exército do Centro nos arredores de Minsk, seguido por avanços subsequentes na Polônia e na Romênia enquanto as defesas alemãs desmoronavam.

Em 23 de junho, um bombardeio de duas horas contra todas as posições alemãs marcou o começo da parte principal da ofensiva. Em 24 horas, as forças alemãs em Vitebsk foram isoladas e destruídas pelas 1ª Frente Báltica e 3ª Frente Bielorrussa. A 1ª Frente Bielorrussa cercou Bobruisk em 27 de junho, encurralando a maior parte do 9º Exército alemão. Mogliev também estava para ser cercada (dessa vez pela 2ª Frente Bielorrussa), deixando o 4ª Exército alemão sem saída. Estava claro que o Grupo de Exército do Centro seria destruído se não realizasse retiradas rápidas, mas Hitler relutou em dar permissão. Enquanto o avanço russo continuou, Hitler demitiu o Marechal-de-campo Busch, comandante do Grupo de Exército.

O Grupo de Exército do Norte também passou por apertos com o avanço soviético: em 3 de julho, os soldados alemães nos arredores de Minsk estavam encurralados, e a cidade caiu no dia seguinte. Cerca de 43.000 alemães foram mortos na luta ferrenha que se desenrolou nos sete dias seguintes.

Depois de retomar Minsk, os russos seguiram para a Lituânia. Eles chegaram no dia 8 de julho e fecharam o cerco, mas metade da guarnição alemã conseguiu escapar antes que a cidade fosse tomada, cinco dias depois. A 2ª Frente Bielorrussa avançou cerca de 80 km da Prússia Oriental, enquanto a 1ª Frente Bielorrussa seguiu pela Polônia, cruzando o rio Vístula. Por fim, depois de 68 dias, a Operação Bagration terminou em 29 de agosto. As forças soviéticas avançaram entre 545 km e 600 km em uma frente de 1.120 km. A Bagration causou danos enormes e quase irreparáveis ao Grupo de Exército do Centro e acabou com as outras forças alemãs que se colocaram no caminho do avanço. A ofensiva deixou os soviéticos em uma posição ideal para avançar na direção da própria Alemanha.

170 SEGUNDA GUERRA MUNDIAL

BAGRATION

A Operação Bagration começou pouco depois da invasão Aliada à Normandia em 6 de junho de 1944, com o propósito deliberado de forçar os alemães até o limite. Em 23 de junho, quatro frentes soviéticas atacaram o setor central da linha alemã. O objetivo da ofensiva era simples: cercar os grupos do exército alemão no triângulo Minsk–Vitebsk–Rogachev. Os soviéticos desfrutavam de superioridade aérea e de uma considerável vantagem numérica de soldados. Eles cercaram o LIII Corpo de Exército alemão e em seguida o 4º Exército. Nos dois casos, Hitler ou negou permissão para rendição ou a autorizou apenas quando era tarde demais.

Os alemães enfrentaram uma série de desastres por conta disso. Primeiro, a IX Corporação foi destruída em Vitebsk. Depois, em 29 de junho, 70.000 soldados do 9º Exército foram encurralados no bolsão de Bobruysk com a invasão dos russos à cidade. Seguindo o ataque soviético em Orsha, o 4ª Exército ficou em uma posição insustentável. O general Tippelskirch desobedeceu às ordens e recuou, mas em 30 de junho foi cercado ao leste do rio Berezina, e seus soldados foram mortos ou capturados em massa. Ao fim de agosto, as forças soviéticas estavam nos Estados Bálticos, na Polônia e na fronteira da Romênia.

A operação Bagration foi o marco da maior derrota alemã da II Guerra Mundial. Quase meio milhão de soldados morreu em poucos meses; não demoraria para que o Exército Vermelho entrasse na própria Alemanha.

O LEVANTE DE VARSÓVIA

A ocupação alemã da Polônia foi marcada por considerável brutalidade contra os habitantes de Varsóvia, especialmente nos bairros judeus, e o levante de Varsóvia de 1944 teve origem nesses eventos. Em 1942, cerca de 300.000 judeus foram transportados para um campo de concentração em Treblinka; quando relatos do que estava acontecendo chegaram à comunidade judaica, uma organização de resistência foi formada para reagir, o Exército Nacional Clandestino polonês.

Uma tentativa de remover mais judeus dos bairros em janeiro de 1943 foi recebida a balas pelos moradores. Depois de lutas esporádicas, os soldados alemães se retiraram. Isso encorajou uma demonstração maior de resistência em 19 de abril de 1943, quando as unidades alemãs entraram de novo nos bairros com a intenção de deportar seus moradores para campos de concentração. Mais de 700 membros da resistência enfrentaram os alemães, segurando-se por quase um mês. Os alemães esmagaram o levante, fazendo 7.000 prisioneiros e mandando outros 50.000 para os campos de concentração.

Esses atos iniciais de resistência encorajaram os moradores de Varsóvia, e foi decidido que eles lançariam uma insurgência de grande escala coincidindo com a aproximação do exército Aliado. Em 1º de agosto de 1944, com o Exército Vermelho a leste da cidade, entre 40.000 e 50.000 homens e mulheres começaram um levante. Os combatentes pretendiam sustentar a luta por dois a seis dias, dando tempo suficiente para os russos chegarem e libertarem a cidade.

Essa estimativa era coerente, já que os planos iniciais do Marechal Rokossovsky eram para suas tropas estarem em Varsóvia em 2 de agosto, mas as circunstâncias foram contra o Exército Nacional Clandestino polonês. Primeiramente, a 1ª Frente Bielorrussa de Rokossovsky precisou de tempo para se reagrupar e estabelecer linhas de abastecimento, depois de sofrer com a perda de 28% de

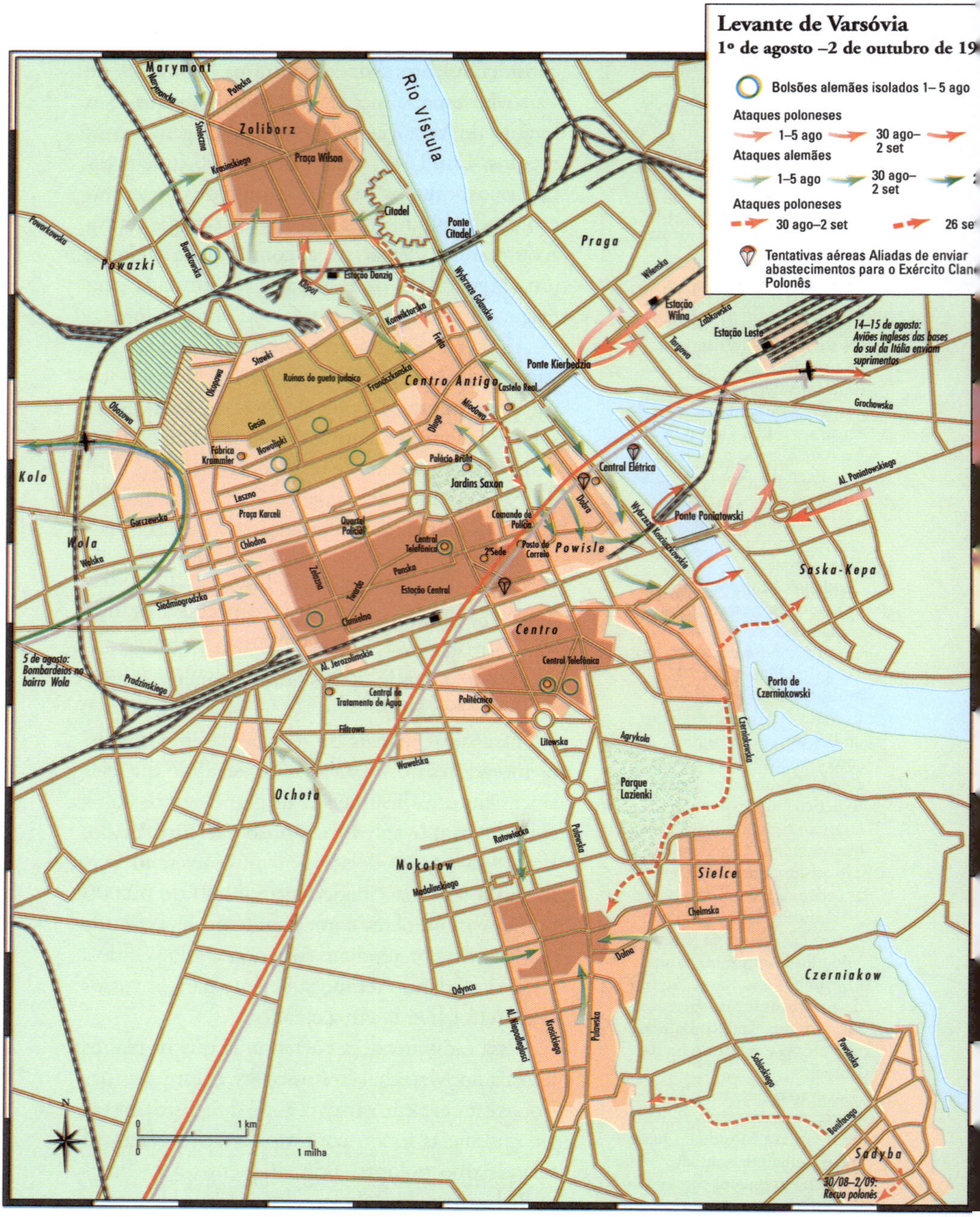
Levante de Varsóvia
1º de agosto –2 de outubro de 19
Bolsões alemães isolados 1–5 ago
Ataques poloneses
1–5 ago
30 ago–2 set
Ataques alemães
1–5 ago
30 ago–2 set
Ataques poloneses
30 ago–2 set
26 se
Tentativas aéreas Aliadas de enviar abastecimentos para o Exército Clan Polonês
Rio Vístula
Marymont
Zoliborz
Praça Wilson
Citadel
Ponte Citadel
Praga
Powazki
Estação Danzig
Estação Wilna
Estação Leste
14–15 de agosto: Aviões ingleses das bases do sul da Itália enviam suprimentos
Ponte Kierbedzia
Ruínas do gueto judaico
Centro Antigo
Castelo Real
Grochowska
Fábrica Krammler
Palácio Brühl
Jardins Saxon
Central Elétrica
Kolo
Ponte Poniatowski
Al. Poniatowskiego
Praça Karceli
Quartel Policial
Comando de Polícia
Central Telefônica
Posto do Correio
Powisle
Wola
Saska-Kepa
Estação Central
Centro
5 de agosto: Bombardeios no bairro Wola
Al. Jerozolimskie
Central Telefônica
Central de Tratamento de Água
Politécnico
Porto de Czerniakowski
Parque Lazienki
Ochota
Mokotow
Sielce
Czerniakow
Sadyba
30/08–2/09: Recuo polonês
0
1 km
1 milha

O LEVANTE

Os esforços do exército clandestino polonês para libertar Varsóvia foram frustrados pela falta de apoio das forças soviéticas nos arredores. A determinação de Stalin de garantir que o governo exilado não estivesse em posição de voltar ao poder significava que ele estava mais do que feliz em deixar os poloneses entregues à própria sorte.

O exército clandestino estava em desvantagem desde o princípio. Ele contava com armamentos e equipamentos relativamente limitados, enquanto os alemães, apesar das perdas maciças para os russos, estavam equipados com tanques, artilharia e armamento pesado o suficiente para conseguir reprimir a revolta, a não ser que os poloneses contassem com ajuda.

Nas etapas iniciais do levante, os alemães foram expulsos de partes de Varsóvia, mas o exército clandestino polonês não conseguiu dominar as pontes sobre o rio Vístula para impedir a união com as tropas alemãs na Rússia. Quando os alemães responderam com força total, uma amarga luta eclodiu nas ruas de Varsóvia, forçando os poloneses a recuar.

Obedecendo a ordens de Heinrich Himmler, os soldados alemães executaram um grande número de civis e começaram a trazer a cidade de Varsóvia abaixo. Quando a luta acabou, em 2 de outubro, pelo menos 75% das construções da cidade tinham sido destruídas (algumas estimativas dizem mais de 90%), e as taxas variam de entre 150.000 a 200.000 poloneses mortos, contra cerca de 17.000 alemães.

seu contingente no avanço para a Polônia. Além disso, um vigoroso contra-ataque de quatro divisões alemãs fez os russos recuarem.

Outra complicação surgiu na forma de Stalin. O exército clandestino polonês era leal ao seu governo, exilado em Londres, enquanto Stalin desejava entregar o poder na Polônia para um "Comitê Nacional Polonês" comunista. Quando o exército clandestino declarou que representava o governo legítimo da Polônia, Stalin se recusou a apoiar o levante e cancelou os planos de Rokossovsky para tomar Varsóvia.

A REAÇÃO ALEMÃ

Os alemães responderam com vigor, forçando o exército clandestino a recuar para áreas ainda menores de Varsóvia, e seis semanas depois do levante os termos de rendição foram pedidos aos alemães. As negociações foram interrompidas, pois a 1ª Frente Bielorussa começou a avançar novamente em 10 de setembro. Conforme eles se aproximavam de Varsóvia, os alemães obrigaram o exército clandestino a recuar para longe das margens oeste do rio Vístula, impedindo que eles se unissem aos soviéticos. Tentativas anglo-americanas de enviar abastecimentos pelo ar para os poloneses foram frustradas pela recusa de Stalin em permitir que as aeronaves pousassem em solo russo. Ele acabou mudando de ideia, mas já era tarde demais. O exército clandestino foi obrigado a se render em 2 de outubro.

ROMÊNIA E POLÔNIA

No início de agosto de 1944, as ofensivas soviéticas nas frentes norte e centro estavam sendo consideravelmente bem-sucedidas, e o Alto Comando Soviético começou a planejar um ataque na Romênia. A 2ª Frente Ucraniana atacaria as defesas alemãs e romenas ao noroeste de Iasi e então avançaria por trás contra o 6º Exército alemão. A 3ª Frente Ucraniana atacaria em Ben-

Avanço soviético na Polônia
Julho de 1944

— Linha de frente soviética, início de julho
→ Avanços soviéticos até 28 de julho
→ Contra-ataques alemães

174 SEGUNDA GUERRA MUNDIAL

dery, romperia as linhas inimigas e se juntaria à 2ª Frente Ucraniana. Outras forças explorariam o ataque e iriam para Bucareste e para os campos de petróleo em Ploetsi.

A ofensiva começou em 20 de agosto. As forças romenas caíram, e o avanço russo continuou, deixando claro que, com exceção da resistência ao norte, as frentes romenas tinham desmoronado. O rei Carol II aproveitou a oportunidade para demitir sua base de governo e procurou o armistício com os russos. A resposta dos alemães foi uma tentativa de assassinato contra o rei em 24 de agosto, ato que apenas serviu para fazer os romenos se voltarem contra o antigo aliado: a Romênia declarou guerra à Alemanha no dia seguinte. No fim do mês, os valiosos campos de petróleo tinham sido ocupados, e o Exército Vermelho conseguiu entrar em Bucareste. As forças alemãs foram forçadas a recuar.

OS BÁLCÃS

Os russos não ficaram para aproveitar seu sucesso na Romênia e foram muito ajudados pela situação na Bulgária. Embora os búlgaros fossem membros do Eixo, eles não estavam em guerra com a União Soviética. O governo em Sofia se mostrou bastante disposto a reforçar sua neutralidade e ordenou que as forças alemãs se retirando da Romênia entregassem suas armas, confinando os soldados desarmados.

O governo então buscou termos de armistício com os Estados Unidos e a Inglaterra, mas não conseguiu evitar a declaração de guerra feita pela União Soviética em 5 de setembro de 1944. A 3ª Frente ucraniana soviética simplesmente continuou a marchar para oeste e invadiu o país, e os búlgaros agiram como os romenos: um novo governo surgiu e declarou guerra à Alemanha em 9 de setembro. O exército búlgaro se uniu aos russos na marcha em direção à Iugoslávia.

Esses membros das forças russas na Romênia seguiram pela parte sudeste das montanhas dos Cárpatos, enquanto a 3ª Frente Ucraniana seguiu pela linha do rio Danúbio na direção da Iugoslávia. A 3º Frente Ucraniana parou brevemente para se abastecer e então cruzou a fronteira da Iugoslávia em 25 de setembro. Os russos se uniram com os guerrilheiros e marcharam para a capital do país, Belgrado, onde chegaram em 15 de outubro de 1944.

A situação na Grécia estava igualmente ruim para os alemães, que começaram a recuar, o desenrolar dos fatos na Iugoslávia aumentando a urgência de sua retirada. Por quase três anos, eles tinham sido confrontados por um movimento de resistência de membros comunistas e monarquistas. O movimento era complicado pelo fato de que havia grupos de ideologias diversas — e um não confiava no outro. Ainda assim, embora houvesse diferenças entre os grupos pró-comunismo e pró-monarquia, havia um inimigo em comum entre as duas facções, cuja hostilidade uma com a outra só era superada por seu ódio contra os alemães.

Em 12 de outubro de 1944, soldados ingleses pousaram na Grécia, com a intenção de ajudar o governo exilado a retomar o poder. Eles se encontraram no meio do começo de uma amarga guerra civil: a Grécia foi libertada em 4 de novembro de 1944, mas o embate continuaria por mais alguns anos.

Avanço soviético na Romênia e na Hungria
8 de agosto – 15 de dezembro de 1944

- Linha de frente soviética, agosto
- Linha de frente soviética, setembro
- Linha de frente soviética, dezembro
- Ataques soviéticos
- Ataques romenos e búlgaros
- Contra-ataques alemães
- Retiradas alemãs
- Ataques de guerrilheiros

A LIBERTAÇÃO DOS BÁLCÃS

O avanço russo na Romênia foi ajudado imensamente pela distinta falta de entusiasmo das forças do país lutando pelo Eixo. A ofensiva das 2ª e 3ª Frentes Ucranianas começou em 20 de agosto. Embora a 3ª Frente tenha encontrado duas divisões alemãs nas proximidades de Bendery, as forças romenas nas outras linhas de frente apresentaram resistência limitada, que logo de dissolveu enquanto os russos seguiram com seu objetivo.

Com o fracasso da frente Alemanha-Romênia, o 6º Exército alemão, encurralado no sudeste de Iassy, teve que recuar para evitar o desastre total. Isso deu ao rei Carol II a oportunidade de dispensar Antonescu, o primeiro-ministro romeno pró-nazismo.

O rei imediatamente enviou emissários para negociar o armistício com os Aliados. Diante disso, um grupo misto de batalha alemão se dirigiu para Bucareste, mas logo descobriu que, embora os romenos tivessem se mostrado relutantes em enfrentar os russos, eles não tinham reservas quanto a resistir às forças alemãs.

O fracasso do grupo de batalha em tomar a capital fez com que o comandante alemão general Friessner ordenasse a morte do rei Carol II em um ataque aéreo: a tentativa falhou, matando muitos civis romenos, e o ataque uniu o país na decisão de declarar guerra à Alemanha.

No início de 1945, os alemães estavam ameaçados. As posições no norte do Memel e da Curlândia estavam sob o risco de serem isoladas. As tropas soviéticas controlavam quase todos os territórios bálticos, e a próxima fase do avanço era destinada a expulsar os alemães da Prússia Oriental.

Em 13 de janeiro de 1945, a 3ª Frente Bielorrussa atacou na direção de Königsberg. A ofensiva foi atribulada, pois os alemães resistiram com vigor, deixando o ataque a perigo de estagnar. O Marechal Chernyakovsky preparou suas forças e rompeu as linhas alemãs em 20 de janeiro, seguindo para Königsberg. Em uma semana, as forças russas tinham quase cercado a cidade. Os tanques estavam próximos de Königsberg quando foram parados por um ataque de seis divisões alemãs, que fez o exército soviético recuar. Os russos completaram o cerco à cidade nos dias 29 e 30 de janeiro e começaram o bloqueio.

O bloqueio de Königsberg foi rompido em 19 de fevereiro, quando a 5ª Divisão Panzer e a 1ª Divisão de Infantaria alemãs passaram pelas linhas russas e se uniram aos membros do XXVIII Corpo de Exército atacando em Sambia. Isso criou um corredor estreito até a cidade de Pillau, permitindo a evacuação de civis. Uma trégua na luta se seguiu, pois o Marechal Chernyakovsky tinha sido morto no dia anterior. Seu substituto, general Vasilevsky, chegou com instruções de incorporar a 1ª Frente Báltica ao seu novo comando. Assumir o comando e fazer os acertos necessários para coordenar as forças demandou um pouco de tempo de Vasilevsky, mas logo ele estava pronto para atacar de novo.

As forças alemãs, comandadas pelo general Lasch, usaram a trégua para se aperfeiçoar no combate, reforçando as defesas nas fortificações já montadas na cidade. Isso não foi suficiente para segurar os soviéticos, no entanto, e Lasch declarou que a evacuação deveria começar. Uma retirada limitada começou, mas, antes que estivesse completa, os russos atacaram, em 2 de abril.

A 11ª Guarda Armada Soviética liderou a ação e, em 6 de abril, rompeu as linhas alemãs. Dois dias depois, a Guarda Armada se uniu com o 43º Exército Soviético, cortando o ultimo elo alemão entre Königsberg e o resto da Prússia Oriental. Lasch sabia que sua posição era insustentável e, em 10 de abril, querendo evitar mortes desnecessárias, se rendeu.

Acima: um time de rifle da divisão antitanque do Exército Vermelho espera que os alvos se apresentem enquanto a infantaria de tanques T-34 segue em frente durante batalha na Hungria. Em 1944, o Exército Vermelho tinha se transformado em uma força de luta eficiente, com generais, comandantes e oficiais habilidosos. Adaptando a estratégia de guerra-relâmpago para seus próprios objetivos, as forças soviéticas continuaram a atacar os oponentes alemães, cada vez mais enfraquecidos.

BUDAPESTE E VIENA

Depois de seus sucessos contra as forças alemãs na Romênia, o Exército Vermelho avançou para a Hungria. A decisão dos governos romenos e búlgaros de se unir com os soviéticos deixou o único aliado restante de Hitler, a Hungria, com sérios problemas. Hitler tentou encorajar o líder húngaro, almirante Horthy, a permanecer na luta, prometendo dar à Hungria as partes da Romênia que ela reclamava como seu território. A proposta era bem-vista pela população da Hungria no geral, mas Horthy não estava convencido, querendo saber exatamente como Hitler pretendia superar os desastres que recaíam sobre suas forças. Horthy iniciou negociações secretas com os russos, o que não foi suficiente para impedir os soviéticos de iniciar uma ofensiva em 6 de outubro de 1944. Em três dias, as forças soviéticas estavam a menos de 112 km de Budapeste, causando pânico na capital húngara.

A falta de pulso firme de Horthy em lidar com os russos convenceu Hitler de que uma mudança na liderança em Budapeste era necessária, e um time de membros da SS, liderado por Otto Skorzeny, sequestrou o filho de Horthy na tentativa de influenciar a decisão do líder húngaro. Horthy se afastou, e o pró-nazista Ferenc Szálasi

O AVANÇO PARA BUDAPESTE

A situação nos Bálcãs se deteriorou rapidamente para os alemães depois que o Exército Vermelho marchou para a Romênia. Hitler sempre tinha se preocupado com seus parceiros nos Bálcãs, e suas desconfianças foram confirmadas quando o Exército Vermelho alcançou os dois países. Tanto romenos quanto búlgaros foram rápidos para mudar de lado.

A possibilidade de as forças alemãs ficarem isoladas na Grécia, Creta e Albânia fez o exército nazista se retirar. O foco da luta mudou para a guerra civil na Grécia entre os comunistas e os monarquistas. Os monarquistas tinham apoio da Inglaterra, e as esperanças comunistas de ajuda de Stalin não foram realizadas. Stalin não se importou em deixar a Grécia na esfera de influência britânica, e os comunistas gregos ficaram entregues à própria sorte.

No início de setembro, as forças russas entraram no leste da Hungria e, entre 6 e 28 de outubro de 1944, a 2ª Frente Ucraniana começou operações para destruir o Grupo de Exército do Sul e o Grupo de Exército F alemães, permitindo que a 4ª Frente Ucraniana avançasse para Budapeste. Enquanto isso, forças alemãs na Iugoslávia enfrentavam a derrota com a união do Exército Vermelho e dos guerrilheiros de Tito. Belgrado caiu em 15 de outubro, mas as forças alemãs continuaram a lutar até maio de 1945 — os últimos membros apenas se retiraram depois de uma semana da morte de Hitler.

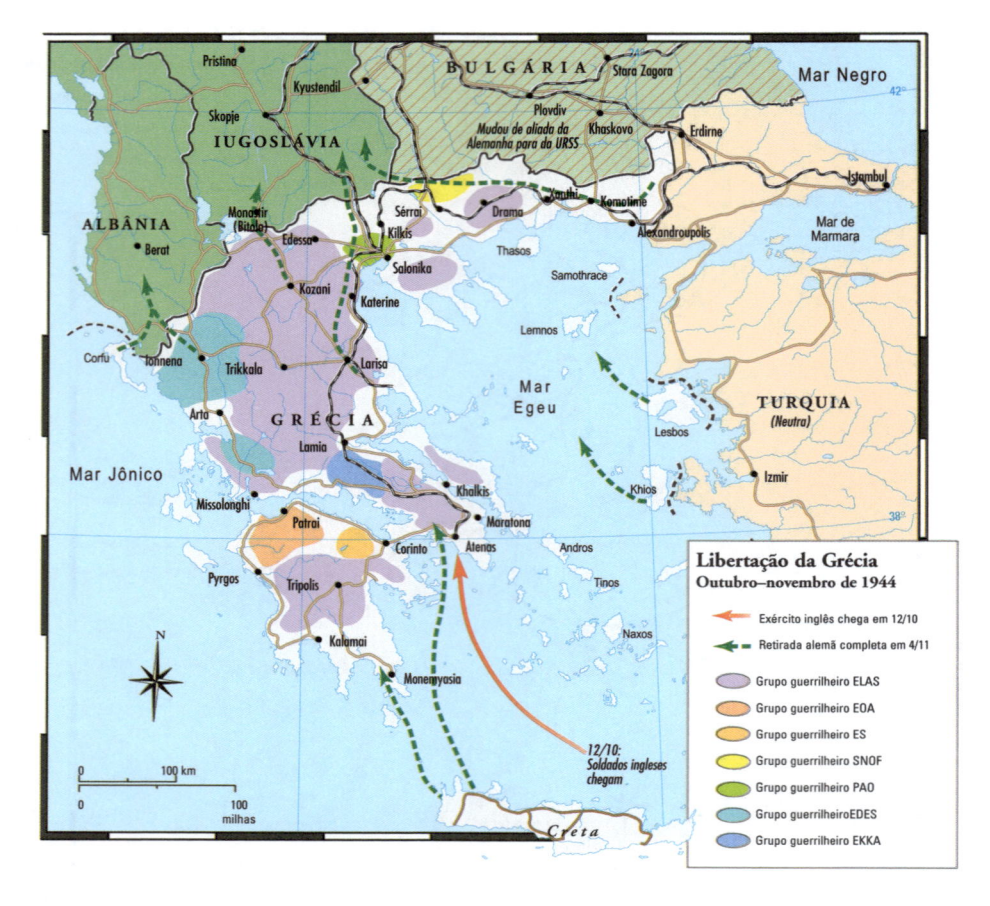

assumiu seu lugar em 16 de outubro. A situação tinha melhorado nesse ponto, já que, seis dias antes da mudança de comando, duas divisões panzer conseguiram cercar três corporações soviéticas. Os russos levaram quatro dias para se desvencilhar da situação, o que atrasou consideravelmente o avanço. Outro sucesso alemão espetacular veio quando a cidade de Nyíregyháza foi retomada em 20 de outubro, deixando outras três corporações soviéticas bem prejudicadas no processo.

Esses sucessos mostraram que os alemães ainda estavam na luta, mas não chegaram nem perto de representar uma mudança de cenário. O avanço russo foi retomado e, no fim do mês, os tanques soviéticos estavam a 80 km de Budapeste.

O general Malinkovski pediu cinco dias para preparar sua 2ª Frente Ucraniana para o ataque a Budapeste, mas recebeu ordens de Stalin para agir imediatamente. O ataque prosseguiu lentamente, recebendo ajuda da 3ª Frente Ucraniana no caminho. Budapeste já estava cercada na chegada do natal, mas foram necessárias várias semanas de lutas nas ruas antes que primeiro Peste, e depois Buda, fossem bloqueadas. Buda caiu em 13 de fevereiro de 1945.

Avanço para Königsberg
outubro 1944 – abril 1945

- Linha de frente soviética, outubro
- Linha de frente soviética, abril
- Ataques soviéticos
- Retiradas alemãs
- Alemães cercados

A FRENTE ORIENTAL 181

Batalha por Königsberg

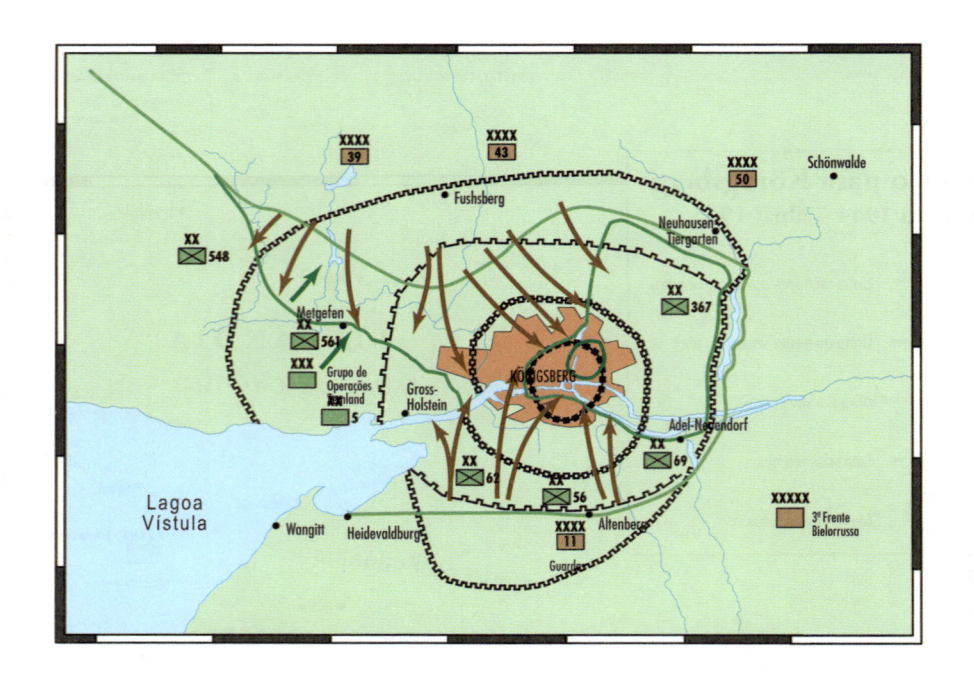

— Linha de frente alemã, 5/04
— Linha de frente alemã, 8/04
— Linha de frente alemã, 9/04
→ Contra-ataque alemão
← Ataques soviéticos

Linhas de defesa alemãs
ᴨᴨᴨ Defesas externas
ᴨ_ᴨ Primeira posição
-○○○- Segunda posição
▰▰▰ Terceira posição

KÖNIGSBERG

Conforme os russos avançavam para os países Bálticos, as forças alemãs foram comprimidas na área ao redor do Golfo de Riga, antes de serem forçadas a recuar para Curlândia, onde permaneceram. O esforço soviético seguiu em janeiro de 1945 na direção da Prússia Oriental e de Königsberg. O comandante soviético, general Chernakovsky, morreu em 18 de janeiro, mas seu substituto, general Vasilevsky, reagrupou a 3ª Frente Bielorrussa e renovou o ataque contra os alemães no início de março. Ele atacou as posições do 4º Exército alemão em Heiligenbeil antes de seguir para Königsberg. Uma luta acirrada tomou conta da área entre 13 e 28 de março de 1945, no fim da qual o 4º Exército tinha praticamente deixado de existir. Mesmo antes dos últimos tiros serem lançados em Heiligenbeil, Vaslievsky reorganizou suas forças para um ataque em Königsberg.

O comandante alemão na área, general Otto Lasch, se esforçou para estabelecer linhas defensivas, usando antigas construções do século XIX como bases para suas posições. A linha externa contava com doze grandes fortes construídos entre 1874 e 1882, e a linha interior se apoiava no interior de fortes do mesmo estilo. Embora bem organizados, eles não estavam à altura da artilharia soviética. Os alemães tiveram que recuar, sem conseguir manter Königsberg. Lasch se rendeu em 10 de abril de 1945.

Batalhas de Budapeste e Viena
dezembro 1944–maio de 1945

- ⟶ Linha de frente soviética, 15/12
- ⟶ Linha de frente soviética, 9/12
- ⟶ Avanço soviético
- ⟶ Contra-ataque alemão
- ⇠ - - Retirada alemã
- ▨ Área de levante eslováquio

A FRENTE ORIENTAL

Acima: soldados húngaros preparam posição defensiva antes da chegada do Exército Vermelho. A Hungria era um dos aliados de Hitler mais ferrenhos, e as forças soviéticas tiveram que lutar muito até conseguir tomar a capital, Budapeste. Outros países do Eixo foram mais fáceis de lidar: a Romênia e a Bulgária rapidamente trocaram de lado quando a oportunidade surgiu.

Operações anteriores nos arredores do lago Balaton deram aos russos a oportunidade ideal para explorar o bom momento e seguir para a Áustria, o que permitiria a tomada de Viena e colocaria os soviéticos em posição de destruir as forças alemãs restantes na Hungria. O ataque começou em 16 de março, e um avanço metódico levou os soviéticos em frente. Em 5 de abril, eles estavam a 8 km de Viena, e a luta pela capital austríaca começou. Depois de apenas oito dias, Viena se rendeu aos russos.

O AVANÇO AO RIO ODER

No fim de 1944, a atenção de Hitler tinha se voltado da Frente Oriental para a ofensiva ousada, mas extremamente otimista, em Ardennes. Apesar dos protestos de seus generais, ele se recusou a aceitar que a operação em Ardennes deixaria a Alemanha vulnerável a outro ataque soviético a leste, argumentando que os soviéticos não estavam em posição de começar outra ofensiva, já que lutavam constantemente havia quatro meses.

Na realidade, a ofensiva em Ardennes trabalhou a favor dos russos, exatamente como os ge-

PARA O RIO ODER

A operação soviética Vístula-Oder foi marcada pelo tamanho e importância do seu alcance. A decisão de Hitler de realizar uma ofensiva no Ocidente significava que soldados que seriam usados contra a Rússia estavam envolvidos em outra missão e havia pouca chance de trazê-los de volta à Frente Oriental a tempo de combater qualquer ataque russo.
A equivocada confiança de Hitler de que quatro meses de embates constantes iriam impedir os russos de atacar por algum tempo fez com que ele não mantivesse um número adequado de reservas no leste. Cerca de 400.000 soldados alemães foram deixados para enfrentar 2.200.000 russos.
A Operação Vístula–Oder começou em 12 de janeiro de 1945 e progrediu rapidamente. As forças alemãs desmoronaram diante do bombardeio da artilharia, e eles foram forçados a se retirar de Varsóvia. A resposta de Hitler foi demitir vários generais e aumentar seu poder sobre o exército — reduzindo ainda mais a habilidade das tropas alemãs de mostrar iniciativa na defesa. Cracóvia e Silésia caíram rapidamente e, no fim do mês, a força de Zukhov estava nas margens do rio Oder.
Stalin ordenou o fim da ofensiva em 2 de fevereiro para permitir que as tropas tivessem tempo de se preparar para o ataque contra Berlim, concluindo uma operação extremamente bem-sucedida, que conquistou mais de 480 km em duas semanas e destruiu o Grupo de Exército do Centro no processo.

A FRENTE ORIENTAL 185

nerais alemães temiam. Comprometer tropas no oeste europeu significava que não haveria soldados reservas contra um ataque russo. Para lidar com a crise húngara, Hitler tinha sido forçado a retirar todas as forças do rio Vístula, o que ajudou os russos, que tinham começado planos para a ofensiva de 1945 em outubro de 1944.

Cerca de 2.200.000 de soldados russos se reuniram nas margens do Vístula e assumiram posição no início de janeiro. Para ajudar com a luta no Ocidente, Stalin adiantou a ofensiva em oito dias, começando em 12 de janeiro de 1945. A ação começou às 04h30min, em meio a uma nevasca, com um bombardeio maciço contra as posições alemãs. Depois de 30 minutos, o bombardeio foi suspenso, e os soldados seguiram em frente. Eles penetraram as linhas alemãs em mais de três quilômetros antes de serem parados.

Às 10h, outro enorme bombardeio, durante uma hora e 45 minutos, foi lançado sobre as linhas alemãs. O 4ª Exército Panzer foi destruído e sua formação perdeu toda a habilidade de lutar, entregando-se ao caos quando os tanques e a infantaria russa atacaram. Alguns soldados permaneceram nas trincheiras, sem conseguirem se mover, a coragem de lutar totalmente extinta diante do massivo bombardeio. Outros simplesmente correram.

O ataque soviético rompeu rapidamente as linhas alemãs e, no fim do dia, já tinha penetrado 22 km em uma frente de 40 km. No dia seguinte, os tanques russos seguiram pelo interior gelado do país, cortando as linhas de comunicação entre Varsóvia e Cracóvia. Os alemães foram forçados a se retirar de Varsóvia, fazendo de Cracóvia e de Silésia os próximos alvos russos. A 1ª Frente Ucraniana, de Koniev, recebeu a missão de tomar as duas cidades e então seguir para Bresalu. Cracóvia caiu rapidamente, pois os alemães se retiraram para evitar o cerco russo.

Silésia foi mais difícil, pois a cidade era altamente industrializada e oferecia boas posições defensivas. Para evitar uma repetição de Stalingrado, Koniev deslocou suas forças em 90 graus e seguiu pela margem direita do rio Oder. Mais uma vez, para impedir o cerco, os alemães se retiraram. Zhukov encurralou 60.000 alemães em Poznan e então seguiu na direção do rio Oder que alcançou nos últimos dias de janeiro. O 5º Exército de Choque cruzou o rio como ultimo ato da ofensiva, que foi suspensa por ordens de Stalin em 2 de fevereiro de 1945.

Havia duas razões práticas para o fim da ofensiva. A primeira era a onda de degelo da região, que tornava impossível atravessar rios até que a água tivesse baixado. Com sua crença na providência divina, Hitler viu o degelo como um sinal de que sua sorte logo iria mudar — um incrível ato de otimismo. A segunda era que Stalin queria que suas tropas tivessem tempo de se preparar para o ataque ao grande prêmio: Berlim.

BERLIM, O ALVO

Em março de 1945, estava evidente que Berlim logo se tornaria um campo de batalha. Hitler deu ordens para a defesa da capital nazista, mas suas instruções tinham muita retórica e pouco detalhamento. Para piorar, a gigantesca confiança de Hitler fez com que o esforço de transformar Berlim em uma fortaleza não fosse completamente incorporado: na realidade, muitas partes da cidade não tinham posições sólidas de defesa.

Apesar dessas dificuldades, na segunda semana de abril um plano para defender Berlim estava traçado, mas a realidade da situação alemã era evidente. As unidades estavam com deficiência de munição, especialmente artilharia, e sua movimentação era limitada pela falta de combustível. Os abastecimentos não eram levados às tropas porque faltavam veículos para transportá-los, tanques estavam impossibilitados de mudar de posições, e a Luftwaffe estava praticamente acabada, obrigada a permanecer no chão pela falta de combustível para as aeronaves que ainda restavam. Por fim, embora a guarnição em Berlim contasse com mais de um milhão de soldados, a maioria deles eram garotos que ainda não tinham atingido a idade militar ou homens considerados velhos demais para servir o exército. Ainda que todos estivessem determinados a se defender contra os russos, especialmente graças a histórias do tratamento dado a civis alemães nas áreas que os soviéticos já controlavam, muitos tinham recebido noções precárias de treinamento.

O próprio Hitler se alojou em um bunker subterrâneo fortificado no prédio da Chancelaria, fazendo planos que iam além do otimismo para repelir os russos. Seu entusiasmo cresceu em 12 de abril, com a chegada da notícia da morte do presidente Roosevelt, dos EUA. Hitler viu no fato um presságio positivo e pensou que conseguiria, no fim das contas, negociar um acordo, agora que um dos líderes que pediam sua rendição incondicional estava morto. Nos dias seguintes, Hitler passou a acreditar que o sucesso ainda poderia ser atingido, graças às notícias de que tropas alemãs tinham infligido um sério revés nos americanos no rio Elba.

Tudo isso era ilusão: a morte de seu presidente e uma derrota tática não iriam dissuadir os americanos de seguir com a guerra até o fim. O otimismo de Hitler também ignorou completamente o fato de que o exército soviético estava prestes a começar seu ataque. Os russos tinham se fortalecido desde fevereiro, conduzindo a maior e mais complexa reorganização de forças na história para que estivessem em posição favorável para atacar a capital do inimigo. Mais de 2.500.000 homens, 6.000 tanques e veículos armados e 45.000 armas e lançadores de bombas, além de suprimentos que iam de alimentos a armas, estavam em posição em meados de abril de 1945.

Para piorar a situação para os defensores de Berlim, forças inglesas e norte-americanas adentravam cada vez mais fundo na Alemanha Oriental, demonstrando o perigo de lutar uma guerra em duas frentes. Stalin estava preocupado com a hipótese de os americanos tentarem roubar sua glória tomando Berlim sozinhos, apesar das constantes garantias de que eles não tinham intenção de fazê-lo. Mas Stalin não teve que esperar muito — em 16 de abril, o ataque contra Berlim teve início.

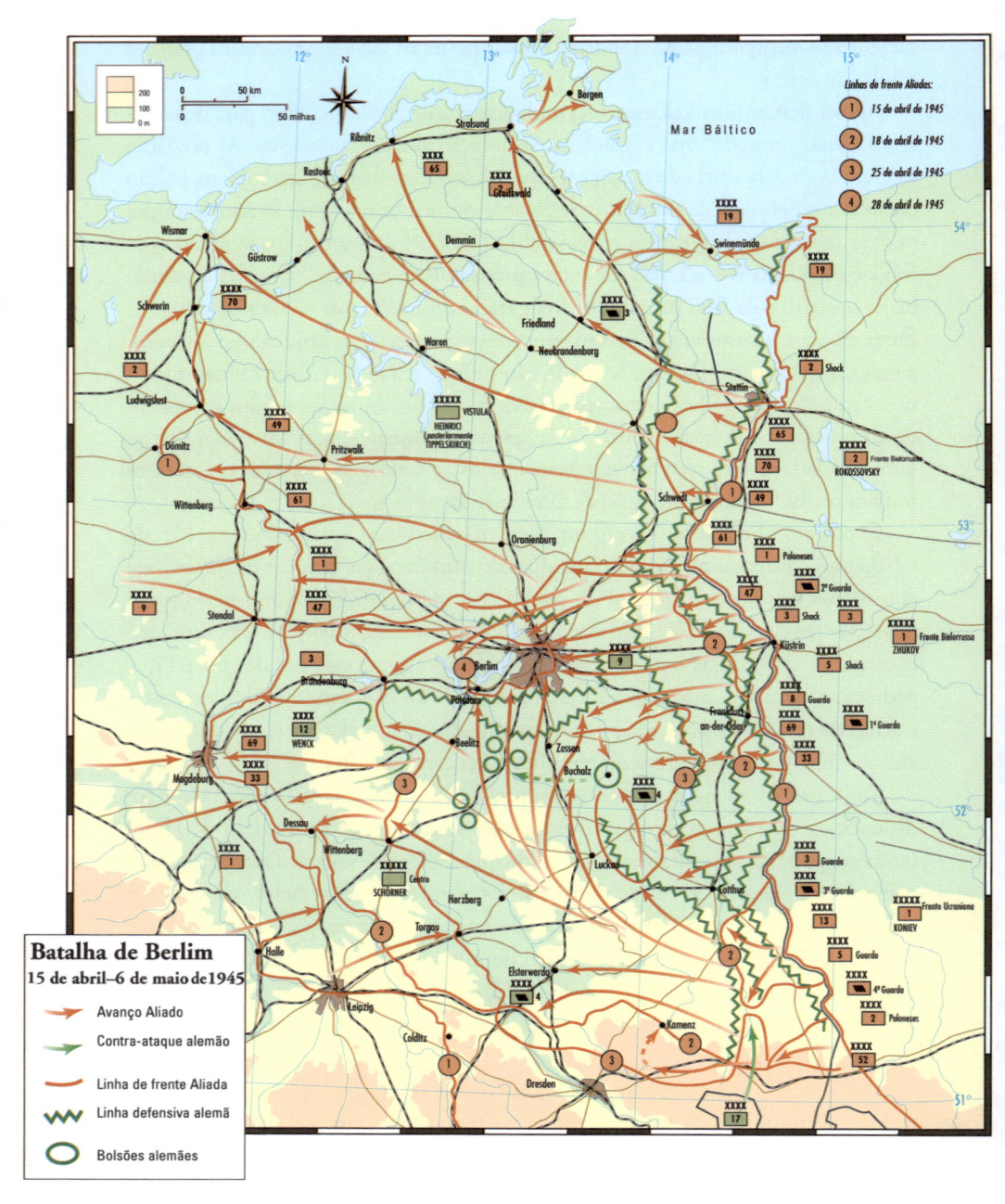

INVASÃO DA ALEMANHA

Embora Berlim fosse o objetivo principal da operação soviética, era preciso pensar na derrota de toda a Alemanha. Isso significava que as potências do Ocidente teriam que avançar para encontrar os soviéticos perto de Berlim ou que os russos teriam que contornar Berlim para se juntar aos Aliados. Stalin preferiu a última opção, ponto de vista partilhado pelos americanos, que não tinham pressa de alcançar Berlim (apesar dos avisos de Winston Churchill, da Inglaterra, sobre as consequências).

Na Frente Ocidental, os Aliados seguiam em frente, na direção do rio Elba, enquanto os russos realizavam várias manobras. A 2ª Frente Bielorrussa, de Rokossovsky, atacou a noroeste, cobrindo o litoral e encurralando forças alemãs que poderiam se unir à defesa de Berlim. Outros membros da força de Rokossovksy foram para o oeste se unir aos Aliados. Ao sul, parte da 1ª Frente Ucraniana de Koniev mudou de direção para atacar os subúrbios ao sul de Berlim, enquanto o restante seguiu para o rio Elba. Membros da 1ª Frente Bielorrussa, de Zhukov, contornaram Berlim e foram para a área ao redor de Brandenburg. Cercados dos dois lados, os alemães não tinham chances.

O primeiro encontro entre soldados russos e norte-americanos aconteceu em Torgau, no rio Elba. Logo, restavam apenas pequenos grupos de resistência inimiga.

Acima: uma famosa fotografia de propaganda alterada mostra caças soviéticos no Reichstag (parlamento) de Berlim, com um tanque T-34 na frente. A batalha ainda continuou nos porões do prédio por dois dias depois que a bandeira da foice e martelo foi hasteada no seu topo. Em todos os lugares — na Iugoslávia e Tchecoslováquia, por exemplo — partidários nazistas convictos lutariam por mais uma semana antes de finalmente se entregarem.

Batalha por Berlim
26 de abril–2 de maio 1945

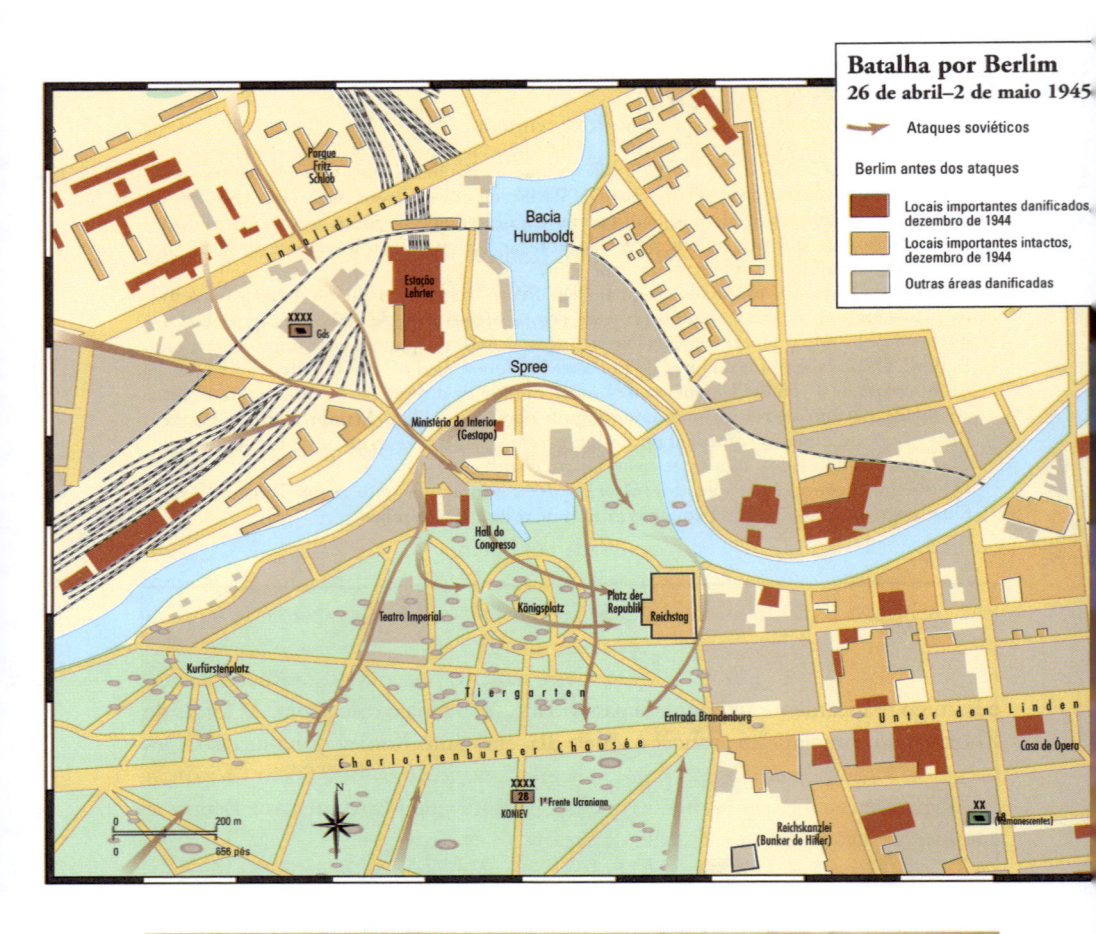

→ Ataques soviéticos

Berlim antes dos ataques

▇ Locais importantes danificados, dezembro de 1944
▇ Locais importantes intactos, dezembro de 1944
▇ Outras áreas danificadas

BERLIM

O principal esforço soviético contra Berlim seria conduzido pela 1ª Frente Bielorrussa, de Zhukov, com o objetivo de tomar as Elevações de Seelow. O bombardeio às linhas alemãs de 16 de abril não rendeu muitos resultados, pois a maior parte dos soldados tinha se retirado temporariamente.

Durante o dia seguinte, um enorme confronto direto se desenrolou. O plano de Zhukov foi abandonado, e ele enviou sua reserva de seis formações armadas — que seriam usadas para explorar a penetração nas forças inimigas — para tentar forçar a passagem, ação que também falhou. Zhukov sabia que seu rival Koniev estava tendo mais sucesso no sul da cidade, e a ameaça de Stalin de dar a Koniev o prêmio de invadir Berlim fez Zhukov dizer para seus comandantes que os enviaria para a batalha como soldados rasos se eles não tivessem sucesso.

No fim, o peso das forças soviéticas foi demais para os alemães. Começaram a aparecer buracos nas linhas alemãs em 18 de abril e, no dia seguinte, os russos penetraram nas linhas inimigas. A 1ª Frente Bielorrussa e a 1ª Frente Ucraniana avançaram em Berlim, com a intenção de cercar os defensores inimigos. O avanço continuou pelos dias seguintes, até que restou aos alemães apenas um pequeno corredor de fuga em 27 de abril. Esse corredor foi invadido no dia seguinte, e a resistência estava praticamente acabada. Os andares superiores do Reichstag (sede do parlamento alemão) foram tomados em 30 de abril, mas a batalha nos porões continuou até 2 de maio.

O FIM DO REICH

O plano de ataque a Berlim era extremamente simples em sua concepção: as forças soviéticas lançariam vários ataques em uma frente ampla, com a intenção de cercar e destruir as forças alemás. A 1ª Frente Bielorrussa, de Zhukov, que estava mais próxima da capital, atacaria de sua posição perto de Küstrin, na margem oeste do rio Oder, seguindo direto para Berlim. Koniev usaria sua 1ª Frente Ucraniana para atravessar o rio Neisse e atacar pelas aproximações do sudoeste até a capital inimiga, enquanto Rokossovsky atacaria na área ao redor de Stettin para garantir que o sobrara do 3º Exército Panzer não fosse usado para reforçar os defensores alemães sitiados em Berlim.

Esse plano causou considerável irritação em Koniev. Sua rivalidade com Zhukov tinha se tornado intensa, e ele estava extremamente enciumado por não ter a oportunidade de tomar Berlim, mesmo que parecesse óbvio que a tarefa deveria caber ao vice de Stalin no comando. Essa aparente trivial batalha de egos teria importância na batalha que se seguiria e foi bem explorada por Stalin.

Às 03h do dia 16 de abril de 1945, as forças de Zhukov lançaram seu ataque, com o objetivo de tomar as Elevações de Seelow. Um enorme bombardeio derrubou mais de um milhão de bombas nas posições alemás e foi acompanhado por um ataque por terra. Na operação Vístula-Oder, esse massivo poder de fogo tinha reduzido o inimigo praticamente ao ponto da passividade. Não seria o caso agora. As forças de Zhukov não conseguiram avançar naquele dia, enquanto Koniev tinha sucesso. Depois de um segundo dia de luta em que Koniev teve mais ganhos, Stalin (inspirado em uma sugestão de Koniev) avisou que iria permitir que Koniev atacasse Berlim se Zhukov não capturasse as Elevações de Seelow.

O aviso renovou a energia de Zhukov, que, com uma mistura de bajulação e ameaças, forçou seus comandantes subordinados a esforços ainda maiores. Embora tenha progredido pouco em 18 de abril, a pressão nas linhas alemás começou a surtir efeitos, e as forças de Zhukov conseguiram penetrá-las no dia seguinte.

Em 21 de abril, o 3º e o 5º Exércitos de Choque de Zhukov entraram nos subúrbios de Berlim e então avançaram para o centro. As tropas de Koniev alcançaram o canal de Tetlow em 22 de abril, facilitando o avanço das forças de Zhukov. Em 24 de abril, a 1ª Frente Ucraniana e a 1ª Frente Bielorrussa se uniram no rio Havel, cercando Berlim. Uma batalha metódica de rua em rua começou, com os alemães recuando cada vez mais. A última linha de resistência foi rompida em 28 de abril. Dois dias depois, Hitler se matou em seu bunker, e o próprio Reichstag (prédio do parlamento alemão) foi tomado. A guarnição de Berlim se rendeu em 2 de maio, e as lutas para liquidar o resto da resistência continuaram por mais alguns dias. Em 8 de maio de 1945, a Alemanha se rendeu incondicionalmente: a guerra na Europa estava acabada.

Impressão e acabamento
Gráfica Ocenao